Dem Ehepaar Denzle
nach einem schönen Abend
mit Dank herzlich gewidmet!

hänssler

8. II. 02 [illegible] [illegible]

Der Mensch hat seine Zeit

Bedenkenswertes über Phasen und Fakten des Lebens

Herausgegeben von
Gerhard Naujokat

Mitautoren:
Hans Böttcher
Helmut Frank
Max König
Christa Meves
Gottfried Schröter
Richard M. A. Suchenwirth
Gerhard Naujokat

Gerhard Naujokat, Ordination und Gemeindepfarrer in Rottenburg: Jugendleiter und Jugendschöffe in Frankfurt/Main; Studium psychologischer, pädagogischer und sexualethischer Fragen; von 1969–1999 Generalsekretär des Weißen Kreuzes in Deutschland; langjähriger Jugend-, Ehe- und Familienberater; ausgedehnte Vortragstätigkeit und Seminararbeit, Autor zahlreicher Sachbücher. 1992 Goldenes Kronenkreuz und 1994 Ehrenurkunde des Diakonischen Werkes der EKD. 1999 Ehrenkreuz der Bayerischen Landeskirche, ebenfalls 1999 Verleihung des Bundesverdienstordens der Bundesrepublik Deutschland durch den Bundespräsidenten.

hänssler-Paperback
Bestell-Nr. 393.769
ISBN 3-7751-3769-6

D-71087 Holzgerlingen
Internet: www.haenssler.de
E-Mail: info@haenssler.de
Titelfotos: Mauritius/MEV
Umschlaggestaltung: Carmen Knoll
Satz: AbSatz, Klein Nordende
Druck und Bindung: Ebner Ulm
Printed in Germany

Wissen und Gewissen
Brücken zum Menschen
Herausgeber Pfarrer Gerhard Naujokat

Diese Paperbackreihe dient der Orientierung und Meinungsbildung und möchte zur Festitung eines biblischen Werteverständnisses beitragen. Gleichzeiiig entstehen wichtige Brücken von Mensch zu Mensch.

Da die Verirrungen in der Weltgeschichte zeigen, dass das Gewissen indoktriniert, verbogen und missbraucht werden kann, bedarf die Funktionsfähigkeit dieser inneren Instanz der Fundamente des Glaubens.

Gewissensbildung setzt theologisches, pädagogisches und psychiologisches Wissen voraus. In dieser Reihe, die Alltragsprobleme durch bekannte Autoren aufgreift, soll es um Sachfragen und die ethische Ausgestaltung des Lebens gehen.

Bereits im Hänssler Verlag erschienen:

Band 1:
Heiraten – warum eigentlich? Gute Gründe für die Ehe

Band 2:
Das Leben – ein »Spiel ohne Grenzen«?

Band 3:
Der Mensch hat seine Zeit

Band 4:
Persönlichkeiten der Bibel zeitlos aktuell

Weitere Titel sind in Vorbereitung

INHALT

Des Menschen Zeit

Gerhard Naujokat

Der Mensch – das Maß der Dinge?

»Herr, was ist der Mensch, dass du dich seiner annimmst?... Ist doch der Mensch gleich wie nichts; seine Zeit fährt dahin wie ein Schatten.«
Psalm 144, 3-4

Was ist der Mensch? Ein Engel, wie manche Eltern von ihren Kindern meinen? Ein Raubtier, wie Oswald Spengler ihn bezeichnete? Ist er beides zugleicht? Bis in unsere moderne Zeit hinein bleibt der Mensch ein Rätsel. Was er über sich zu sagen vermag, ist spärlich. Im Grunde weiß der Mensch wenig über sein Wesen. Er ist sich selbst ein Geheimnis.

Die Heilige Schrift spricht dem Menschen nach Psalm 8 einen hohen Rang zu: »Du hast ihn wenig niedriger gemacht denn Gott. Du hast ihn zum Herrn gemacht über deiner Hände Werk; alles hast du unter seine Füße getan.«

Und in der Tat machte sich der Mensch im Auftrag Gottes die Erde untertan. Er verwandelte das Antlitz der Welt, stieß in den Kosmos vor, betrat den Mond und möchte Gestirne erreichen. Das Gesicht von geschichtlichen Epochen und die Möglichkeiten der Zukunft prägte der Homo faber, der fleißige, immer tätige, forschende Mensch. Wird er die Grenzen seines Tuns erkennen? Wird er sehen, dass es keine andauernde Steigerung geben kann oder wird er unkontrollierten Superansprüchen verfallen? Hat er Macht, sich selbst ein Maß zu setzen?

Manchmal können die atemberaubenden Fortschritte neuzeitlicher Wissenschaft und Technik den Eindruck entstehen lassen, als habe der Mensch Gott verdrängt, indem er sich selbst zum Herrn der Welt macht. Wird die Gottesebenbildlichkeit missbraucht und verzerrt? Die Anmaßung des Menschen nimmt oftmals Züge des

Größenwahns an. Schon vor 2400 Jahren unterlag Sophokles dem Irrtum, wenn er sagte: »Vieles Gewaltige lebt, aber nichts ist gewaltiger als der Mensch.« Wie anders klingt die Aussage des Apostels Paulus in seinem Brief an die Römer: »Ich elender Mensch! Wer wird mich erlösen von diesem todverfallenen Leibe?« (7, 24).

Nicht selten begann der Mensch im Laufe seiner Geschichte, sich selbst zu erhöhen und Türme zu bauen, deren Spitze bis an den Himmel reichen sollte. In elementarer Selbstüberschätzung wollte er Gott überspielen und den Himmel stürmen. Dieser »Turmbau zu Babel«, diese geballte Menschenkraft ist das Symbol des selbstherrlichen Strebens einer sich vergötternden Menschheit. Die Begabung mit Vernunft soll es sein, die den Menschen zum Menschen macht und ihn über das Tier erhebt? Ist Vernunft das spezifisch Menschliche? Für das spätere griechische Denken war Vernunft nicht nur eine Eigenschaft des Menschen, sondern kennzeichnete das wahrhaft Göttliche, die Teilhabe am Göttlichen. Mephisto zieht im Vorspiel im Himmel diesen Schleier des Selbstbetrugs beiseite, wenn er vom Menschen zu Gott Vater sagt: »Er nennt's Vernunft und braucht's allein, nur tierischer als jedes Tier zu sein« (Goethe in »Faust«).

Das Tier im Menschen hat in Jahrtausenden grausame Feste gefeiert. Massenweise wurden Männer, Frauen und Kinder in sinnlosen Kriegen dahingemäht, zerbombt, verbrannt, versklavt. Ganze Völker wurden brutal geknebelt, vergewaltigt, nicht selten schlagartig vernichtet oder allmählich ausgerottet. Niemand sah die Angst in den Augen Verfolgter und die Todesfurcht in den Zügen Unschuldiger. Im Namen der Vernunft oder gar der Religion wüteten der Hass, der Neid, die Rachgier; zeugten Feindschaft, Verbitterung und tiefes Leid. Der Weg des Menschen wurde grauenhaft gezeichnet durch Schmerz und Not, durch Blut und Tränen. Nicht Seuchen und Epidemien waren die eigentlichen Geißeln der Menschheit – die kamen ja nicht aus Menschenhand. Der Schrecken der Zeiten war der Mensch, der über Menschen herrschte. Welche entsetzlichen Misshandlungen, Folterungen, Knechtschaften, Hexenprozesse und Rassenverfolgungen zeigt die Geschichte! Zu welcher Mordlust war der Mensch fähig – kein Tier handelt so! Irrsinnige Wahnsinnstaten entsprangen menschlichen Gehirnen.

So stand der Mensch in der Zerreißprobe zwischen göttlichem Anspruch und seelenloser Verarmung, erniedrigte sich zum Tier: ein Nichts! Der Mensch ist heute ohne Zweifel in der Lage, sich mit Hilfe technischer, biologischer und chemischer Mittel weitgehend auszurotten. Dieser Tag des Irrsinns stand vielleicht manchmal vor der Tür. Ist das noch der Mensch, von dem es heißt: »Gott schuf den Menschen zu seinem Bilde, zum Bilde Gottes schuf er ihn«? Gott hatte ihn befähigt, Triebe zu kontrollieren, Verantwortung wahrzunehmen, seinem Tun und Lassen Zügel anzulegen, Gottes Botschaft zu hören, Liebe zu üben und dem Nächsten Gutes zu tun. Es ist tief beschämend, wie Schuld und Sünde den Menschen verändert haben.

So ist das geistig höchststehende Geschöpf der Erde das gefährlichste von allen geworden. Nur ein selbstloses Zusammenstehen, nur Gehorsam dem Schöpfer gegenüber und Liebe untereinander kann uns die notwendigsten Lebensbedingungen erhalten, Wasser und Brot zur Ernährung sichern und uns vor drohender Selbstvernichtung bewahren. Die ganze Zukunft hängt von den Formen ab, in denen sich unser gesellschaftspolitisches Verständnis entwickelt.

Die Einsicht in die Existenz der Unmenschlichkeit ist noch kein Mittel zur Veränderung, auch kein Motor hin zu einer besseren Zeit. Das Maß der Dinge muss von anderswo gesetzt werden. Es müsste von einer jenseitigen, göttlichen Kraft kommen, die voll im Diesseits, im Menschlichen wirksam wird. Es müsste eine Person geben, die wahrer Mensch und wahrer Gott zugleich ist. Dieser Gottes- und Menschensohn wäre imstande, das Maß der Dinge zu verwirklichen. Und dieses Wunder des Glaubens wurde Geschichte, es trat in Jesus Christus in Erscheinung. Das bedeutet, dass erst durch Jesus Christus die Bestimmung des Menschen, seine wahre Menschlichkeit, voll verwirklicht wurde, entsprechend der biblischen Botschaft. Erst der Mensch, der mit Gott und seiner Unsterblichkeit im Geiste verbunden ist, bringt das Wesen des Menschen zur Erfüllung.

Jetzt hat der Mensch die Chance und das Ziel, zur Menschlichkeit zu finden. Er ist nicht von Natur gut, sondern »böse von Jugend auf« (vgl. dazu Römer 7, 18-23). Selbst wenn er das Gute wollte, wird er dennoch das Böse tun. Der Prozess der »Wandlung des Wesens« ist eine Wirkung des Evangeliums. Nur dadurch wird eine neue und wahre Humanität entstehen. Jedes Maß kommt dem Menschen abhanden, wenn er von der Wurzel des Evangeliums getrennt wird; er verfehlt sein Ziel, wenn er von der Quelle des Lebens abrückt.

Gott hat den Menschen in eine vergehende Welt hineingestellt. Alles Geschöpfliche unterliegt der Vergänglichkeit, auch der Mensch. Mensch sein heißt sterben müssen: »Seine Zeit fährt dahin wie ein Schatten«. Die Tatsache des Todes macht sich als stärkste Begrenzung bemerkbar und ist das sichtbarste Zeichen der Vorläufigkeit. Die dahineilende Zeit ist nicht aufzuhalten und führt an den letzten Punkt. Alle Tränen, die geweint, alle Schmerzen, die erduldet, alle Ideologien, die je entwickelt wurden, sind Zeichen und Symbole für die Sehnsucht des Menschen nach Erlösung und Leben. Aus dem Welken der Pflanze, dem Todesschrei des Tieres, aus aller Freude, allem Leid, allem Kämpfen, Forschen, Zweifeln und Träumen, aus allem Hoffen und Bangen des Menschen dringt der Ruf nach Ewigkeit.

Die Bestimmung des Menschen ist nicht der Weg ins Halbdunkel. Gott hat den Menschen zum Leben erlöst. Alles Augenblickliche, jede Last und alles Unheil sind Durchgangsstadien. Der Tod ist nicht das Ende, das Leben ist kein Wahn, Gott hat ein Ziel. Der Mensch ist nicht geschaffen, um zu sterben, sondern Gott lässt ihn sterben, um ihm das Leben zu geben.

So ist der Mensch in das Maß Gottes eingebunden. Trotz seiner Unmenschlichkeit wird er von Gott geliebt. Die Leidensgeschichte der Welt hat einen Sinn. Den Menschen erwarten Verantwortung, Aufgaben der Mitmenschlichkeit, Schaffenskraft und Fürsorge. Er wird Wagnisse eingehen und Entscheidungen zu treffen haben. Das führt ihn heraus aus den Zwängen der Unmenschlichkeit und wird ihm helfen zu glauben, zu dienen, zu lieben und zu leiden. Er wird vertrauen, wo nichts mehr zu hoffen ist, denn er weiß sich liebend getragen und erkennt durch allen Nebel hindurch das ewige Ziel.

Gerhard Naujokat

Die dramatische Begrenzung: Alles hat seine Zeit …

Von den Schwerpunkten unserer Existenz

»Ein jegliches hat seine Zeit, und alles Vorhaben unter dem Himmel hat seine Stunde: geboren werden hat seine Zeit; sterben hat seine Zeit; pflanzen hat seine Zeit, ausreißen, was gepflanzt ist, hat seine Zeit; töten hat seine Zeit, heilen hat seine Zeit; abbrechen hat seine Zeit, bauen hat seine Zeit; weinen hat seine Zeit, lachen hat seine Zeit; klagen hat seine Zeit, tanzen hat seine Zeit; Steine wegwerfen hat seine Zeit, Steine sammeln hat seine Zeit; herzen hat seine Zeit, aufhören zu herzen hat seine Zeit; suchen hat seine Zeit, verlieren hat seine Zeit; behalten hat seine Zeit, wegwerfen hat seine Zeit; zerreißen hat seine Zeit, zunähen hat seine Zeit; schweigen hat seine Zeit, reden hat seine Zeit; lieben hat seine Zeit, hassen hat seine Zeit; Streit hat seine Zeit; Friede hat seine Zeit; Man mühe sich ab, wie man will, so hat man keinen Gewinn davon.

Prediger Salomo 3, 1-9

Nicht selten stellt sich die Bibel weit über den Lauf der Geschichte und geht den ewigen Gesetzen des Werdens und Vergehens nach. Sie ist ein Werk der Offenbarung, aber auch ein geschichtliches Buch: Sie schreibt die Geschichte Gottes mit den Menschen und der Menschen mit Gott. In vielen Kapiteln ist sie darum ein Berichts- und Geschichtsbuch: Da werden die großen Wanderungen und Wandlungen des Volkes Israel dargestellt, die Reden und Taten der Richter, Könige und Propheten, die Schlachten der Völker Kleinasiens, die Anfänge und Ausbreitung des Christentums und schließlich die Auseinandersetzungen der Gemeinde Jesu in der Zeit der römischen Besatzung – Tatsachen und Berichte von dramatischer, historischer und menschlicher Spannung. Die Bibel steigt weder aus der Geschichte aus noch über sie hinweg, setzt sich nicht gleichsam obenauf, sondern lebt mittendrin. Im Mittelpunkt die Prophetie und das Evangelium Gottes. Es geht nicht um philosophisches Gedankengut oder eine alles und alle umfassende Weltreligion, sondern um den Nachweis Gottes in dieser Welt und das Heil des Menschen. Gott begibt sich ins Irdische und ins menschliche Geschehen hinein und wohnt unter uns – verdeutlicht durch Geburt, Leben, Tod und Auferstehung seines Sohnes Jesus Christus.

Die Worte und Berichte der biblischen Schriftsteller gleichen an vielen Stellen den zeitlosen Aussagen großer Denker und Propheten. Das oft zitierte, aber nie ganz ergründete Wort des Predigers Salomo »Alles hat seine Zeit« klingt wie ein Programm praktischer Lebensweisheit: Die zunächst lapidare und keinen Widerspruch zulassende Allgemeinaussage führt zu einer ungewöhnlichen und überraschenden Aufzählung, der nichts Menschliches fremd ist. Da ist von Geborenwerden und Sterben als den Endpunkten unserer Existenz die Rede und von Einzelheiten, die unumstößlich Elementares enthalten. Die ganze Fülle und Widersprüchlichkeit des Lebens wird vor unserem Auge aufgerollt oder zumindest angedeutet. Dabei ist es kein liebliches und kaum anmutiges, kein verklärtes und geschöntes Bild des Daseins, das der Prediger vor uns ausmalt, kein Idyll, kein Wunschtraum. Es sind grausame Wahrnehmungen darunter, von denen aber niemand bestreiten kann, dass sie realistisch sind. Wird nicht auch heute noch in der Welt ebensoviel getötet wie geheilt, abgebrochen wie aufgebaut, geweint wie gelacht, geklagt wie getanzt? Ist der Mensch nicht ständig dabei, hinten einzureißen, was er vorne aufgebaut hat? Unser Leben ist ein einziges Suchen und Verlieren, Annehmen und Wegwerfen – nicht nur ein Wohnungsumzug beweist das.

In den Gegenüberstellungen des Predigerwortes wird oft die ganze Sinnlosigkeit des Bemühens erkennbar, denn sie heben sich gegenseitig auf: Suchen und verlieren, behalten und wegwerfen, zerreißen und zunähen – wozu das alles?

Gelegentlich ergänzen sich die Begriffe aber auch sinnvoll, zum Beispiel »herzen und aufhören zu herzen«, wie Luther übersetzt.

Hier sind Nähe und Abstand gemeint, Zeiten der Zärtlichkeit eines Paares und Zeiten der gewollten Distanz. Auch Reden und Schweigen müssen sich notwendigerweise ablösen, denn wer will Dauerrednern zuhören oder einem Stimmengewirr? Und wo bliebe die Kommunikation, wenn sich alle in Schweigen hüllten?

An anderen Wahrheiten wird die unaufhebbare und heillose Widersprüchlichkeit der Welt deutlich, die bis heute alles Leben wie ein Riss durchzieht: lieben und hassen, Frieden und Streit. Der Prediger reiht sie in den wechselnden Rhythmus der Ereignisse ein, ja, er scheint sie zu bagatellisieren. Sind sie wirklich auf der gleichen Ebene zu sehen wie klagen und tanzen, Steine sammeln und Steine wegwerfen? Dem tieferen Sinn dieser alttestamentlichen Aussage gilt es nachzudenken. Das menschliche Leben wird vielfach von einer unergründlichen Dialektik bestimmt, von Gegensätzlichkeiten, die oft nicht aufzulösen sind. Salomo stellt den Menschen in der sich steigernden Aufzählung in die Verantwortung, verdeutlicht aber gleichzeitig seine Ohnmacht.

1. Geborenwerden und Sterben

Hier benennt der Prediger die Eck- und Endpunkte unserer irdischen Existenz: Irgendwann wurden wir geboren, und irgendwann werden wir sterben. Mag die Stunde, mögen Herkunft und Zukunft ungewiss sein – dies ist gewiss: Der Mensch bewegt sich zwischen Geburt und Tod und sein Leben ist dadurch begrenzt.

Der Prediger erinnert an die Zeitlichkeit, nicht an die Ewigkeit unserer Existenz. Er selbst spricht zwar von einem übergeordneten Standpunkt aus, zeigt aber, dass wir eingeordnet sind in Vorläufigkeiten und Begrenztheiten der Vergänglichkeit. Verfolgt man einmal die Aussagen der Bibel über das Geborenwerden des Menschen, so findet sich eine Spanne von Hiobs »Vom Weibe geboren …« bis hin zu Johannes' »Aus Gott geboren …«. So verschränken sich in der Heiligen Schrift die Dimensionen und bilden ein Koordinatensystem in Form eines Kreuzes, das aus der Horizontalen der Geschichtlichkeit und der Vertikalen der Ewigkeit besteht. Der Prediger Salomo richtet den Blick auf die irdische, vergängliche Dimension, die in ihrem Widerspruch durchgestanden werden muss. Hier liegt wohl auch der Sinn des Goethe-Verses:

»Und so lang Du dies nicht hast,
dieses Stirb und Werde,
bist Du nur ein trüber Gast
auf der dunklen Erde.«

Es ist das große Thema vom Werden und Vergehen, das wie eine Schicksalssymphonie unser Leben durchtönt und erschüttert. Wer träumt nicht davon, das Sterben durchstreichen und ewiges Leben an seine Stelle setzen zu können! Wer wünscht nicht ein unbegrenztes Weiterleben, eine endlose Verlängerung der irdischen Existenz? Aber wäre dies nicht eine fürchterliche Vision, da das Altern weiterginge? Die Erde wäre bald mit tief zerknitterten, gebückten, humpelnden, weitsichtigen, schwerhörigen und starrsinnigen Greisen bevölkert, die einfach nur vor sich hin vegetierten. Der Lebensraum, der ohnehin bald knapp werden könnte, reichte dann längst nicht aus. Die Jugend hätte keine Chance, denn die Alten würden sich an Macht und Besitz, Ämter und Positionen klammern. Ein Auswandern der jungen Generation, etwa zu anderen Planeten, hätte keinen Sinn, denn dort vollzöge sich die gleiche Tragödie. Malt man sich die Schreckensvision einer endlosen Lebensverlängerung ernsthaft aus, dann kann man nur dankbar das Schöpfungsgesetz von Werden und Vergehen annehmen. Wir müssen Platz machen, zunächst vorübergehend und dann endgültig. Der Schöpfer und Vollender dieser Welt wusste in seiner Weisheit, dass das Gesetz von Stirb und Werde existenziellen Hintergrund hat und letztendlich Wohltat bedeutet.

Allerdings hat er sich die Verfügung über Geborenwerden und Sterben vorbehalten. Es liegt nicht in unserer Macht, auch nicht in unserem Rechtsanspruch, über Geboren- und Nichtgeborenwerden zu entscheiden oder über den Zeitpunkt des Sterbens zu bestimmen. In der Gegenwart wird heftig daran gerüttelt. Bedenken wir, dass in einem der reichsten Länder der Welt Hunderttausende von Kindern vor der Geburt getötet werden, davon ein Großteil aus so genannten sozialen Gründen, also vielfach ohne zwingenden Grund. Die

Abtreibung ist keine Lösung für ein Problem, das sich bei genauerem Hinsehen als wirtschaftlich lösbar erweisen würde. In gemeinsamer Verantwortung sollten wir daher mit aller Energie daran arbeiten, dass wieder Respekt vor dem bestehenden Leben und deutliche Verbesserungen der gesellschaftlichen Rahmenbedingungen erreicht werden, damit die traurige Konsequenz des vorgeburtlichen Tötens verringert wird. Es muss mehr dafür getan werden, das Umfeld der Schwangeren und die Chancen des Kindes zu verbessern.

Auf der anderen Seite mehren sich die Bestrebungen, das Lebensende selbst zu bestimmen, aktive Sterbehilfe und sogar den Freitod mehr und mehr von gesetzlichen und moralischen Fesseln zu befreien. Einerseits soll das Leben mit Hilfe komplizierter Apparate so lange wie möglich und bis zur Unwürdigkeit verlängert und gestreckt werden. Andererseits wird dem Leidenden die Giftflasche auf den Nachttisch gestellt oder auf Wunsch per Post zugesandt, als ob es seiner Verfügung unterläge, das Ende seines Lebens zu bestimmen. Die Bibel geht nicht davon aus, sondern betont die Bestimmung und das Handeln Gottes am Lebensbeginn wie auch am Lebensende: Alles hat seine Zeit …

2. Lachen und weinen

Hier hat der Prediger die zwei menschlichsten Ausdrucksformen benannt, die es gibt. Wissenschaftler haben auf der ganzen Erde die Verbreitung von Lachen und Weinen sorgfältig bei Mensch und Tier erforscht. Man kam zu der Feststellung, dass lachen und weinen urmenschliche Gefühlsregungen sind. Lachen ist bei allen Menschen ein Ausdruck der Freude. Kein Tier kann lachen! Weinen findet sich in dieser Ausdrucksstärke ebenfalls nur beim Menschen, wenn auch bei einigen Tieren – zwar nicht bei Krokodilen, aber anscheinend bei Elefanten – Tränen vorkommen. Tiere haben durchaus ihre Körpersprache, aber Lachen und Weinen sind in ihrer spezifischen Ausdrucksfülle und -stärke dem Menschen vorbehalten.

Im Laufe der ersten Lebensjahre drückt der Mensch recht viel mit Tränen aus. Mit dem Heranreifen lernt er, Worte zu gebrauchen, um

Schmerzen oder Leid auszudrücken. Der Erwachsene wird jedoch, zumindest in unserem Kulturkreis, immer weiter in seiner natürlichen Ausdrucksskala eingeengt. Die Erziehung verstärkt das Programm: Jungen müssen lernen, »dass man nicht weint«, dass man tapfer und stark zu sein hat. Einem weinenden Mädchen wird gerne unterstellt, dass es etwas mit seinen Tränen bezwecken möchte. So wird das Weinen zum Problem. Wohin mit den Tränen, die bei bestimmten Anlässen nun mal ins Auge treten? Tränen sind ein Ausdrucksmittel für Angst, Wut, Trauer, Mitleid, Freude, Überraschung und Rührung.

Oft müssen Heranwachsende sich sagen lassen: »Du weinst ja nur aus Selbstmitleid«. Der Jugendliche lernt daraus, seine Gefühle zu unterdrücken. Aber sind sie deswegen verschwunden? Haben wir dadurch, dass wir nicht weinen und nicht schimpfen, unsere Trauer oder unsere Wut überwunden? Nein, sie tauchen hinab in tiefere Schichten unseres Wesens, unseres Körpers. Es beginnt ein verhängnisvoller Kreislauf.

Warum dürfen wir nicht mehr spontan weinen oder schimpfen? Warum beginnen wir, Trauer und Enttäuschung mit Anstandsgefühlen zu koppeln? Die Kraft, die zur Überwindung der Schwierigkeiten verwendet werden könnte, wird nun gebraucht, um die naturgemäß in uns aufsteigenden Tränen zu unterdrücken. Wir gestatten uns keinen »emotionalen Balsam«. Das ist nicht gut.

Stattdessen suchen wir Rat in Illustrierten, gehen zum Arzt oder nehmen Medikamente: Tabletten zum Einschlafen, zum Munterwerden, zum Beruhigen, zum Aktivieren, ferner ausgleichende Mittel. Dabei lassen wir uns schier unbegrenzte Hilfe vortäuschen. Das ist ein Trugschluss. Welchen Nutzen hätten wir, wenn wir nach außen stark und mutig aussähen und innerlich todtraurig wären? So medikamentenhörig und künstlich diszipliniert sollten wir nicht werden.

Es entsteht ein wünschenswertes und entspanntes Gefühl, das eintritt, wenn man sich mal richtig ausgeheult hat. Darüber brauchen wir kaum weiter nachzudenken. Weinen mit den Weinenden: Das könnte unsere zwischenmenschlichen Beziehungen spontaner und ehrlicher werden lassen.

Doch genauso spontan und impulsiv, wie uns Tränen der Trauer und Enttäuschung in die Augen treten, können wir vor Überraschung und unerwartetem Glück Freudentränen vergießen. Diese wieder können im Lächeln oder in einem befreienden Auflachen zum Ausdruck kommen. Weinen und Lachen sind also nicht völlig verschiedene Äußerungen, sondern eher zwei Seiten derselben Münze.

Die Sprache unseres Körpers ist deutlich. Auch unser »gehütetes Innenleben« kann sich auf unserem Gesicht zeigen und eine breite Skala von Lachen abspielen, begleitet von einer großen Auswahl verschiedener Lachtöne. So gibt es ein spöttisches und ein liebevolles Lächeln. Man kennt ein böses, drohendes und ein nervöses Lachen. Manchmal nehmen wir den ganzen Körper zu Hilfe, um uns »auszuschütten« vor Lachen oder Schadenfreude. Auch wenn es vielleicht nicht immer nett ist, was wir auf diese Weise ausdrücken, wir drücken es aber aus, das bedeutet, es steckt in uns und will nicht wieder runtergeschluckt werden.

Das Lachen ist normalerweise bei allen Menschen beliebt. Wer mit einem Lachen im Mundwinkel durchs Leben geht, fängt damit die Angriffe von außen ab; sie bleiben in seinem Lachen hängen, statt direkt auf die Magenschleimhäute oder das Nervensystem durchzuschlagen und dort verheerende Schäden anzurichten. Wir sollten darum nie verlernen, herzhaft zu lachen.

Besonders Mädchen werden im Pubertätsalter von unstillbarem Lachreiz heimgesucht. Aber auch die Brüder dieser Mädchen können mit ihnen in Wettstreit geraten. Manche Mutter zum Beispiel wird in den großen Ferien durch dauerndes Lachen, Gackern, Kichern und Glucksen an den Rand der Verzweiflung gebracht. Die jungen Menschen wissen nicht, warum sie eigentlich dauernd lachen, weil sie noch nicht im Griff haben, wie sie ihre sich wandelnden, erwachsen werdenden Gefühle ausdrücken sollen. Aber sie empfinden das Lachen als Erlösung aus irgendwelchen unbekannten Spannungen; diese gemeinsamen Erlebnisse werden später ebenso unerklärlich wie unvergessen bleiben.

Lachen ist gesund. Gemeinsam gelacht zu haben, bleibt auch Erwachsenen in Erinnerung – und sollten sie 90 Jahre alt werden.

Bessere Chancen auf ein hohes Alter haben sie durchaus, wenn sie Lachen und Weinen nutzen. Deshalb sollte man seine Gefühle nicht unterdrücken. Und wenn einem zum Weinen zumute ist, dann sollte man das auch tun. Unterdrückte Gefühle machen krank, nicht nur seelisch, manchmal auch körperlich. Weinen heißt auch, den Staub von der Seele zu waschen, um danach wieder befreiter atmen zu können. Um so mehr gilt das Gesagte für ein fröhliches Gemüt. Es ist biblisch, wenn Menschen miteinander lachen, je nach Grund und Anlass. Alles hat seine Zeit ...

3. Herzen und aufhören zu herzen

Mit diesem schönen Wortpaar und in einer ehrenwerten Sprachformulierung wird hier die Herzensverbindung zwischen Menschen angesprochen – im näheren und im entfernteren Sinne. Zwischen Vertrauten schwindet die Distanz. Man ist sich innerlich nahe. Aber die Verbundenheit in Freundschaft, Verwandtschaft und Bekanntschaft hat sozusagen »Gezeiten« wie der Wechsel von Ebbe und Flut. Es gibt Lebensabschnitte der engeren Zusammengehörigkeit und Zeiten der Lockerung, ja der Trennung. Selten hält eine Herzensfreundschaft lebenslang.

Im Besonderen ist »herzen« wohl ein Ausdruck aus dem ehelichen Bereich. Die »Zärtlichkeit« der Partner ist angesprochen. Erstaunlicherweise und ernüchternd zugleich wird diese Art der Zuneigung auch dem Phasengeschehen zugeordnet. Ehe ist keine Hautkontakt-Dauereinrichtung. Es gibt kein Abonnement auf Zärtlichkeiten am laufenden Band. Auch »herzen« braucht Zeit und hat bestimmte Zeiten. Zur Liebe gehört zeitweilige Distanz. Wer sich ständig nur nahe ist und den anderen geradezu einzuschmelzen versucht, erdrückt und erstickt liebende Gefühle. Die Ehe lebt im guten Sinne aus dem Wechsel von Nähe und Entfernung, von Hingabe und Achtung, von Vertrautheit und Respekt, von Zusammengehörigkeit und immer neuem Bemühen. Treue ist dabei die Brücke und die Substanz der Partnerschaft.

Auch in der intensivsten Beziehung zweier Menschen gibt es den natürlichen Rhythmus von Anziehen und Freigeben, von Vereinigung und Trennung, von Auseinandergehen und Sichwiedersehen, von Zeiten der Sehnsucht und Zeiten der Erfüllung. Umfassen und Loslassen wird zur Grundformel des Lebens. »Alles hat seine Zeit« heißt eben auch, dass der Ablauf des Lebens sein geschöpfliches Gefüge findet. Partnerschaftliche Liebe in der Ehe hat ein seelisches und manchmal heftiges Vorfeld: die Vorfreude, die Sehnsucht, die Anspannung, die Hoffnung. Ohne spannungsreiche Momente wäre die Liebe tot, gleich einer leeren Batterie oder einem eingefrorenen Akku.

In früheren Zeiten waren Liebende zunächst meist getrennt. Bis sie sich fanden, hatten sie lange Zeiten der Abwesenheit und des Abstandes durchzustehen. Das war sicher oft schmerzlich, aber auch schön. Es beflügelte die Gefühle und Phantasien, gab der Sehnsucht Namen und Verse, schuf Dichter und Komponisten. Ja, die Kunst wäre kaum denkbar, ohne dieses Potenzial der Sehnsucht, das auch aus unerfüllter Liebe entspringt. Es hat somit alles seinen Zweck und Sinn. Ein weiser Mann sagte einmal: »Der Weg kann schöner sein als das Ziel.« Also nicht nur »herzen«, sondern auch »aufhören zu herzen« hat seinen Eigenwert und seinen besonderen Reiz.

Austausch und Begegnung in der Ehe haben vielfältige Formen. Je reicher und umfassender die Herzensverbindung ist, desto lebendiger gestaltet sich die Ehe. Es gibt viele Sprachäußerungen des Herzens: die Sprache der Augen, die Sprache des Mundes, die Sprache des Leibes, die Sprache der Aufmerksamkeiten, die Sprache der Zärtlichkeiten und die Sprache des Schweigens.

Das Gespräch des Herzens braucht Zeit und Pflege, braucht gute Stunden, die man abwarten und vorbereiten muss. Das verstehende Miteinander kann ebenso umfassend und beglückend sein wie die Intimgemeinschaft, in vielen Fällen sogar enger zusammenführen und stärker prägen. Ohne das Gespräch der Herzen wird auch der Leib verstummen und die Partnerbegegnung verkümmern. Besonders die Frau kann in der Liebe ohne den Impuls des Herzens nicht gefühlsaktiv bleiben. Die Atmosphäre wird kühl und die Distanz größer. Dem Mann geht es eigentlich ähnlich, nur täuscht er sich oft darüber hinweg und merkt vieles erst zu spät.

Es kann darum auch dürre Jahre in der Ehe geben. Aber durch Einsicht und Anstrengung von beiden Seiten sind Krisen vermeidbar. Man sollte das Eigentliche, das Notvolle, das Geheime oder das Schöne nie voreinander verbergen. Wenn jeder nur Selbstgespräche führt, geraten diese – offen oder verborgen – zu einer Anklagerede. Aber wie zu zweit? Miteinander wird das Gespräch bald hitzig. Sie sind sich zu nahe, sind zu schutzlos geworden. Jetzt verletzt und zerstört die Sprache. Die Worte werden scharf wie Messer. Gewisse Themen werden nicht mehr aufgebracht, weil man die Reaktion des andern, den Krach fürchtet. Dann überschlagen sich die Stimmen, das Gespräch bricht ab, die Gemeinschaft ist zertrennt. Fortan spricht jeder eine andere Sprache. Man versteht einander nicht mehr, weil beide nur sich selbst hören. Auch stundenlange Erklärungen führen zu nichts. Der Abstand ist zu groß, das Gespräch der Herzen verstummt, die Worte des Mundes sind fremd, eine Wand steht zwischen beiden.

Eine solche Trennung meint der Prediger Salomo nicht. Beide Partner tun gut daran, beizeiten ernst zu nehmen, dass zur Ehe Nähe *und* Distanz gehören. Unser biblisches Wort steckt voller Wahrheit und Weisheit, wenn es klug empfiehlt: »Herzen und aufhören zu herzen« und das zur rechten Zeit. Die »kleine Ferne« bedeutet nicht Versagen, sondern Stärke. Sie ist ein Versuch, eine tiefere Einheit zu schaffen. Solch ein »Fernsein« ist kein Hindernis, sondern bedeutet eine Verfeinerung, ein Atemholen, ein gemeinsames Entspannen und Erholen. Dann findet man neue seelische Tragkraft. Die kleine Ferne verhindert oft die große Entfernung und Entfremdung. Alles hat nämlich seine Zeit …

4. Schweigen und reden

Mit diesen Stichworten greift der Prediger Salomo wichtige Faktoren auf, die das Thema weiter vertiefen. Reden und Schweigen sind voneinander abhängig und ergänzen sich. Wenn ein Partner redet, muss der andere zuhören, denn ein Gegeneinander und ein Durcheinander zerstören die Kommunikation. Reden und Schweigen müssen in einem ausgewogenen Verhältnis zueinander stehen, wenn es nicht zu Ungleichgewichten kommen soll. In vielen Ehen und Partnerschaften sind Reden und Zuhören in Wirklichkeit sehr ungleich verteilt. Das Unselige daran ist: Je länger der eine schweigt, desto mehr redet der andere. Das hat wieder zur Folge, dass der Erstere um so weniger zuhört und darum auch um so weniger sagt. So kann die Beziehung unmerklich absterben, obwohl doch unentwegt geredet wird. Aber eben in diesem »Unentwegt« steckt der Wurm. Die Pause ist es gerade, die dem anderen eine Chance gibt. Allerdings muss er sie dann auch nutzen, denn Reden hat seine Zeit. Dieses Thema scheint Salomo außerordentlich wichtig zu sein. Er weiß wohl darum, dass Partnerschaft nur gelingen kann, wenn beide deutlich ihre Wünsche, Gefühle und Bedürfnisse ausdrücken. Man kann eine Beziehung töten, indem man den anderen totredet; man kann sie aber auch töten, indem man ihn totschweigt.

Der Rhythmus von Schweigen und Reden hat noch eine andere, innermenschliche Dimension. Der Philosoph Friedrich Nietzsche drückte es so aus:

»Wer einstmals viel zu
künden hat,
schweigt viel in sich hinein.
Wer einst den Blitz zu
zünden hat,
muss lange Wolke sein.«

Alle großen Umwälzungen und Umwertungen der menschlichen Geschichte sind aus Einsamkeit und Schweigen hervorgegangen. Große Denker und Gründer zogen sich über längere Zeit schweigend zurück. Von Jesus wissen wir, dass er vierzig Tage schweigend und fastend in der Wüste lebte, ehe er zu seinem Heilswerk und zu seinen heilsgeschichtlichen Reden – vor allem der Bergpredigt – aufbrach und unter das Volk ging. Dieses Schweigen kann auch unfreiwillig sein wie etwa Luthers Aufenthalt auf der Wartburg, dem wir die Bibelübersetzung verdanken. Schweigen muss also nicht sprachlos sein: In drei Wochen übersetzte Luther ohne jegliche wissenschaftliche Hilfsmittel oder Lexika das ganze Neue Testament! Danach zog er – unter Lebensgefahr – nach Wittenberg, um zu predigen und der Reformation Flügel zu geben.

Reden kann gegenüber der Macht des Unrechts erforderlich sein, z. B. als Akt der Zivilcourage. Aber auch diese endet letztlich in Schweigen, wenn die Situation ausweglos ist: Jesus vor Pilatus, Luther in Worms, Widerstandskämpfer vor dem Volksgerichtshof. Schweigen ist also auch die Sprache des Märtyrers, dem nichts mehr bleibt, als auf seine Stunde zu warten. Gedanken aber kann man nicht mit Gewalt bekämpfen. Sie werden siegen, wenn ihre Zeit reif ist.

So gibt es Zeiten, in denen Gott redet und solche, in denen er schweigt. »Und Gott schweigt« hieß der Titel eines Buches über die Verfolgung der Menschen im bolschewistischen Russland. Aber er kann auch Steine zum Reden bringen und »aus dem Mund der Unmündigen Lob bereiten«. Er sprach zum Volk Israel, er redete durch die Propheten, er offenbarte sich in der Gestalt und in den Reden Jesu, in den Niederschriften der Evangelisten und in den Briefen des Paulus und der anderen Apostel. Es folgt auf Zeiten göttlichen Schweigens immer wieder eine Zeit des unübersehbaren Handelns. Auch die Geschichte redet, besonders die der letzten hundert Jahre. Es ist an uns, ihre Botschaft zu hören. Die Sprache der Waffen, des Krieges und der Vernichtung hat den Ruf nach Frieden und Versöhnung lauter werden lassen. Der Appell gegen jegliche Gewalt in der Ehe, in der Erziehung und unter den Völkern muss auch für diejenigen gelten, die noch ungeboren ihrem Schicksal entgegensehen. »Der stumme Schrei« des Kindes im Mutterleib sollte zu einem lauten Ruf an alle werden. Wir dürfen nicht mehr schweigen bei weltweit 50 bis 60 Millionen Abtreibungen jährlich und bei Hunderttausenden im eigenen Land.

Der Ruf nach Barmherzigkeit und Aussöhnung sucht Menschen. Er braucht Ohren, die ihn verstehen und Lippen, die ihn weitertragen; er könnte jetzt seine Stunde haben, schenkte man ihm Gehör und Raum. Denn alles hat seine Zeit …

5. Lieben und Hassen

Weder Streit noch Hass sind gerechtfertigt. Aber die Geschichte der Menschheit lehrt uns: Auf Zeiten des Friedens und des Wohlergehens folgt der Reiz des Gegenteiligen: Aus dem Überdruss der Verwöhnung erwächst die Abneigung und daraus schließlich die Bereitschaft zu Aggression und Hass. Menschen spielen gern mit dem Feuer. Jugend verfällt oftmals in Abhängigkeiten und Süchte. Sie ist gefährdet durch Drogen und Alkohol, durch sexuelle Verfrühung, durch AIDS und Selbstmord. Aggressivität nimmt in dem Maße zu, in dem Verzweiflung, Ratlosigkeit und Lebensüberdruss wachsen. Statt sich zu bescheiden, ja zu sagen zu sich selbst und zum Leben, folgen unzählige dem Zwang zum Hass, zum Zweifel, zum Zynismus und zur Zerstörung. Aber Hass und Gewalt kommen genauso auf jeden zurück wie Liebe und Güte. Mag Hassen seine Zeit haben – besser werden die Verhältnisse dadurch nicht.

Hass ist nicht nur negativ und feindselig für den, auf den er sich richtet, sondern auch für den, der ihn empfindet. Leider scheinen die Zeiten noch nicht vorbei zu sein, in denen der Gegner zum Feind gestempelt wird. Das heißt, dass man den andern nicht nur bekämpfen und ihm Widerstand leisten will zur eigenen Verteidigung, sondern dass man ihn zu vernichten sucht und hierzu jedes Mittel recht ist. Diese Tendenz des psychologischen und totalen Krieges ist unmenschlich und hat barbarische Züge. Hier verliert der Mensch sein Gesicht.

Hass gehört zu den niedrigen Regungen wie Neid und Rache. Sie alle haben mit Unwertgefühlen, mit zynischer Menschenverachtung, aber auch mit Minderwertigkeitskomplexen und Selbstherabsetzung zu tun. Man glaubt nicht an den Wert und die Bestimmung des Menschen, nicht an ein sinnvolles Miteinander, sondern nur an grenzenloses Verfolgen, sinnloses Töten, finsteres Auslöschen. Hass ist dann nicht mehr unter Kontrolle zu bringen. Zwar kann seine Explosivkraft verrauchen, aber er kann sich auch steigern, kann um sich greifen und jede Kontrolle verlieren. Hass unterliegt keinem Gesetz und keiner Spielregel, folgt nur rächenden Antrieben, ist teuflisch und tödlich.

Hass kann man nicht durch Hass bekämpfen, sondern eher steigern. Mit Recht sagt daher die Bibel: »Überwindet das Böse mit Gutem!« Mehrfach wird es uns nahe gelegt: »Liebet eure Feinde; tut wohl denen, die euch hassen; segnet, die euch verfluchen!«. Das ist das einzige – paradoxe – Rezept für die Überwindung des Hasses. Was sich zu hassen lohnt, ist einzig der Hass selbst, ist das Böse, der Böse – aber niemals der bösartige und hassende Mensch, der mit seinem Hass eingesteht, wie dringend er Liebe braucht. Denn oft sind Hass und Aggression nichts anderes als Liebeswerbung mit missglückten Mitteln.

Auch das noch so harmonische Zusammenleben von Menschen gerät irgendwann in Situationen, in denen Ärger, Streit und gegenseitiger Groll aufkommen. Das wäre weiter nicht schlimm, wenn man jeweils wüsste, wie man damit umzugehen hätte. Wer den Groll in sich hineinfrisst, nimmt auf Dauer seelischen und eventuell sogar körperlichen Schaden. Zumindest Magengeschwüre haben oft diese Ursache. Auch Aggressivität trägt wenig zur Bereinigung der Atmosphäre und zur Lösung der Probleme bei. Da wäre es besser, einen Streit offen auszutragen und auch einmal heftig durchzukämpfen. Danach ist die Luft rein und frei für eine neue Verbindung, die wir Versöhnung nennen.

Streit und Missverständnisse, die nur schwelen oder kein richtiges Ende fanden, können jederzeit wieder aufbrechen und befriedigen nicht wirklich unser Bedürfnis nach Harmonie. Erst wenn ein deutlicher Schlussstrich gezogen, ein rettendes Wort gefunden, eine Entschuldigung klar ausgesprochen und die Versöhnung herbeigeführt wird, kann Frieden einkehren, und alles, was war, ist begraben und tatsächlich vorbei. Dann ist der Neuanfang echt und hält. Nichts Vergangenes braucht dann die Gegenwart zu belasten und zu überschatten. Aus dem Schmerz, den man einander zufügte, wächst die Sehnsucht nach Heilung und Tröstung.

Die Liebe ist insgeheim der Wunsch und der höchste Lebensinhalt aller Menschen. Wenn wir nach dem schönsten und nach dem missbrauchtesten, nach dem einfachsten und dem vieldeutigsten Wort in unserer Sprache suchen wollten, nach dem stärksten und zartesten, dem begehrtesten und heikelsten, dann wäre es das Wort

»Liebe«. Es wurde breitgewalzt und ausgebeult, abgenutzt und missdeutet, so dass man es kaum noch aussprechen mag. Und doch hat es seinen Zauber, seine Wärme, seine Leuchtkraft behalten. Von welcher Seite man auch an der Schlacke kratzt, die sich um dieses Wort herum gebildet hat, irgendwo kommt der Kern hervor, leuchtet ein Glanz auf, der alle Entstellungen und Verschmutzungen überwindet.

Im Augenblick der Liebeshingabe erfahren wir ein Stück Ewigkeit, durch die der Alltag erneuert und verwandelt wird. Von der Liebe getragen, wird er farbig und schön. So gesehen, sind jede zärtliche Geste und jedes liebe Wort ein Ausdruck des Wandels, mit dem wir Einsamkeit und Verzweiflung durchbrechen. Zugleich ist alles ein Gleichnis für die größere Liebe, in der wir und unser Leben geborgen sind. Je älter wir werden, desto rarer ist unsere Zeit bemessen, desto kostbarer wird sie. Sie ist uns zugeteilt, und »man arbeite, wie man will«, man kann sie nicht vermehren. Aber nicht Resignation ist gefragt, sondern der Aufruf, die Zeit bewusster zu erleben und mit mehr Sinn zu füllen.

Das Tempo der Zeit beschleunigt sich mit der Dauer des Lebens. Während ein Tag in der Kindheit sich endlos dehnte, rast im Alter ein Jahr vorüber, als sei es ein Tag. »Tausend Jahre sind vor dir, wie der Tag, der gestern vergangen ist und wie eine Nachtwache« – ob das an der Ewigkeit Gottes liegt?

Gerade wenn die Zeit knapp bemessen und darum kostbar ist, sollten wir sie nicht vergiften und vergällen, überfordern und überfrachten. Sobald wir unter Zwang stehen, sie mit Inhalt zu füllen, verfehlen wir den Sinn des Daseins. Die Einsicht in die Kürze sollte ein Grund sein, auf einiges zu verzichten, um anderes dadurch zu erreichen. Wie viel mehr wiegt dann ein Wort, ein Lächeln, ein Anruf, ein Besuch und ein Gebet! Wie viel Dank bin ich Gott und den Menschen schuldig! Wie belanglos sind Kleinigkeiten, aber auch Kleinlichkeiten: kleiner Streit, kleinliches Bemühen in Ehrgeiz und Konkurrenzstreben, kleinlicher Kampf um Prestige und Ansehen. Über alles sagt Salomo: »Es ist alles eitel und Haschen nach Wind.« Wir sollten jetzt auf den nächsten Tag schauen, dass er seine Erfüllung habe und das Tun einen Sinn. Es muss nicht alles einen Zweck haben. Sinn kann schon allein in der Freude liegen, dass Gottes Hände da sind und uns festhalten. Wir fallen alle, aber wir fallen in Gottes Hand. Der Glaube weiß das. Er vergisst darum manchmal die Zeit und die Welt. Diese Zeitvergessenheit ist vielleicht die stärkste Geborgenheit, die es zu finden gilt und die uns zeitlos ruhen lässt, gleichsam im Auge des Taifuns, umspült vom Weltenstrom und ihm doch auf eine Weise entronnen, die über die Zeit hinausgreift an den Punkt, an dem sich Zeit und Ewigkeit berühren: »Alles Ding währt seine Zeit – Gottes Lieb in Ewigkeit.«

Max König

Ich habe Zeit – meine Zeit

In der Frühe des Morgens kommt mir manchmal der Gedanke: Ein Tag liegt vor dir, wie ein unbeschriebenes Blatt Papier oder wie ein Klumpen Ton, der auf die formende Hand des Meisters wartet. Es ist dieselbe Zeitspanne wie für Millionen anderer Menschen. Und doch wird es *meine* Zeit sein, verschieden von all den anderen Tagesläufen – einmalig. Ich habe es weitgehend in der Hand, sie zu gestalten. Und am Ende wird es *mein* Tag gewesen sein. Also möchte ich die Zeit nutzen und etwas Brauchbares daraus machen.

Aber merkwürdig: Wir schaffen immer mehr Hilfsmittel und Geräte zur Einsparung von Zeit – doch im selben Schrittmaß läuft uns die Zeit mehr und mehr davon. Der angespannte Blick auf die Uhr ist uns schon in Fleisch und Blut übergegangen: an der Ladenkasse, vor der Verkehrsampel, beim Essen, möglichst »fast food«. Schneller, schneller! Am liebsten – wenn es nur ginge – möchten wir auch schneller schlafen. Wann haben wir noch Zeit für die Sorgen der Nachbarn, für kranke Menschen, für unsere Kinder, für uns selbst und unser inneres Leben?

Die Journalistin Monika Held sagt: »Ihr dreht euch durch die Welt wie zu stramm aufgezogene Brummkreisel. Ihr fliegt an mir vorbei wie Raketen. Ihr nehmt euer Arbeitstempo mit nach Hause. Ihr arbeitet in euren Gärten wie Sklaven in der Strafkolonie. Bremst doch mal. Ihr kennt tausend Menschen, aber habt ihr Freunde? Wer Zeit hat, dem werden die Menschen wichtig. Bremst doch mal.« (Süddeutsche Zeitung Magazin, Nr. 19, 11. 5. 1990).

Ob sich das Problem mit dem Griff zur Bremse lösen lässt? Geht es überhaupt um Organisation? Oder vielmehr darum, ob unser Verhältnis zur Zeit im Kern noch stimmt? Vielleicht ist es nötig, ernsthaft über die Lebenskunst des richtigen Umgangs mit der Zeit nachzudenken.

Das Rätsel Zeit

»Was ist die Zeit? Solange mich niemand danach fragt, ist mir's, als wüsste ich's; doch fragt man mich und ich sollte es erklären, so weiß ich's nicht« (Augustinus).

Es scheint alles klar zu sein: Wir haben weltweit identische Maßeinheiten für die Zeit. Wir können exakt vorhersagen, zu welcher Minute an welchem Ort der Erde oder eines beliebigen Planeten in tausend Jahren die Sonne aufgehen wird. Unsere Atomuhren messen die Zeit mit einer Abweichung von weniger als einer Sekunde in einer Million Jahren. In der Schule haben wir die Zeit säuberlich definiert als eine Funktion von Weg und Geschwindigkeit. Und wir haben gelernt, Verben durch alle von der Grammatik zur Verfügung gestellten Zeiten vor- und rückwärts zu katapultieren – vom Plusquamperfekt bis zum Futur II. Aber sind wir mit allem dem Geheimnis der Zeit näher gekommen? Es bleibt doch weiterhin offen: Wann hat die Zeit begonnen? Und wenn sie immer schon war: Kann ich mir ihre Unendlichkeit vorstellen? Als Kinder haben wir die Geschichte von dem Vogel gehört, der alle tausend Jahre zu einem riesigen Granitberg hinfliegt, um daran seinen Schnabel zu wetzen. Jedes Mal trägt er dabei auch ein Stäubchen des Gesteins ab. Und wenn der ganze Berg abgetragen sein würde, so die Geschichte, sei gerade eine Sekunde der Ewigkeit vergangen. Nicht vorstellbar!

Es war diese Unvorstellbarkeit, die den großen Denker aus Königsberg, Immanuel Kant, zu der Überzeugung brachte, die Zeit sei, ebenso wie der Raum, eine menschliche, auf unsere Seinsweise bezogene Anschauungsform, eine Art Ordnungsschema, mit dem wir unsere Wahrnehmungen gliedern.

Manchmal erscheint uns die Zeit wie ein Gefäß. Dem hektisch Arbeitenden ist sie zu knapp – ein Becher, in den er viel mehr an Inhalt einbringen möchte, als dieser aufnehmen kann. Zeit kann erfüllt sein, voll und prall wie eine köstliche Frucht. Vielleicht haben wir Zeit auch schon als leer und unerfüllt empfunden. Immer wieder wird deutlich, dass Zeitempfinden stark hineingewoben ist in unser Seelenleben und von diesem geprägt wird. Meine Zeit, das ist weitgehend das, was ich aus ihr mache.

Im Bilde vorgestellt: Ist Zeit die Linie, an der wir entlang schreiten, vor uns die Zukunft, hinter uns die Vergangenheit? Oder gilt das Bild der Sanduhr: Unablässig rinnt Korn um Korn aus dem Speicher der Zukunft durch den Flaschenhals der Gegenwart – hinab in das Archiv des Gewesenen. Östliches Denken sieht die Zeit als Kreislauf der ewigen Wiederkehr. Gottfried Keller beschreibt sie als Karawanserei, die wir durchwandern, sie die Unvergängliche, wir Menschen, die Flüchtigen, die kommen und gehen! – Allen Bildern ist gemeinsam: die Vorstellung der Unumkehrbarkeit und der Unwiederbringlichkeit.

Die richtigen Zeitpunkte

Uns Heutigen fällt es gelegentlich schwer, manch eine frühere Tugend nachzuvollziehen. Die Pünktlichkeit beispielsweise galt als »Höflichkeit der Könige«. Zu sehr haben wir uns daran gewöhnt, Pünktlichkeit als bloße Äußerlichkeit, vielleicht sogar als buchhalterische Kleinlichkeit zu verstehen. Was tatsächlich in der Praxis gemeint ist, hat jener, der mit fliegendem Atem eben noch den Zug erreicht, ebenso wenig erfasst wie der andere, der aus lauter Furcht zu spät zu kommen, eine Stunde zu früh da ist. Auch der Slogan »Zeit ist Geld« erfasst nur ein oberflächliches ökonomisches Verständnis.

Wir kommen dem inhaltlichen Gewicht näher, wenn wir im Alten Testament die Worte des Predigers Salomo lesen: »Ein jegliches hat seine Zeit, alles Vorhaben unter dem Himmel hat seine Stunde … (Prediger 1, 3-8).

Das Wort formuliert überzeugend: Für alle Dinge des Lebens gibt es die jeweils richtigen Zeitpunkte. Erkenne und erfasse sie. Versäume sie nicht. Das ist die Kunst, ja die Weisheit der Pünktlichkeit. Arbeit hat ihre Zeit – Ruhe hat ihre Zeit. Dem Rhythmus von Anspannung und Entlastung können wir uns nicht auf Dauer entziehen. Wir können nicht ohne Schaden die Grundregel verletzen, dass auch die Arbeit an Quantität und Qualität ihre Grenzen hat.

Hier stellt sich die Frage nach einer guten Arbeitsorganisation. Wir kennen die Regeln über die Leistungskurve im Tagesverlauf, ihre

Hoch- und Tiefpunkte. An ihnen orientieren wir uns bei der Einteilung der Arbeitsschwerpunkte. Also: Wann ist die Zeit zum Nachdenken über Problemlösungen, wann setze ich Kontakte und Besprechungen an, wann sind Entscheidungen zu fällen ...? Und wann widme ich mich dem Unlustbetonten, das quälend vor mir steht und das ich am liebsten weit vor mir her schieben möchte? Wenn es auf der »langen Bank« liegt, wirft es seinen Schatten über alles andere, hemmt und beschwert, die Ermüdung wächst, die Kräfte zur Lösung schwinden. Wie erlösend dagegen, wenn ich es ohne Zögern tapfer anpacke – der Horizont wird frei!

Gleichwohl: Leben ist Überraschung und wir ernten Frustration, wenn wir kleinlich an der Vorstellung einer durchgängigen Planbarkeit unserer Arbeitsabläufe festhalten. Es gibt eine ständige Synthese von Planung und Improvisationskunst. Planung ist unverzichtbar, aber machen wir uns nicht zum Sklaven des Plans, schon gar nicht einer Perfektion in Beruf und Haushalt. In unserer Familie stellen wir bei der Abwägung »Perfektion des Haushalts oder Zeit füreinander« den Haushalt klar hintenan. Unsere Räume sind nicht Teile einer Wohnungsausstellung, sondern Behausungen, in denen Menschen leben, und in denen ruhig etwas – nicht zuviel – vom liebenswerten Chaos des Lebens sichtbar werden darf.

Zeit der Ruhe: eine Kerze anzünden, ein Buch lesen, Musik hören, nachdenken, Erinnerungen austauschen, Zukunftspläne gestalten. »Du sollst den Feiertag heiligen« sagt das Gebot. Sonntag ist der Tag für Besinnung, Gottesdienst, Freunde, gemeinsames Erleben, für Spiel und Freude. Ich selbst verfehle diese Anweisung vielfach und versäume damit, das Angebot dieser Norm wahrzunehmen, obwohl ich weiß, dass der Rat zur Sonntagsruhe für mein Leben gut ist. An diesem Feiertagsgebot wird mir deutlich, dass die Ordnungen, die Gott gegeben hat, nicht einengende Reglementierungen sind, sondern Hilfen zu einem erfüllten Leben. Nutzen wir diesen köstlichen Tag der Ruhe. Vermeiden wir Hektik und Raserei. Denken wir nach über unser Leben, wo es herkommt, wohin es geht, was es wirklich braucht.

Zu den wichtigen Zeitpunkten unseres Lebens gehören die Feste. Die Feiertage, die Geburtstage, die Ferien und der Urlaub setzen

Schwerpunkte im Jahreslauf. Schon die Vorfreude ist wichtig, sodann das Aussteigen aus dem alltäglichen Zeitablauf. Sich einfach freuen, das ist entscheidend.

Das gilt auch für die Jahreszeiten, Signale einer kosmischen Ordnung. Es geht um ein bejahtes Sich-Einfügen in den Gang der Zeit, aus dem die Kunst erwächst, die richtigen Zeitpunkte für die Fragen des Lebens zu gewinnen.

Gegenwart, gelebter Augenblick zwischen Hetze und Langeweile

»Wir halten uns kaum an die gegenwärtige Zeit. Wir nehmen die Zukunft voraus, um ihren Lauf zu beschleunigen, und wir rufen die Vergangenheit zurück, um sie aufzuhalten, weil sie zu stürmisch entschwindet. So unklug sind wir, dass wir in Zeiten herumirren, die nicht unsere sind und nicht an die einzige denken, die uns gehört« (Blaise Pascal).

»Augenblick«, der rätselhafte Moment, in dem ich »jetzt« sage und die Zeit stehen zu bleiben scheint, und doch, mit dem Klang des Wortes, schon verweht ist. »Faust« kann sich nicht vorstellen, dass er zum Augenblick sagt: »Verweile doch, du bist so schön.« Rastlos hetzt er weiter, unersättlich nach Neuem, Anderem, unfähig, die Gegenwart auszuleben. Dabei wünscht er sich nichts mehr als dies. Dafür ist er bereit, sein Seelenheil zu veräußern.

Diese Haltung ist uns nicht fern. Wir neigen dazu, die Erfüllung im kommenden Ereignis zu suchen, anstatt sie in der Gegenwart zu finden. Ich denke zurück an eine Fahrradtour, die wir mit unseren Kindern durch Oberschwaben gemacht haben. Hundert Mal kam die Frage: »Wann sind wir am Ende der Steigung, am Rastplatz, am Badesee, in dem Ort, wo es ein Eis gibt, wann am Ziel?« Und hundert Mal gab ich die Antwort: »Dann und dann, aber sieh, hier, jetzt, was sich uns bietet: die Blumen am Wegesrand, das Konzert der Vögel, der frische Wind, der blaue Himmel …« Die fatale Neigung, den aktuellen Augenblick zu verschenken, diese Urmutter der Unfreude und der Langeweile haust in uns allen.

Es gibt mir zu denken, wenn ich schon Kinder sagen höre: »Mir ist langweilig.« Das ist ein ganz unkindgemäßes Verhalten. Das Kind ist seinem Wesen nach viel mehr als der Erwachsene fähig, ganz dem Augenblick zu leben. Es muss nicht über Versäumnisse der Vergangenheit nachsinnen und braucht sich nicht um die Zukunft zu sorgen. Es ist da: jetzt. Wenn es das nicht mehr kann, ist ihm ein Stück seiner Kindheit verloren gegangen. Es spricht einiges dafür, dass die Langeweile des Kindes nicht mit einem Mangel an Anreizen zusammenhängt, sondern im Gegenteil, mit der Reizüberflutung, der heutige Kinder ausgesetzt sind. Sie haben viele Spielzeuge, darunter solche, die kaum die Phantasie herausfordern oder zu eigener Aktivität anregen, weil sie auf Knopfdruck funktionieren. Unsere Kinder haben das überreichliche Angebot der Medien, die ihnen Erlebnisse und Kontakte versprechen. Aber sie schenken nicht das eigene Erleben, das Gespräch, die echte Anteilnahme, kurz, alle jene Schwingungen, die dem Kontakt von Mensch zu Mensch eigen sind und den Augenblick wertvoll machen. Deshalb vermittelt das Medium keine erfüllte Zeit. Der Hunger bleibt. Man will mehr, braucht die stärkere Sensation. Und vielleicht wird man schließlich unfähig, die Gegenwart aktiv zu gestalten. Die Zeit wird lästig. Man muss sie »vertreiben« oder »totschlagen«.

Nein, der Mangel an Reizen ist es nicht, der Langeweile verursacht. Viel eher der Mangel an menschlicher Nähe: Wir können erleben, wie ein Kind »aufgeht«, aufblüht wie eine Blume, wenn wir mit ihm sprechen, spielen, scherzen, wenn wir ihm eine Geschichte erzählen, mit ihm zusammen einen Felsen besteigen, einen Bach durchwaten, eine Höhle erkunden, wenn wir abends an seinem Bett sitzen und an den Tag zurückdenken. Gegenwärtig sein für das Kind, das ist in besonderer Weise gelebter, erfüllter Augenblick.

Wir Älteren, mit Aufgaben bedacht, mit vielen Kontakten beschenkt und mancher Zerstreuungsmöglichkeiten mächtig, empfinden vielleicht keine Langeweile im eigentlichen Sinn. Und doch: Wir haben manchmal das Gefühl, eine Fernsehsendung, ein Buch, eine Unterhaltung seien belanglos. Bringen wir die Kraft auf, den Fernseher auszuschalten, das Buch zuzuklappen, der oberflächlichen

Konversation mutig die Wendung zum ehrlichen Gespräch zu geben und so den Augenblick mit Wesentlichem zu füllen?

Es gibt Menschen, denen die Zeit wirklich lang wird: Kranke, Arbeitslose, Einsame. Mir sind Szenen eines Films, den ich vor Jahren gesehen habe, eindrücklich geblieben: Ein junges Paar wandert aus nach Amerika, arbeitet sich unter unsäglichen Mühen hoch, findet im Westen eine Heimat. Dann stirbt die Frau. Für den Mann geht das Leben weiter. Man sieht ihn im Sessel sitzen. Er zieht seine Uhr. Sie geht nicht mehr. Der Tod seiner Frau hat sie angehalten. Immer wieder holt er die Uhr mit ihrer immer gleichen Zeigerstellung hervor und – fast surrealistisch – wird dabei alt. Die Furchen im Gesicht werden tiefer, Bart und Haupthaare ergrauen, die Gestalt sinkt zusammen ... Seine Zeit ist leer. Sie hat nichts mehr für ihn. Sie scheint stehen zu bleiben und schreitet doch voran.

Ich höre aus diesem Film und aus dem Umgang mit einsamen Menschen zwei Botschaften: Die Botschaft für den Einsamen: Starre nicht nur auf das »Zifferblatt«. Das Hineinhören in die eigene Seele, der gedankliche Austausch mit anderen Menschen, die Zwiesprache mit Gott können auch Stunden der Einsamkeit erfüllt sein lassen.

Die Botschaft für den – noch? – nicht Einsamen: Teile deine Zeit mit dem, der dich braucht. Der russische Dichter Leo Tolstoi erzählt die Geschichte eines Königs, der wissen will, welches seine wesentlichste Aufgabe und wer der für ihn wichtigste Mensch ist. Er muss einen langen Weg gehen, bis er schließlich erkennt: Der wichtigste Mensch ist der, der mich jetzt gerade braucht, die wesentlichste Aufgabe ist die Forderung des Augenblicks.

Die Tugend des Gegenwärtig-Seins: Den Augenblick auskosten, wach sein für das Wesentliche, die Kraft haben, es zu ergreifen. Da sein für den Anruf des Jetzt. Die Fähigkeit der Blume: Sie geht zur rechten Stunde auf, wendet sich der Sonne zu und öffnet sich ihr, die jetzt, gerade jetzt ihr Licht schenkt. Seneca, der antike Weise, sagt: »Umarme (!) jede Stunde«.

Vergangenheit – zwischen verlorenem Paradies und Hölle?

»Ein Blatt aus sommerlichen Tagen, ich nahm es so beim Wandern mit. Damit es einst mir möge sagen, wie laut die Nachtigall geschlagen, wie grün der Wald, den ich durchschritt« (Theodor Storm).

Jeder Mensch hat Teil an einer gemeinsamen Vergangenheit, in die er eingewoben ist: der Nation, der örtlichen Gemeinde, der Familie, der Kirche, des Berufsstandes. Daneben hat jeder Mensch seine ganz einmalige persönliche Vergangenheit, die er mit niemandem auf dieser Welt teilt. Mit fortschreitendem Alter, so sagt man, blicke der Mensch vorzugsweise zurück in die Vergangenheit. Er neige dabei dazu, das Gewesene in der Erinnerung zu verklären. Früher, so heißt die Aussage solcher Leute, war doch vieles besser, die Umstände und wohl auch die Menschen. Die gute alte Zeit!

Die Erinnerung, ein positives Zurückdenken, ist etwas Schönes und kann das Leben bereichern. Aber der verklärende Blick in die Vergangenheit kann uns in der Bewertung der Gegenwart ungerecht machen. Die alte Zeit hatte auch ihre Ecken und Kanten. Würden wir in sie zurückversetzt, stellten wir bald staunend fest, dass weder Menschen noch Lebensumstände besser waren als heute – in vielen Fällen wahrscheinlich schlechter. Der Weg in das Paradies der Erinnerung wird dann unfruchtbar, wenn wir darüber die Möglichkeit versäumen, das wichtige Angebot der Gegenwart entgegenzunehmen.

Es gibt auch die entgegengesetzte Einstellung zur eigenen Vergangenheit: Menschen sind belastet durch Geschehnisse aus ihrer Kindheit oder Jugend, durch die sie sich gequält und verwundet fühlen. Vielleicht lebt diese Art der Erinnerung in fast jedem von uns: Das Wissen, es ist mir etwas angetan worden, das ich innerlich noch nicht bewältigt habe und das es mir schwer macht, mit meinen Mitmenschen und mir selbst zurechtzukommen.

Man kann versuchen, solche Altlasten der Vergangenheit zu begraben, zu vergessen, zu verdrängen. Aber damit sind sie nicht beseitigt und in irgendeiner Form legen sie sich immer wieder auf unser Leben. Wir sollten vielmehr die Verwundungen in der Erinnerung aufgreifen und vergegenwärtigen, um sie zu verarbeiten. Deshalb ist es gut, dass Menschen heute über solche Erlebnisse miteinander sprechen. Acht geben sollte man aber darauf, dass die Befassung mit dem Schutt der Vergangenheit nicht zur Gefahr wird, sich ständig im Kreise zu drehen. Denn dann verspinnt sich der Mensch in seine Vergangenheit und macht sich unfähig, die Gegenwart zu bewältigen. Es gibt Pädagogen und Psychologen – ich denke etwa an die Bücher der Autorin Alice Miller – die nicht müde werden zu betonen, dass alle Fehlleistungen und Lebensdefizite der Erwachsenen auf die Erziehung zurückzuführen seien und die dort dem Kind zugefügten Leiden. Menschen, die bei diesem Deutungsmuster stehen bleiben, können nur ständig anklagen. Sie kommen nicht dazu, die Verantwortung für ihr Leben eigenständig zu übernehmen.

Wir können unserer Vergangenheit auch in der Form begegnen, dass sie uns mit eigenen Versäumnissen, Irrtümern und Schuld konfrontiert, auch mit solchen Fehlern, die mit irdischen Mitteln nicht wieder gutzumachen sind. Wir hoffen dann vielleicht auf die sprichwörtliche Wirkung der Zeit, die über alles Gras wachsen lässt und alle Wunden heilt. Nein, die Wunden der Schuld werden durch den Zeitablauf nicht heil. Die Tragik des Schuldigwerdens und Schuldiggewordenseins altert nicht. Wir tun uns schwer mit der Bewältigung dieser Schatten. Die Bibel sagt, dass Jesus Christus das Problem der Schuld erledigt hat und dass wir von daher Schuld ablegen können. Wir müssen dem Gewesenen nicht entfliehen. Es gibt das Angebot der Versöhnung.

Zukunft – utopische Erwartung oder Angst?

»Ich breite meine Hände aus zu dir, meine Seele dürstet nach dir wie dürres Land.« (Psalm 143, 6)

»Ja, ich will euch tragen bis ins Alter hin und ihr sollt einst sagen, dass ich gnädig bin« (Jochen Klepper).

Zweimal in meinem Leben war ich Zeuge von großen, umfassenden Erwartungen an die Zukunft. Das erste Mal im »Dritten Reich«, als uns gesagt wurde, dass mit Führer, Volk und Vaterland eine neue

Zeit aufgebaut würde und wir, die Jugend, die Träger und Garanten dieser Zukunft seien. Diese Vision ist schauerlich zersprungen. Am Ende standen wir vor der Frage, ob es überhaupt noch eine sinnvolle Zukunft geben könne. Das andere Mal – in einem völlig anderen politischen und gesellschaftlichen Zusammenhang – verhieß die Bildungsreform der späten sechziger und der siebziger Jahre eine bessere Zukunft durch die Wissenschaft. Eine Wissenschaft, die es ermöglichen sollte, dass aggressionsfreie Menschen in einer »repressionslosen Gesellschaft« zusammenleben. Auch jene Zukunftserwartung hat sich nicht erfüllt, so wie sich alle Utopien, die sich ein problemloses Menschenleben erhoffen, als trügerisch erweisen.

Heute sind die Horizonte eher düster: Erschöpfung der Rohstoffvorräte, Energiekrise, zunehmende Umweltbelastung, Kleinkriege und hungernde Völker geben in den Szenarien der Futurologen die Leitlinien vor.

Es gibt ein Wort Jesu Christi, mit dem er uns mahnt, uns nicht von Sorgen erdrücken zu lassen. »Sorgt nicht um euer Leben, was ihr essen und trinken werdet; auch nicht um euren Leib, was ihr anziehen werdet. Ist nicht das Leben mehr als die Nahrung und der Leib mehr als die Kleidung? Seht die Vögel unter dem Himmel an: Sie säen nicht, sie ernten nicht, sie sammeln nicht in die Scheunen; und euer himmlischer Vater ernährt sie doch. Seid ihr denn nicht viel mehr als sie?« (Mt 6, 25, 26). Ich liebe dieses Wort, aber ich kann ehrlicherweise nicht sagen, dass es mir immer oder auch nur überwiegend gelänge, danach zu leben. Meine Ängste liegen auch nicht in erster Linie bei Nahrung und Kleidung, eher bei Fragen der Familie und ihres Ergehens, bei ökologischen Problemen, vielleicht auch bei der eigenen Leistung und Akzeptanz als alt werdender Mensch.

Tatsächlich trifft für meine Einstellung zur Zukunft oft jene andere, ebenfalls von Jesus stammende Situationsbeschreibung zu: »In der Welt habt ihr Angst.« Wahrscheinlich können wir heute der Zukunft gegenüber nicht einfach »sorglos« sein. Konnten Menschen das jemals? Aber Jesus Christus sagt, dass unsere Angst überwölbt sein kann vom Vertrauen auf den Gott, aus dessen Hand die Zukunft kommt. So kann Angst aufgehen im Getrostsein und in der Geborgenheit: »Seid getrost, ich habe die Welt überwunden.« Wenn es

Tugenden im Blick auf die Zukunft gibt, dann sind es: Geduld, Zuversicht, Vertrauen.

Ewigkeit

»Ich werde sein, der ich sein werde.« (2. Mose 3, 13)

In Kindheit und Jugend scheint die Zeit aus einem unerschöpflichen, nie endenden Reservoir zu fließen. Im Alter lernt man die Grenze sehen. Die »Verfügungsmasse Zeit« schrumpft und ihre Unberechenbarkeit wird immer unausweichlicher. Sicher ist nur eines. Das Ende kommt. Der Schriftsteller Manes Sperber sprach in einem Interview wenige Monate vor seinem Tod von dem hohen Zeitdruck, unter dem er bei der Erfüllung seines Lebenswerkes stehe. Er fühle sich als Gefangener der Zeit und empfinde eine »ungeheure Ungeduld« in dem Wissen, »wir leben in einer Endlichkeit der Zeit, und was wir innerhalb dieser Zeit nicht realisieren, geht verloren, ist nicht, wird nicht sein« (nach Süddeutsche Zeitung, 11. 2. 1984).

Gefangene der Zeit wären wir tatsächlich, wenn die Grenze am Ende unseres Lebens undurchlässig wäre. Nichts als Stückwerk bliebe am Ende zurück: Unvollendetes, Unvollkommenes, Ruinöses, dem Zerfall Preisgegebenes.

Die begrenzte Zeit menschlichen Lebens ist nicht die abschließende Wahrheit, denn dann bliebe nur die Verdrängung des Endes oder eine tapfere Resignation. Das Evangelium gibt einen anderen Ausblick: Wie Jesus Christus auferstanden ist, sollen auch wir durch den Tod hindurchgehen in das ewige Leben. Ewigkeit, das ist nicht einfach die Verlängerung der Zeit in das Unendliche. Es ist eine andere Seinsweise. Sie passt nicht in das Zeitschema, das unsere Grammatik zur Verfügung stellt. Vergangenheit, Gegenwart und Zukunft fallen jetzt in eins zusammen.

Die Perspektive der Ewigkeit gibt nicht nur dem Tod, sondern dem ganzen Leben vorher einen anderen Stellenwert. Wir sind Durchziehende, Fremdlinge und Pilger. Eine der kostbaren Spannungen unseres Lebens: ganz, voll und wach hier sein, Heimat finden und sich verankern – und doch Fremder bleiben, einem anderen Ziel zustreben. Das macht das Schöne und Gute dieser Welt nicht wertlos, auch Schmerz und Leid nicht belanglos. Aber das Eigentliche kommt noch: die Vollendung, die Gott vorgesehen hat. Jesus Christus sagt: »Wer an mich glaubt, der hat das ewige Leben«. Wir gehen dahin und doch gibt es die Ahnung von einer unaussprechlichen ewigen Dimension.

Gerhard Naujokat

Sexualität: Genussmittel auf Zeit oder Sprache der Liebenden?

Der Wandel des sexuellen Verhaltens der Menschen und der sexualethischen Bewertungsmaßstäbe in den vergangenen hundert Jahren ist unverkennbar. Es gilt, ihn einzuordnen und am Anfang des neuen Jahrtausends Beurteilungskriterien zu entwickeln, die sich als gültige Maßstäbe der Zukunft bewähren könnten. Der besondere Aspekt biblischer Ethik dabei ist, dass sie nicht der Meinung der Mehrheit, sondern den ethischen Richtlinien Gottes folgt. In der biblischen Ethik steht zum Schutze des Menschen Gott, nicht der Mensch im Mittelpunkt. Fundament dieses Ansatzes ist die Tatsache der Geschöpflichkeit und der Erlösungsbedürftigkeit des Menschen, der seine Identität nur in dem Bezogensein auf den Schöpfer und Erlöser gewinnen kann.

Mit dem Übergang von der Mangelgesellschaft, die durch harte Arbeit bestimmt war, zur Freizeitgesellschaft im Wohlstand hat sich ein freizügiges Sexualverhalten in breiten Schichten der Bevölkerung durchgesetzt. Die Kennzeichen des Sexualverhaltens heute sind Befreiung von Tabus, der frühere Beginn sexueller Praxis, Verwirrung und Verrohung der Partnerbeziehungen, Abspaltung des Sexualtriebs von der Gesamtpersönlichkeit und von der Bindung an die Ehe, aber auch eine neue Zärtlichkeit.

Nach biblischem Verständnis der Geschlechtlichkeit gehören Geschlecht und Person untrennbar zusammen. Für jeden Einzelnen und für jede Gemeinschaft ist es eine bleibende Aufgabe, das sexuelle Leben zu humanisieren. Zwar wird auch in der heutigen Gesellschaft der Versuch unternommen, Sexualität gleichsam zu kultivieren und einzubinden in andere Formen mehr oder weniger verbindlichen Soziallebens, zum Beispiel kürzer oder länger dauernde Partnerschaften, eheähnliche Verhältnisse und gleichgeschlechtliche Gemeinschaften. Zugleich bleibt das aber angesichts der Unsicherheit derartiger Beziehungen ein Fluchtweg des Menschen auf der Suche nach Glück und Lust oder zumindest Befriedigung.

Diese Art von Befriedigung ist meist nicht von tief greifender Verwurzelung und anhaltender Dauer, weil die eigentliche Dimension menschlicher Sexualität, die nicht nur Befriedigung, sondern Erwiderung sucht, hierbei verfehlt wird. Der Mensch ist als Geschlechtswesen geschaffen. Mann und Frau sind einander zugeordnet. Sie bilden eine lebendige Einheit in der Verschiedenheit. Wir leben immer im Spannungsfeld der Geschlechterbeziehung. Sexualität, das Gegenüber von Mann und Frau, gehört von Anfang an zur Schöpfung, zur Einheit und Ganzheit des Menschen als die umfassendste Beziehung zwischen den Geschlechtern.

Angst und seelische Knüppel sind keine Mittel, die Lebenshaltung des Menschen zu regulieren. Gewissensprüfung anhand der Heiligen Schrift und persönliche Verantwortung vor Gott und den Menschen sind Maßstäbe, die dem glaubenden Christen Wegweisung geben. Er ist in freiwilligem Gehorsam bereit, sich den verbindlichen Normen Gottes unterzuordnen. Das Evangelium bietet dabei kein direktes Normensystem zur Verwirklichung des göttlichen Willens an. Christus verheißt vielmehr den göttlichen Geist, der im Menschen und durch ihn hindurch wirkt. Dieser Heilige Geist bewirkt den Glauben und ein verantwortungsbewusstes Handeln. Gesundes Geschlechtsleben ist eine Aufgabe christlicher Daseinsgestaltung und damit der Seelsorge. Die Antworten des Evangeliums auf Fragen der Sexualität sind nicht kasuistisch vorgegeben. Christliche Ethik wird da gelebt, wo das geschlechtliche Verhalten sein Maß von Christus her nimmt.

Für den Christen gilt darüber hinaus das, was er als Gottes Willen für den Menschen und insbesondere seiner Sexualität erkennt und anerkennt. Die Bibel bejaht die Sexualität als eine vitale, die Menschheit bereichernde und den Menschen beglückende Kraft, als eine der stärksten Bindungen zwischen Mann und Frau und als das biologische Fundament einer lebenslangen Partnerschaft. Sie begrenzt aber gleichzeitig ihren rechten Gebrauch gegen vielfältigen Missbrauch, zum Beispiel im Blick auf Verfrühung, Veräußerlichung, Verzerrung, Verirrung und Verschwendung. Mit den Begriffen Ehebruch, Unzucht und Hurerei scheut sie auch nicht vor kräftigen Warnungen und Attacken zurück.

Sexualität nach biblischen Maßstäben wird der Wahlfreiheit in der Partnersuche, der inneren Führung und der Sehnsucht nach fester Bindung Rechnung tragen. Je weniger beheimatet der Mensch ist, desto stärker sucht er Sicherheit und Geborgenheit. Im Sinne biblischer Orientierung betonen wir die enge Verbindung von Liebe und Sexualität. Sexualität hat neben der Funktion der Fortpflanzung und der Freude auch eine Ausdrucksfunktion in der Sprache der Liebenden. Sexualorgane sind nicht nur Fortpflanzungs- und Sinnesorgane, sondern vor allem Sprachorgane im besonderen Austausch der Partner. Gerade darum werden Missbrauch, kritiklose Vervielfältigung, beliebige Ausweitung und wahllose Verschleuderung zu einem Bruch der partnerschaftlichen Intimität und wirken wie ein Verrat anvertrauter Geheimnisse und biblischer Wahrheit.

In den vergangenen Jahren haben die tödliche Krankheit Aids und andere sexuell übertragbare Infektionen den bedrohlichen Charakter derartiger Grenzüberschreitungen unterstrichen. Ihr Auftreten muss als ernsthaftes sexualethisches Warnsignal verstanden, das Verhalten neu überprüft und im Sinne einer ehelichen Verantwortung zurechtgerückt werden.

Sexualität hat die Möglichkeit, Leben zu zeugen – auch ungewollt. Die Folgen sind nicht selten unerwünschte Schwangerschaften und deren besondere Gefährdung durch abbrechende Eingriffe. Abtreibung ist aber zweifelsfrei Tötung menschlichen Lebens. Das Leben beginnt mit der Verschmelzung der Keimzellen. Diese Tatsache muss konsequent und in einer nie ermüdenden Verantwortung für wehrloses Menschenleben immer aufs Neue betont werden. Es ist alles zu tun, was dem Schutz des ungeborenen Lebens dient. Ausnahmen darf es nur auf Grund schwer wiegender Indikationen geben. Dabei ist auf den Widerspruch hinzuweisen, mit dem heute Menschenrechtsverletzungen angeprangert, die Rechte hungernder, behinderter, gebrechlicher und schwacher Menschen vertreten werden, aber gleichzeitig bedenken- und bedingungslos das Recht der Frau gefordert wird, das Menschenleben im eigenen Körper abtöten zu dürfen. Sexualethisch ist das auch mit dem modernsten Verständnis nicht zu begründen, im Gegenteil, es widerspricht geradezu einer humanitären und humanistischen Aufklärungsgesinnung.

Die sexuelle Scham dient dem Schutz der Intimsphäre. Sie macht deutlich, dass das geschlechtliche Verhalten unter sozialem Aspekt zu sehen ist. Sexualität empfängt ihren Sinn und ihre menschliche Qualität dadurch, dass sie zur Sprache der Liebe wird. Der Mensch ist nicht auf Sexualität hin angelegt, sondern auf Humanität, Liebe und Verantwortung. Das Gelingen von Liebe und Ehe setzt beiderseitige Partnerschaftsfähigkeit voraus. Dazu gehört ein entsprechendes Maß an personaler Reife. Ehe wiederum ist durch Treue bedingt: Jeder muss auf die Verlässlichkeit des Partners vertrauen können.

Mit der Zunahme der Scheidungen ist die Norm lebenslanger Ehedauer nicht hinfällig geworden. Zusätzlich muss aber das an der Bibel orientierte und geistliche Verhalten gerade in christlichen Gruppen herausgefordert sein, auch den getrennten und geschiedenen Menschen Brücken zu bauen, um ihnen die Chance zu angemessener Krisenbewältigung zu geben. Auf diesem Gebiet wird die Zukunft weit größere Aufgaben stellen, die bis heute weder angedacht noch gemeindeintern erarbeitet wurden, nicht zuletzt im Blick auf das Schicksal von Kindern aus gescheiterten Partnerschaften.

Wo die selbst gewählten Beziehungen gefährdet sind oder scheitern, rücken auch Vergebung und Gnade neu ins Bewusstsein. Hier erweist die Liebe ihre höhere Dimension. Sie wird zum Ausdruck der dem Menschen gebotenen Hand der Versöhnung und der Verbindung mit Gott. Es gehört zum Handeln Gottes, dass er Menschen von innen heraus zu erneuern vermag. Dann wachsen die Kennzeichen des geistlichen Lebens und einer vertieften Verantwortung.

Gerhard Naujokat

Keuschheit modern – Verzicht auf Lust?

Hierüber biblisch nachzusinnen wird möglich anhand der Aussage des Apostels Paulus in Galater 5, 22: »Keuschheit ist eine Frucht des Geistes.« Dennoch liegt es nicht einfach so auf der Hand, was dieser Begriff aussagt und wie er zu deuten ist. Deshalb ergänzt Paulus mit Philipper 4, 8: »Was keusch ist, dem denket nach.« Anscheinend ist nicht immer und in jeder Situation verständlich und klar, was Keuschheit oder Reinheit besagt. Daher diese Ermutigung zum Nachdenken.

Leider besitzt das Wort Keuschheit im heutigen Sprachgebrauch und im menschlichen Umgang keinen besonders positiven Wert. Bestenfalls klingt es antiquiert, abgestanden, nicht modern oder gar »in«. Man weiß den Begriff nicht mit Inhalt zu füllen. Dabei hat dieses Wort einen hohen Stellenwert und zu bejahende, qualifizierte Inhalte.

1. Was ist Keuschheit?

Wer die sprachliche Wurzel zurückverfolgt, findet zunächst das lateinische »conscius«, nämlich »bewusst«. (Wir haben dasselbe Wort noch im heutigen Englisch als conscious = bewusst.) Keuschheit hat also etwas mit Bewusstsein und Bewusstheit zu tun. Abwandlungen gibt es im Lateinischen zu »coscius« = »tugendhaft, unschuldig« und im Althochdeutschen »chuski« mit der Bedeutung »enthaltsam, mäßig«. Weitere Sprachentwicklungen zeigen die Richtung: sittsam, ruhig, schamhaft, anständig, sauber, rein. Und das alles als bewusste Aufgabenstellung, nicht beiläufig oder selbsttätig, sondern von wissender Verantwortung her. So formt sich der Inhalt von Keuschheit in Richtung »Kultivierung und Disziplinierung des Menschseins«.

Keuschheit ist nicht kindliche Unschuld. Diese ist zunächst einfach da, Keuschheit wird im Laufe eines Lebens durch Verantwortung, Wissen und Gnade erarbeitet und geschenkt. Daher ist Keuschheit mehr als eine Naturgegebenheit (Kindlichkeit wäre naturgegeben, ist aber keine Keuschheit). Keuschheit ist auch mehr als Mäßigung der Triebe, mehr als gezügelte Sinne, geht über die naturgegebenen Möglichkeiten hinaus. Eine »Frucht des Geistes« heißt es bei Paulus. Keuschheit kann darum aus dem rein Menschlichen, dem Natürlichen nicht geschaffen werden. Sie ist das Geschenk einer höheren Hand.

Das griechische Wort für »Enthaltsamkeit« enthält im Wortstamm den Begriff »Macht«. Damit deutet sich an, dass jemand Macht und Kraft über sich selbst und sein Handeln gewinnen kann. Es bedeutet Selbstbewusstsein und Würde, wenn der Mensch durch Vernunft und Willen Herr wird über seine Natur und das biologische Getriebenwerden, wenn er gleichzeitig frei wird von ichhaften Bindungen und die Macht Gottes in seinem Leben Anker findet. Darüber hinaus gibt es weitere grundlegende Interpretationen für »Keuschheit« mit den Begriffen: Lauterkeit, Tadellosigkeit, Reinheit, Unschuld, Freispruch, entsühnt und unantastbar sein.

Zusammengefasst zeigt sich eine Vielfalt von hohen Werten: innere Bindung in verantwortungsbewusster Haltung, Entfaltung der Persönlichkeit, Ausdruck der Ganzheit einer Lebenshaltung, Entwicklung eines neuen geheiligten Lebens in der Kraft Gottes. Es geht um die Integration der menschlichen Wesensart in ein gottgewirktes System. Keuschheit ist eine Umformung der Antriebskräfte unseres Lebens in verantwortungsbewusste Lebensaufgaben hinein. Dazu gehören die Liebesfähigkeit, die Ehefähigkeit und auch das Charisma der Ehelosigkeit – wobei ich hinzufüge, dass zur Ehelosigkeit durchaus Liebesfähigkeit gehören darf. Auch ein lediger Mensch ist ein liebender und ein liebenswerter Mensch. Alle brauchen Liebe als Wärme, Geborgenheit und Ausstrahlungskraft. Sonst würde alles im Leben hart und kalt.

Was nicht gemeint ist: Durch Keuschheit in dem genannten Sinne wird kein neuer Menschentyp geschaffen, der unfehlbar, perfekt und keimfrei wäre. Es geht nicht um neutrale Wesen. Im Herzen des Keuschen finden sich dieselben Sehnsüchte und die gleichen Charakteranlagen. Niemand wird zur Natur eines Engels.

Das Wort Keuschheit muss für den heutigen Menschen erklärt werden, muss greifbar und verständlich sein auch für den, der weniger biblisch denkt. Darum sei folgender Dreiklang als Definition angeboten:

Innere Lauterkeit, menschliche Tragfähigkeit, seelische Reife.

Keuschheit steht somit in modernen und aktuellen Lebenszusammenhängen, hat partnerschaftsnahen Charakter und ist für ein geistliches Verhalten wegweisend.

Es gibt reife Menschen, deren Herzen gütig, barmherzig und demütig sind. Die Verachtung des weniger Reifen liegt ihnen fern. Sie fühlen sich anderen nicht überlegen. Ihr ganzes Verhalten geht von Hingabe und Liebesfähigkeit aus, die sich im Leben entwickelt und bewährt. Die Tiefe des eigenen Wesens wird herausgefordert.

2. Keuschheit vor der Ehe

Bei Menschen, die noch nicht in der Ehe leben, äußert sich Keuschheit in der Bereitschaft, während der ledigen Zeit ohne sexuelle Beziehungen zu bleiben. Es ist ein Aufbruch unter jungen Leuten entstanden, die sich sogar organisieren und ihre Überzeugung mit dem Slogan an die Öffentlichkeit bringen »Wahre Liebe wartet«. Man möchte bewusst keine sexuellen partnerschaftlichen Handlungen beginnen, sondern die innere Lauterkeit bewahren, um eines Tages auf einen ähnlich denkenden Menschen zu treffen. In der Tat entwickelt sich die seelische Reife eines Menschen durch körperliche Zurückhaltung besser und umfassender, als wenn eine Frühsexualität Verwirrung stiftete. Man lernt den andern ohne Intimität besser kennen, erforscht seine Wesenhaftigkeit gründlicher und setzt sich umfassender mit seiner Charakterstruktur auseinander. Eine Verfrühung, ein vorzeitiger Eingriff in die Sexualität des jungen Menschen kann zur Blockierung der seelischen Entfaltung führen und zu einer Verkümmerung der erotischen Anziehung. Es besteht eine Wechselwirkung zwischen frühzeitigen Verhältnissen und der persönlichen Reifung. Der Heranwachsende hat einen Anspruch darauf, in gewisser Ruhe und Abschirmung den Reifungsprozess durchzustehen und die Phase des geschlechtlichen Werdens seelisch gesund zu erfahren. Dieser sexuellen und psychischen Reifung sollte der natürliche und selbstverständliche Schonraum nicht genommen werden. Erfährt dieser Vorgang durch verfrühte Sexualität oder durch oft wechselnde Partner eine Unterbrechung, kann es zu einem charakterlichen und seelischen Stillstand kommen und die sich entfaltende Gefühlswelt beeinträchtigen.

Intime Praktiken können auch kein Probelauf für die Ehe sein. Die Geburt, den Tod und die Ehe kann man nicht erproben. Deshalb sind sexuelle Experimente außerhalb der Ehe durchaus fragwürdig. Im Übrigen ist in der heutigen Zeit »Jungfräulichkeit« nicht mit dem anatomischen Tatbestand der Unversehrtheit des Hymens gleichzusetzen. Ein Mädchen kann einem Mann sehr viel erlauben, ohne dass eine Beschädigung dieser Haut eintreten muss. Ein vorwegnehmender Lebensstil kann nicht durch die Intaktheit des Hymens aufgewogen werden.

Die Jahre vor der Ehe sind eine Zeit des Reifens und Werdens. Spannungen und Krisen sind darin enthalten. Sie sind nötig, damit der Mensch zur Persönlichkeit heranwächst. Persönlichkeiten reifen nur durch Belastungen und Spannungen. Wer Schweres nie erträgt, verhindert den notwendigen inneren Stabilisierungsprozess. Zweisamkeit kann später nur gelingen, wenn man die Einsamkeit gesund durchlebt hat. Die Harmonie der Liebe bedarf der Ausreifung der Psyche. Hingabe und Verzicht werden zu den Eigenschaften gehören, die zu erlernen sind. Wer nie verzichten und nie warten kann, schmälert seine seelische Durchhaltekraft, von der auch echte Entscheidungen in der Liebe abhängig sind.

Kein Menschenleben kommt ohne Ordnungen aus, auch das junge nicht. Wer vor der Ehe keine Ordnung respektiert, wird diese wahrscheinlich in der Ehe auch nicht auf Dauer anerkennen. Das zeigt die Ehe- und Zerrüttungsberatung. Darum sollte man junge

Menschen auf die Ehe vorbereiten. Wenn die Eltern es nicht tun, dann in Seminaren und Schulungskursen der Gemeinden und deren Jugendgruppen. Junge Mädchen und junge Männer dürfen nicht im Rosenbett der Illusionen und mit Paradiesvorstellungen in die Ehe stolpern. Dann entstünden Hoppla-Hopp-Ehen mit fehlender Tragfähigkeit.

Keuschheit wird hier ganz praktisch, sehr hautnah und jugendpsychologisch verstanden. Es gibt eine biologische Faszination, die den Menschen anspricht und zum andern hinzieht. Faszination hält aber nicht durch. Sie genügt nicht. Pure Verliebtheit reicht nicht aus. Es geht um Spannkraft, um ein Durchhalten, um bewusste Disziplin, um nicht aus einer verständlichen Schwärmerei heraus einen zu frühen Schritt zu tun. Liebe und Verantwortung gehören zusammen. Wer sich vom Abenteuer, von Neugier und Ungeduld bestimmen lässt, verrennt sich in ungestümem Drängen. Die Vorbereitung auf ein Leben in Liebe und Ehe erfordert Zeit und Freude. Wirkliche Liebe wird den Partner nicht zum Objekt der Triebe erniedrigen. Das bloße Wissen um Technik ersetzt nicht das Wunder wechselseitiger Zuneigung. Darum gehört zur Liebe ein großes Maß an Selbstlosigkeit.

3. Keuschheit und Ehelosigkeit

Es gibt zwei Wege unseres Gottes: den Weg in die Ehe und den Weg in die Ehelosigkeit. Ein Mensch kann in die Zweisamkeit geführt werden, aber ebenso in das endgültige Alleinsein. Es sind zwei gleichwertige Wege, sicher ganz andersartig, aber gleichrangig vor Gott. Ehe ist nicht mehr als Ehelosigkeit; Ehelosigkeit nicht wertvoller als Ehe. Man kann nicht eines gegen das andere ausspielen. Unmissverständlich ist festzustellen, dass ein eheloser Mensch ein ganzer Mensch ist, eine vollwertige Persönlichkeit, auch wenn er in seinem persönlichen Bereich allein lebend verbleiben muss.

Vielleicht ist das gegen den Trend der Zeit. Auf der Straße, im Betrieb, im Bus und in der Disco sagt man es anders. Da spöttelt man: »antiquiert, zurückgeblieben, Mauerblümchen, hat einen Tick, nicht ganz ernst zu nehmen, da stimmt was nicht«. Man steht in Gruppen und grinst und höhnt. Eine Schulklasse kann grausam sein, die berufliche Umgebung unbarmherzig. Ein lediger Mensch hat oft mit Unverständnis und Ablehnung zu tun. Darum sollte man ihn aufwerten. Ein Mensch, der allein bleibt, hat einen hohen Rang. Es hat in der Weltgeschichte, in der Religions- und Kulturgeschichte große Menschen gegeben, ledige Menschen, die so viel Ausstrahlung hatten, so viel Wärme verbreiteten und Güte besaßen, so viel Barmherzigkeit ausübten, so viel Väterlichkeit, Mütterlichkeit und Herzlichkeit verströmten, wie oftmals echte Väter und Mütter nicht. Große Persönlichkeiten dieser Erde waren oft ledige Männer und Frauen. Deshalb sollte man vom Alleinstehenden, dem heutigen Single, die Unruhe nehmen und ihn abschirmen vor gesellschaftlicher Verunsicherung. Es geht hier nicht um eine veraltete Lebensauffassung, sondern vielfach um reife Menschlichkeit und eine starke Tragfähigkeit, die diese Menschen besitzen.

Auch eine zunächst nicht erwünschte Ehelosigkeit kann als Auftrag verstanden werden. Man wird fähig, von einer nehmenden zu einer gebenden Haltung zu finden, vom Begehren zum Verschenken. Damit ist nicht ein verkrampftes und widerwilliges Auf-sich-Nehmen gemeint, sondern die Erschließung des Bewusstseins für tiefe Mitmenschlichkeit. Hier wird Hingabe für eine Lebensaufgabe besonderer Art befähigt, die sich im sozialen, kulturellen oder religiösen Bereich hilfreich auswirken kann. Hier tut sich eine Quelle der Freude auf, die das Gemüt und die Seele erhellt und der Aktivität Sinn gibt.

Die Ehelosigkeit – aus der Echtheit des Daseins heraus – bedeutet eine besondere Chance des Gehorsams und der Liebe zu Gott. Sie setzt eine große innere Liebesfähigkeit voraus und eine Hingabe, die jeder Prüfung standhält. Ledige Männer und Frauen haben die Welt bewegt.

4. Keuschheit in der Ehe

Gott schuf Mann und Frau. Die Zweisamkeit der Ehe ist von Gott gewollt. Die Schöpfungsordnung sah die Verschiedenartigkeit der Geschlechter vor, die einander ergänzen und herausfordern. Dieses gemeinsame Leben bedeutet Beglückung und Dankbarkeit der Schöpfung gegenüber.

Dennoch gibt es auch in der Ehe Keuschheit, weil Ehe ein Prozess des Angleichens ist und der Anpassung an unterschiedliche Frequenzen und oft differierendes Verhalten. Mit dem Partner hat man nicht einen schönen Gegenstand, nicht einen bloßen Besitz gewonnen. Es reicht nicht, miteinander verheiratet zu sein, sondern beide müssen sozusagen verwandelt werden zu ehelichen Menschen. Mit dem Hochzeitstag ist nicht schon alles gegeben, da fängt es erst an. Das Hochgefühl der Eheschließung ist noch kein Eheergebnis. Die Gemeinsamkeit, die entstehen soll, muss erst werden, insbesondere auf dem Gebiet intimer Bedürfnisse. Das geschieht nicht von selbst. Darum ist Ehe immer Arbeit, die oft mit Schmerzen verbunden ist, bis man miteinander einen Zuschnitt erreicht und eine Form findet, die passt. Es ist das Bemühen um sich selbst und um den andern. Ehe ist darum selten ohne Anfechtung. Anfechtung aber lässt demütig werden; wird sie überwunden, ist das Paar stärker.

Die Wahl des Partners geschah oftmals aus Idealvorstellungen heraus. Man wählte einige sich ergänzende Eigenschaften. Man wollte den eigenen Mangel ausgleichen. Da war Einsamkeit und man flüchtete in Geborgenheit. Man spürte ein seelisches Vakuum und wollte es auffüllen, entsprechend den persönlichen Wünschen. Aber diese Wunschvorstellungen und Idealeinstellungen halten nicht durch. Die harte Wirklichkeit tritt dann ein, wenn das Bild des andern im Alltag entschleiert wird und sich etwas anderes darstellt. Vorher dachte man, Liebe, das sei eine Kombination von Herz, Gefühl, Geschmack, Interessen, Auffassungen und Tätigkeiten. Beim Lieben, da sei alles gemeinsam, da gleichen wir uns total. Aber dann kommt die Ernüchterung, dass die Partner feststellen, wie unüberbrückbar verschieden sie an einigen Stellen sind. Sie sind sich weniger ähnlich als sie glaubten und jetzt verkraften können. Dann entstehen

Reibungsflächen, die in die Krise führen. Entweder man zerbricht oder man wächst an ihnen. Beide werden zu kämpfen haben, um die Ehe zu erhalten. Beide werden sich disziplinieren müssen.

Zur seelischen Reife – also zur Keuschheit zwischen Mann und Frau – gehört, dass Krisen und Konflikte überstanden werden, dass auch Leid beide nicht umwirft. Das Schwere im Leben prägt, nicht nur der Sonnenschein. Freude gehört zum gemeinsamen Erleben, aber entscheidend wird sein, dass beide den Weg durch Tiefen hindurch als Härtetest durchhalten. Hier kommen sie stärker aufeinander zu und werden letztendlich enger verbunden als in Phasen des leichteren Lebens.

Es wird so sein, dass beide noch in einem persönlichen Ringen stehen. Frauen und Männer – in der Ehe und im Ledigenstand –, kämpfen mit sich selbst, um innere Stabilität. Frauen möchten frei werden von Hemmung, Verklemmung und Verschüchterung, möchten mit »Freuden Frau sein«, ohne sich zu verstecken. Männer mühen sich darum, ihre Triebstruktur zu verstehen und zu beherrschen. Sie fühlen sich oft seelisch verkantet und psychisch verknotet. In allen Fällen fehlt noch die geschlechtsspezifische Reife, um bewusst und gewollt das zu sein, was man ist. Ehereife muss man erarbeiten. Man bringt sie nicht mit, sondern wird um diese innere Festigkeit und Lauterkeit ringen.

Es gibt viele Sprachen des Verstehens – also der Keuschheit – in der Ehe: die Sprache des Herzens, die beide nicht versäumen sollten und die beide immer wieder zueinander bringt, die Sprache der Aufmerksamkeiten bis hin zur Sprache der Zärtlichkeiten. Es gibt die Sprache des Leibes und auch die Sprache des Schweigens. Schweigen in der Ehe kann beredt sein. Reifen geschieht nicht nur durch Worte oder Erlebnisse, sondern auch durch Schweigen hindurch.

In der Ehe verliert die Keuschheit – innere Lauterkeit und menschliche Tragfähigkeit – somit nicht ihren Sinn. Das Wissen um Geschlechtlichkeit, das »Erkennen des andern« macht die Dinge zusätzlich sensibel. Wir erinnern uns, dass die Vokabel »Keuschheit« neben Selbstbeherrschung auch Sühne und Entsühnung beinhaltet. Das heißt in der Ehe, dass die Vergebung nicht fehlen darf. Ohne Vergebung, Korrektur und Abstimmung wird es die Ehe schwer haben.

Auch im körperlichen Bereich darf es nur ein Miteinander, nicht ein Gegeneinander geben. Einer herrscht nicht über den andern. Gemeinsames Erleben und gemeinsame Freude bestimmen den einen Leib, den beide bilden und der ein Tempel des Heiligen Geistes ist. Ehe ist lebbar, schwer, aber schön.

5. Keuschheit und Elternschaft

Martin Luther sagte in meisterhafter Formulierung: »Wer einem Kinde begegnet, der begegnet Gott auf frischer Tat.« Mann und Frau werden in der Ehe unwiederbringliche Augenblicke geschenkt, die für das Elterndasein grundlegend sind. Dieser Augenblick der Einheit lässt neues Leben entstehen. Er beinhaltet das Mitwirken des Paares an der Schöpfung. Elternschaft steht darum ebenfalls unter der Voraussetzung der Verantwortung und Tragfähigkeit. Sie sollte nicht aus Ungestüm heraus entstehen, nicht aus dem Drang der Gefühle und Hormone. Weder Übermut noch Leichtsinn dürfen zum Kinde führen, auch nicht Gedankenlosigkeit und Spielerei. Sich-Gehenlassen oder eine fromme Selbsttäuschung »Gott macht das schon« entspringen keiner verantwortlichen Haltung. Sicher weiß Gott, was für uns richtig ist. Er enthebt uns aber nicht der sachlichen Überlegung, er entbindet nicht davon, seinen Willen zu erfragen. Eheleute werden vor Gott die Hände falten und den Vater bitten: »Herr, schenke uns die rechte innere Reife zur Elternschaft; lass uns glauben und wissen, wann und wie viel Leben durch uns entstehen soll.« Hier stehen Eheleute vor Gott in ernstem Gebet. Nicht das Lustgefühl und die biologische Spannung bestimmen das Handeln des Paares, sondern Überlegungen im Sinne echter und bewusster Verantwortung.

Jungen Paaren rate ich, die Wahl des Zeitpunktes für das erste Kind offen zu besprechen. Erst müssen die beiden zu einer seelischen Harmonie zusammenfinden. Durch eine zu rasch eintretende Schwangerschaft wird der Prozess der Harmonisierung unter Umständen abgebrochen, ehe man sich richtig kennt und zueinander gefunden hat. Es ist nicht gut, wenn eine Frau bereits in der ersten überschwänglichen Phase schwanger wird. Sie unterliegt dann zu vielen Einflüssen. Neben Liebe und Erwartung meldet sich auch Spannung, Angst, Schmerz, Aufregung und Nervosität. Ruhe und Geduld zahlen sich aber mehr aus als Hektik und Überstürzung. Wenn die Statistik stimmt, dann wird ein großer Prozentsatz aller Frühehen nur geschlossen, weil schon ein Kind unterwegs ist. Jetzt tritt eine Dreisamkeit ein, bevor überhaupt Zweisamkeit entstanden ist. Geschieht die Zeugung des Kindes vor der Eheschließung, dann hatte das Paar meist noch keine Möglichkeit, die neue Lebensphase in geordnete Bahnen zu bringen. Das zu frühe und oft noch nicht erwünschte Kind kann leicht zu einer starken Belastung führen.

Jede junge Frau braucht Zeit, das neue eheliche Erlebnis zu verkraften. Es ist für sie nicht nur sexuelles Neuland, sondern auch eine seelische Umstellung. Die intime Begegnung soll ja nicht zum Trauma oder zum notwendigen Übel werden. Sie ist keine lästige Pflicht, die mühsam zu erdulden wäre. Hingabe und Freude des leiblichen Geschenkes bedürfen des Gefühls der Geborgenheit und des Einfühlungsvermögens. Eine gegenseitige Beglückung soll zur Entspannung und zum Frieden führen, nicht Weh und Martyrium sein. Der göttliche Fluch gilt zwar, dass Frauen ihre Kinder unter Schmerzen gebären, aber nicht, dass sie diese auch mit Schmerzen empfangen sollen. So wie eine Ehe erst eine Ehe werden muss, so gehört zur Elternschaft ebenfalls eine Reife, um innerlich Vater oder Mutter zu werden. Neues Leben wird dann zum Wunder und zum Ereignis. Verantwortung schließt aber auch das Umfeld, Überblick und Planung ein. Der Geburtenabstand ist verantwortlich zu wählen und abzusprechen, damit für alle in der Familie eine tragfähige Elternschaft in Liebe entstehen und durchgehalten werden kann. Jedes Kind wird Last und Erfüllung zugleich sein.

6. Keuschheit in der letzten Lebensphase

Unser Leben führt ins Altern und Enden hinein. Hier beginnt ein letzter Reifungsprozess, der nicht immer angenehm und leicht sein wird. Ein Höchstgrad innerer Lauterkeit wird notwendig, um Leid und Schmerz mit Geduld auf sich zu nehmen. Hier erreicht die Tragfähigkeit eine besonders hohe Stufe und die seelische Entwicklung erstrebt ein letztes Maß. Gegenwärtige Diskussionen sind in Gang gekommen: Soll man dieses Zu-Ende-Gehen verkürzen oder verlängern? Soll man Schmerzen fortnehmen und den Tod beschleunigen? Die Diskussionen um den schönen, schnellen Tod werden lauter. Es gibt die Möglichkeit, dass man sozusagen fast gewaltsam ein Leben ausdehnen kann mit Medikamenten, Instrumenten und Maschinen, fast entgegen dem geschöpflichen Abbau. Mit Recht sagt man, dass ein Sterbezimmer keine Folterkammer werden solle. Aber man darf bitte auch nicht verkürzen, das Leben abschneiden, den schnellen und bequemeren Weg wählen. Es sollte kreatürlich zu Ende gehen, so wie der geschöpfliche Zerfall es vorsieht, dass Erde zu Erde wird und Asche zur Asche kommt. Den gewaltsamen Eingriff in den Sterbeprozess kann und darf man nicht billigen.

Wer kennt schon die Seele des Menschen in diesem Stadium? Wer blickt in das innerste Ringen auf dem Sterbebett? Diese Schlussphase des Lebens kann einsam und kalt werden. Meist ist niemand mehr da, der Wärme und Liebe vermittelt. Die warme Hand auf der kalten Stirn fehlt, obwohl der Sterbende noch aufnahmefähig ist. Das ist die Not in Krankenhäusern, Pflegeheimen und Sterbestationen, dass Menschlichkeit in letzter Stunde wenig zu finden ist. Und vielleicht braucht gerade dieser Mensch noch die wenigen Minuten ohne Verkürzung und einen Menschen, den er bei sich spürt. Was bleibt einem dann, wenn alles zerrinnt, ein Leben dahin ist? Was bleibt einem, wenn Zeit und Ewigkeit verschmelzen? Nur der ewige gnädige Gott, der uns mit seiner Vergebung nahe sein möchte.

Wir stehen hier an einem Lebensabschnitt, der für den Menschen nicht mehr lenkbar oder beeinflussbar ist. Niemand hat eine Ahnung, was im letzten Ringen vor Gott vor sich geht. Vielleicht begradigt Gott noch einmal ein Leben, das völlig krumm verlief. Wenn Leib, Seele und Geist sich im Auflösungsprozess befinden, wenn die Seele sich vom Körper zu trennen gezwungen wird, durchlebt sie wohl ein größeres Bangen als der Leib. Sie braucht diese Zeit, um Versöhnung zu erlangen, obwohl Versöhnung mit Gott schon im Leben errungen werden muss, da sie selten auf dem Sterbebett gelingt. Wieviel Bangen mag noch vorhanden sein, wenn man Abschied nimmt. Der Prozess der Umformung vor Gott geschieht und damit vielleicht eine letzte Ausreifung der Seele:

Wenn die Seele wie ein irres Licht
flackert zwischen Werden und Vergehen,
wenn es mir an Trost und Rat gebricht,
wollest du an meiner Seite stehen.

Das ist ein letztes Keuschwerden vor Gott. Hier wird die Ähre reif vor dem Tor der Ernte. Es gibt keinen Menschen, der nicht eines gnädigen Gottes bedürfte.

In den Tiefen, die kein Trost erreicht,
lass doch deine Treue mich erreichen.
In den Nächten, wo der Glaube weicht,
lass nicht deine Gnade von mir weichen.

7. Keuschheit aus Liebe

Keuschheit ist nicht nur eine Sache des Jungseins, sondern genauso eine Aufgabe der Ehe, der Ehelosigkeit, der Elternschaft und des Sterbens. Innere Lauterkeit, menschliche Tragfähigkeit und seelische Reife sind in jeder Lebensphase unverzichtbar. In besonderer Weise erfordert das Alter, der Abbau und der Tod des Lebens letztes Reifen. Es gibt nichts, was so ausdauernd und umfassend reifen muss wie Geist und Seele des Menschen. Lebensreife ist nicht nur Daseinsbewältigung, sondern »Wandlung des Seins«, die sich nicht automatisch oder schicksalhaft vollzieht. Die Hinwendung zur Verantwortung, der Prozess des Sich-Wandelns ist sowohl ein geistiger als auch ein geistlicher Vorgang. Ohne Gottes Gnade wird der Mensch in der Begrenztheit seines Wesens stecken bleiben. Reife und Verantwortung haben letztlich etwas mit Erlösung zu tun. Erlösung vom egozentrischen Sein und kurzsichtiger oberflächlicher Ich-Bestimmung, Hinwendung zum andern: zu Gott und den Menschen. Aufnahme in den vergebenden und erlösenden Armen Gottes.

Fehlende Reife bedrückt, sie erzeugt in jedem Lebensalter Missbehagen und oft seelische Erkrankungen. Alles menschliche Reifen aber nimmt seinen Weg durch Krisen. Werden diese durchgehalten, dann wird der Mensch belastbarer, duldsamer, liebesfähiger und dankbarer. Überheblichkeit und Ungeduld verraten einen Reifestau der Seele. Reife und Reifeschmerz gehören zusammen. Reifeschmerz kann nicht von uns genommen und der Reifestau nur überwunden werden, wenn man das Leid annimmt, auch das Schwere bejaht. Man überwindet diese Blockierung nur, wenn man früh gelernt hat, welcher Segen allem Leid innewohnt, sobald es angenommen wird.

Jedes verweigerte Reifen macht seelisch arm, bringt innere Entwertung. Aber Nachreifung ist möglich. Wer reifen will, kann reifen. Gott spricht uns das zu als Gabe seines Geistes. Lebendiger Glaube schafft es. Christus bewirkt es in denen, die ihm vertrauen. Die Bibel hat dafür einen würdigen Ausdruck: Heiligung. Das ist Umwandlung, ist Erneuerung von innen her. Keuschheit hat es darum mit Heiligung zu tun. Sie liegt nicht einfach so auf der Hand, ist keine Leistung oder fertige Maßarbeit, auch nicht von Natur her gegeben. Sie ist ein Geschenk Gottes, aber auch da kein starrer Zustand. Man kann auch wieder unreif werden.

Keuschheit ist eine Frucht des Geistes aus Liebe, aus Liebe zu Gott, aus Liebe zu Christus. Ebenso treffend wäre wohl: Keuschheit durch Liebe, durch die Versöhnung Gottes mit der Welt, weil er alles für uns tat. Keuschheit »entsühnt«, nicht im Sinne von Sündlosigkeit, sondern im Sinne von Vergebung und Versöhnung. Die Tat Christi ist die Entsühnung.

Das Alte Testament spricht in Psalm 51 das Wirken Gottes mit der Bitte an: »Schaffe in mir, Gott, ein reines Herz.« Möge Gott diese Lauterkeit und Tragfähigkeit in uns bewirken. Gott möge uns zur Seite stehen, auch wenn innerster Zerbruch uns treffen sollte. Das Ziel ewiger Herrlichkeit steht dann vor Augen. »Entsündige du mich zu einem Menschen, der Gnade findet vor deinem Angesicht, vor dir, dem Herrn der Welt, der da regieret von Ewigkeit zu Ewigkeit.«

Wenn ich deine Hand nicht fassen kann,
nimm die meine, du, in deine Hände.
Nimm dich meiner Seele gnädig an,
führe meinen Weg bei dir zu Ende.

Zwischenphase: Die heranwachsenden Kinder

Gerhard Naujokat

Eltern und Kinder vor Gott

»Deine Kinder sind wie junge Ölbäume um deinen Tisch her.«
Vgl. Psalm 128,3

In der Bibel finden sich erstaunliche Wahrheiten und Weisheiten, tief gehende Erkenntnisse, symbolische Vergleiche und treffende Bilder. Kaum ein Thema wird ausgespart, und heikle Fragen werden nicht umgangen. Auch Erziehungsprobleme werden angesprochen und Konflikte zwischen Eltern und Kindern nicht tabuisiert. Die ganze Lebendigkeit einer Familie steht vor Augen, wenn der Psalmist den Familientisch sieht – etwa beim Mittagsmahl – und die Schar der Kinder gleich jungen Ölbäumen (Luther übersetzt »Zweige«, Menge »Ölbaumschoße« (in älteren Übersetzungen)) um den Tisch herum. Das Bild des Ölbaumes stammt aus dem alten Israel und erinnert an das immer grüne knorrige Gewächs mit dem dunklen harten Kernholz. Der Ölbaum kann ein- bis zweitausend Jahre alt werden, bleibt dabei fruchtbar und ist gekennzeichnet durch seine rissig-gefurchten, durcheinander wachsenden Zweige. Er entsteht aus dem wilden Oleander durch Veredelung (vgl. Römer 11,17-24, Einpfropfung). Wild Wachsendes wird also durch die menschliche Hand diszipliniert. Was sonst unkontrolliert wuchern würde, erhält seine Ordnung und seine Begrenzung. Dadurch entstehen Lebensfähigkeit und Lebensentfaltung. Wild, ohne Korrektur (antiautoritär) – das würde scheitern. Ölbäume wie Kinder wachsen langsam, bedürfen behutsamer Pflege und sollen im Alter Ertrag bringen sowie Geborgenheit schenken. Sie müssen ernährt und gegossen, sollen aber auch behütet, bewahrt und begrenzt werden, um sich eines Tages zu kräftigen und starken, ergiebigen und fruchtbaren Bäumen zu entwickeln.

Das Bild der Erziehung und der Kindschaft wird im Verhältnis Gottes zu seiner Gemeinde und zu seinen Kindern immer wieder verwendet. Auch bei Luther sind die Haushalterschaft und das Hausvatersein ein göttlicher Auftrag, wenn auch ein »weltlich Geschäft«.

Heute ist Pädagogik so weltlich geworden, dass man sich mit dem religiösen Aspekt der gesamten Erziehung, mit der Frage der Glaubens- und Gewissensbildung kaum mehr auseinandersetzt. An ihre Stelle sind innerweltlich-ethische und sozial-praktische Probleme getreten. Daher wird es immer dringender, Erzieher auf pädagogische Lücken hinzuweisen und in gemeinsamer Bemühung unseren Kindern ein feines und empfindsames Gewissen zu vermitteln. *Weder die Eltern sind perfekt noch die Kinder. Wir alle aber werden von Gott angenommen und von ihm geführt. Konflikte und Spannungen sind die großen Gelegenheiten Gottes. Gott gebraucht manchmal die Nöte, um Kinder und Eltern zusammenzubringen.* Dabei wird man Kinder betend loslassen und lernen müssen, sie für das Leben freizugeben. Losgelassene Kinder kommen gerne zurück. Vielleicht holen sie später eher Rat als jetzt. So entsteht nochmals Gemeinsamkeit.

Auch Kinder handeln klug. Sie denken an Worte der Heiligen Schrift: »Ihr Kinder, gehorcht euren Eltern. So will es Gott. Ehre Vater und Mutter. Das ist ein Gebot, das Verheißung hat.« Diese Empfehlung ist nicht überholt. Sie enthält klare Wegweisung, wie man törichte Selbstüberschätzung verhindern kann. *Gehorsam ist sicher kein blindes Nichtdenken, sondern ein Anerkennen von wertvollen Lebenserfahrungen.* Man muss doch nicht immer und für alles eigenes Lehrgeld zahlen. Darüber hinaus bringt die Achtung von Vater und Mutter eine Verheißung mit sich: »Auf dass du lange lebest in dem Lande, das dir der Herr, dein Gott, geben wird.« Eine Verheißung ist keine Verpflichtung. Gott ist nicht angewiesen, aufgrund unserer anständigen Haltung ein langes Leben zu gewährleisten. Aber hier spricht die Zuwendung Gottes zu uns. Es ist ein In-Aussicht-Stellen Gottes und eine Segnungsmöglichkeit. Das Einhalten der Wegweisung Gottes schlägt sich oft nieder in barer Münze, in irdischem Wohlergehen, in langer Lebenszeit, nicht automatisch, aber spürbar und erlebbar.

»Wie die jungen Ölbäume um deinen Tisch her«: Unsere Kinder sind keine Legobausteine, die man systematisieren und nach Wunsch hin und her schieben, verkanten oder zusammenstecken kann. Die jungen Zweige, unsere Kinder, wachsen auch einmal unberechenbar, gegen Wunsch und Willen, zwängen sich in unterschiedliche Richtungen und erscheinen manchmal völlig durcheinander. Oft hilft da auch keine ordnende Hand. Alles ist voller Leben, quirlig in Gedanken, Worten und Taten. Kommen sie aber in die Phase des Nachdenkens, dann geht ihnen auf, dass ohne Disziplin im Leben gar nichts geht. Selbst wenn Eltern es versäumen sollten, Gott beschneidet schon eines Tages die wilden Triebe. Seinen Kindern kann man nicht befehlen, aber Gott führt. Er weiß auch Mittel und Wege. *Wenn Eltern und Kinder nicht miteinander einem unvermeidlichen Konflikt ausgesetzt sein wollen, brauchen sie Gott als dritte Bezugsgröße über sich. Vor ihm sind sie gemeinsam Kinder.* Hier haben sie den Maßstab, aber auch die entlastende Hilfe bei Konflikten und finden eine gemeinsame Zuflucht, wenn beide Seiten nicht mehr ein noch aus wissen.

Religiöse Erziehung soll nicht als Machtmittel gebraucht werden. Aber wo Eltern sich als Statthalter göttlicher Autorität verstehen, sich auf diese beziehen und sich ihr gleichermaßen unterstellen, da wird Erziehung leichter, von gegenseitigen Vorurteilen und Verkrampfungen gelöst. Denn *nicht nur Eltern können Kinder unter Druck setzen, sondern auch Kinder können Eltern terrorisieren*, rücksichtslos gegen sie vorgehen und es zielbewusst darauf anlegen, es ihnen schwer zu machen. Dann bleibt Eltern nichts anderes übrig, als aus der Defensive, wenn nicht sogar aus Notwehr heraus zu handeln. *Sicher hat die Jugend Rechte, aber die Eltern haben sie auch.* Um einander verstehen zu können, benötigen wir die Leitung Gottes in den oft schwierigen Fragen des Zusammenlebens und der Lebensführung. Gottes Ordnungen sind ja nicht Nötigung oder Zwang, sondern ein Ausrichten an ewigen Werten. *Der christliche Glaube bedeutet nicht geistige Entmündigung oder geistliche Dressur, sondern ein Maßnehmen an Leitlinien und Regeln, die Chaos und Willkür verhindern.*

Insofern können Glaubens- und Gewissensbildung ein Schritt zu befreiender und moderner Erziehung sein, wenn sie richtig verstanden werden. Eltern heute kommen daher nicht umhin, sich gründlich zu orientieren und sich exakte Kenntnisse anzueignen, um die Erziehungsaufgaben meistern zu können und dabei die Motivation zum Glauben nicht zu vergessen oder gar zu unterschlagen. Wenn wir nicht überrollt werden wollen, müssen wir in die Arena steigen und den Kampf mit der neuen Zeit wagen. Wir müssen bereit werden, den Glauben zu leben und Formen finden, die für unsere Kinder verständlich und glaubwürdig sind.

Gerhard Naujokat

Kinder brauchen gute Eltern

Verantwortliche Erziehung ist kein selbsttätiges Geschehen, sondern ernsthafte Arbeit an sich und seinen Kindern, um den heutigen Erziehungsaufgaben gerecht zu werden. Das ist nicht ganz bequem, aber unerlässlich. Eltern kommen nicht daran vorbei, sich auch an Hand guter Sachbücher grundlegendes Wissen anzueignen.

Der Erziehungsprozess fordert beide Elternteile, nicht nur die Mutter, sondern auch den Vater. Es darf nicht sein, wie es mir ein süddeutscher Vater sagte: »Ich versorge den Garten, Erziehung liegt mir nicht so, die Kinder versorgt meine Frau!«

Die Lebenserfahrung und moderne pädagogische Erkenntnisse weisen eindeutig darauf hin, dass das Kind zwei Bezugspersonen braucht, die Mutter und den Vater. Darum sei jungen Vätern empfohlen, sich schon im ersten Jahr (des Kindes) dem Baby zu widmen, nicht nur mit Füttern und Fläschchenhalten, sondern auch im Schmutzigmachen der Hände bei aromatisch angereicherter Tätigkeit. Ein Kind spürt das und unterscheidet gar wohl Vater und Mutter und empfindet doppelte Geborgenheit. Das Vaterbild und die Bindungserfahrung spielen innerhalb der Sexualerziehung eine wichtige Rolle. Das Erlebnis des Vaters ist bedeutsam bis in spätere Lebensjahrzehnte hinein. Die vaterlose Gesellschaft sollte jetzt beendet sein!

In der christlichen Familie sollte es also keinen »Feiertags-Papi« geben. Der Vater bestimmt die seelisch-geistige Entwicklung des Kindes entscheidend mit. Der Vater ist für das Kind als Kontaktperson und Vorbild genauso wichtig wie die Mutter. Aber leider ist der Vater heute für viele Kinder »das unbekannte Wesen«, keine Vertrauensperson, sondern eine Randfigur, die man viel zu selten sieht, noch weniger aber riecht oder fühlt.

Gewiss haben es Väter nicht immer ganz leicht, auch wenn sie noch so guten Willens sind. Wenn sie von der täglichen Arbeit heimkommen, haben sie oft nicht mehr die nötige Kraft und Geduld. Trotzdem: Sie sollten nicht gleich hinter ihrer Zeitung verschwinden oder sich vor den Fernseher setzen. Das Fernsehen ist heute für aktuelle Informationen unverzichtbar, tötet aber bei maßlosem Gebrauch das Familienleben.

Sorgen und Ärger, die der Vater oder die Mutter am Arbeitsplatz hatten, sollten nicht in die Familie hineingenommen werden. Untersuchungen haben ergeben, dass oft die Konflikte des Berufslebens in teilweise massiver Form in der Familie abreagiert werden. Das verdirbt das Klima.

Eltern sind in manchen Fällen fassungslos, wenn es in der Pubertät zu harten Konflikten kommt, der junge Mensch ausbricht oder sich ganz von der Familie trennt. Wer als Vater nicht schon zu seinen Kleinkindern ein Vertrauensverhältnis besessen hat, wird es später nicht mehr aufbauen können. Pädagogische Führung gelingt nur durch das Zusammenwirken von Vater und Mutter. Wenn beide Eltern ihre Verantwortung ernst nehmen, zu sachlicher Orientierung und zum eigenen Lernen bereit sind, dann sind wesentliche Bedingungen kindlichen Gedeihens vorgegeben. Natürlich werden wir nicht vergessen, die Hände zu falten und unsere Kinder dem himmlischen Vater hinzulegen. Denn »an seinem Segen ist alles gelegen«.

Wo ein Kind in frühen Jahren nicht die Vater-Mutter-, die Mann-Frau-Beziehung erlebte, kann es zu späteren Konflikten eigenen Partnern gegenüber kommen oder sogar zur psychischen Partnerunfähigkeit. Das Bindungserlebnis der Eltern, das sich auch erprobt in Zeiten der Belastung, verdeutlicht dem heranreifenden Menschen: Bindung hat etwas Befreiendes und Bejahendes. Durch diese Erfahrung wird der junge Mensch fähig, sich selbst einzubringen, treu zu sein, Freude und Last einer Partnerschaft zu tragen. Ein fehlender Elternteil muss dem Kind unbewusst das Gefühl der Vereinsamung geben.

Zur Entfaltung der Persönlichkeit eines Kindes, werden Eltern viel Kraft und Zeit aufwenden, um vor Fehlentwicklungen und Schäden zu schützen, aber vorhandene Anlagen fördern und dem Kind auf einem positiven Wege allmählich die Welt erschließen. Mit ausgedehnter Freizeitbeschäftigung und der vielfältigen Pflege von Hobbys werden gute Schritte getan. Das gemeinsame Spiel mit den Kindern ist kein Luxus, sondern eine wichtige Aufgabe. Kinder und Jugendliche werden nicht so schnell in Rausch, Drogen und Sex hineingetrieben, wenn es zu Hause stimmt und Wärme und Geborgenheit daheim vorhanden sind. Familie muss wie ein Fest sein. – Unser Familienleben ist aber meist nicht wie ein Fest, sondern wie ein Fass ohne Boden, durch das zwar manches hindurchläuft, das aber keinen wirklichen Inhalt mehr hat.

Erziehung ist Arbeit; Erziehung ist Kunst. Gehen lassen ist leicht, planlos laufen lassen ein Stück bequemer Trägheit. Mit Liebe, Verantwortung und Wahrhaftigkeit werden sich Eltern und Erzieher nach Kräften bemühen, ihren Kindern Wege zu ebnen. Kindererziehung ist auch für Eltern ein Lernprozess. Da gesunder Menschenverstand allein oftmals nicht weiterhilft, unsere Kinder aber zum Experimentieren zu schade sind, werden Eltern sich das nötige Wissen und ein Stück Selbsterziehung notgedrungen aneignen müssen. Denn es liegt nicht immer an den Kindern, wenn es in der Familie Pannen gibt. Schwierige Kinder haben meist schwierige Eltern, unbeherrschte Eltern oft unbeherrschte Kinder. Schon Goethe wusste es: »Wir könnten erzogene Kinder gebären, wenn nur die Eltern erzogen wären.« Die Disziplinierung der Eltern ist daher geradezu eine Voraussetzung für die Erziehung der Kinder. Die Familie als Ganzes ist nicht zuletzt ein wichtiger Faktor für die Stabilisierung unserer Gesellschaft.

Eltern werden bemüht sein, dem Kinde genügend Entwicklungsanreize zu bieten. Jedes gute Wort, jedes herzliche Lächeln und jede harmonische Anteilnahme bedeuten Zuwendung und verhelfen dem Kinde zur inneren Ausgeglichenheit. Wer erziehen will, muss mitgehen – muss sich im guten Sinne selber wandeln. Dabei sollten Eltern nicht wünschen, ihr Kind möge werden, wie sie sich selber sehen. Eltern sind nur Stellvertreter, nur Statthalter für den Schöpfer und Herrn der Welt. Sie können nur in geringer Weise mithelfen.

Eine solche Erziehung nimmt ihren Anfang an der Selbstlosigkeit der Eltern. Sie haben ihr Vorbild in der Selbstlosigkeit Jesu Christi. Es ist darum nicht unrealistisch und nicht unpädagogisch, Erziehung und Glauben miteinander zu verbinden. Erst von hierher erwächst Eltern die Möglichkeit und die Bereitschaft, ihre Kinder nicht dahin zu führen, wohin sie sie gerne führen möchten, sondern dorthin, wo der Weg Gottes und seine Führung liegen könnten.

Es gehört gewiss zu den schwersten Aufgaben für Väter und Mütter, diesen Willen Gottes zu erspüren und zu realisieren. Auch dann, wenn die Konsequenzen nicht nach menschlichem Geschmack sind. Vor Gott verantwortete Erziehung will nicht ein Kind »nach meinem Bild und Gleichnis« formen, sondern dem Wirken des Geistes Gottes alles überlassen und dankbar annehmen. Solche Erziehung gedeiht freilich nur auf dem Boden des bewussten Glaubens, des Glaubens an die reale Macht und das Wirken des lebendigen Gottes.

Gerhard Naujokat

Die Vorbildfunktion der Eltern

Unsicherheit und Unkenntnis kennzeichnen vielfach die Situation im Hinblick auf pädagogische Aufgaben und Ziele. Eltern werden sich daher sachlich orientieren und müssen sich bei heutigen Erziehungsfragen persönlich überzeugend einbringen. Das Kind kann noch nicht die Kraft haben, aus sich selbst heraus richtig zu handeln, sondern braucht seine engsten Vertrauenspersonen und deren Vertrauenswürdigkeit. Sein Gewissen wird sich dann erst entwickeln können. Auch zur vollen Entfaltung seines Wesens benötigt das Kind den sicheren Rückhalt und die seelische Geborgenheit bei den Eltern. Von dieser Grundlage her wird sich mit der Zeit die Fähigkeit entwickeln, eigenes Fehlverhalten zu registrieren und falsches Handeln zu vermeiden.

Nicht immer sind Verbote, Drohungen und erzwungener Gehorsam von Segen, zumindest nicht in einer krassen und überzogenen Form, die unter Umständen ein Anlass und die Wurzel neuer Untaten werden können. Offene, liebevolle und verständige Herzen der Eltern vermitteln eher Zutrauen und gewinnen schneller das Ohr des Kindes. Wie soll es sonst unguten Kameraden widerstehen, die zu kleinen Diebstählen, Betrügereien und Lügen verlocken, wenn es nicht die Klarheit und Offenheit im Zusammenleben mit den Eltern erfahren hat? Es wird lügen, um damit Dinge zu verdecken oder sich Vorteile zu verschaffen, ohne dabei Schuld zu empfinden. Das Bewusstsein für Schuld ist allerdings ein unentbehrlicher Bestandteil der Gewissensbildung. Ohne sie ist eine Entscheidung zwischen gut und böse gar nicht möglich. Die Spannung, ja die innere Zerrissenheit, die der Mensch fühlt, wenn er unrecht gehandelt hat, ist auch dem Kind nicht zu ersparen. »Reue bedeutet, dass ich mich auf die Seite Gottes stelle gegen mich selbst« (Romano Guardini).

Wenn auf der Seite Gottes auch die Eltern stehen, fällt es dem Kind leichter, sich aus der Verfangenheit in der eigenen Schuld zu lösen. Wir können ihm diese Hilfe dadurch geben, dass wir es auch bei Verfehlungen nicht entsetzt zurückweisen, sondern lieb in unsere Arme nehmen. Das Kind erfährt dann, wie man Schuld einsieht, sich gegenseitig vergibt, wie auch Gott vergibt.

Lügen und Stehlen haben in der Regel nicht das schlechte Verhalten der Eltern als Ursache. Es liegt einfach in der Natur des Menschen. Eltern brauchen darum nicht erschrocken zu sein und aus allen Wolken zu fallen, wenn sie dergleichen bei ihrem Kind feststellen. Verfehlungen überkommen ein Kind, auch wenn Vater und Mutter in der Beziehung nichts mit dem vorliegenden Problem zu tun hatten. Wir sollten deutlich erkennen, dass die Anlage des Menschen nach dem Sündenfall verdorben ist.

Aber wir müssen auch das andere betonen: Manchmal lügt und betrügt ein Kind, weil es sich selbst belogen und betrogen fühlt, nicht selten von den Eltern und seiner Umwelt. Es quält ein Tier und gibt damit eigene Qualen weiter. Die Tochter oder auch der Sohn gehen schon in verhältnismäßig frühen Jahren eigenartigen Beschäftigungen nach, bis hin zur Prostitution. Der Junge geht auf den Strich und das Mädchen verkauft sich in einer Bar. Die Seelsorge muss darauf hinweisen, dass die Verfehlungen unserer Kinder gleichzeitig eine Gewissensprüfung für Eltern sind. Wurden wir dem Kind gegenüber schuldig durch Nachlässigkeit, durch Lieblosigkeit, ungezügelte Affekte, Unzuverlässigkeit und vieles andere? Dann sollten wir den eigenen Gewissensetat ausgleichen und ohne Abstriche unser Kind um Verzeihung bitten. Wenn wir dazu nicht bereit sind, fördern wir die Abstumpfung des kindlichen Gewissens. Es hat durchaus die ursprüngliche Bereitschaft, Böses wieder gutzumachen. Das Kind möchte wieder Frieden haben, wieder ausgeglichen und glücklich leben können, möchte mit sich selbst, mit seiner Umwelt, mit seinem Gott im Reinen sein. In diesem Wunsch darf es nicht allein bleiben, weil es sonst zu schwach wäre, ihm zu folgen. Es würde verdrängen und vergessen und später unter unbewältigten neurotischen Schuldgefühlen leiden.

Eine unbewältigte Gegenwart und Vergangenheit ist u. U. eine Ursache von innerer Unruhe und seelischer Zerrissenheit. Das würde sich auch hemmend und störend im Verhältnis zu Kindern niederschlagen. Darum sollte jeder, der sich ein ausgeglichenes und gesundes Kind wünscht, immer wieder für die Bereinigung des familiären Klimas, für die Entlastung des Gewissens sorgen. Eltern können darin vorangehen, indem sie sich nicht selbst als schuldlose Übermenschen hinstellen, die alles richtig machen, sondern eigenes Versagen zugeben und um Verzeihung bitten, aber gleichzeitig auch zeigen, wie man es wieder gut, ja besser macht. Wenn z. B. die Eltern streiten, empfindet das Kind dies als Verletzung des häuslichen Friedens. Es leidet darunter. Wenn es den Streit erlebt, hat es auch Anspruch darauf, die Versöhnung zu erleben. Wir sollten Möglichkeiten dazu finden und uns auch vor den Kindern versöhnen.

Niemand wird dadurch zum Engel. Wir werden nicht aufhören, gelegentlich aggressiv zu reagieren, aber Eltern und Kinder empfinden die Aggressivität dann nicht als die normale Umgangsform. Sie werden nach Überwindung trachten, Verbesserung suchen und immer wieder neue Anfänge wagen. Auf die Chance, neu anzufangen, sind wir alle angewiesen. Das sollten wir bereits dem Kind zeigen und es zum Teilhaber unserer eigenen Versuche beim Neuanfang machen. Dabei sind Kinder Partner, nicht nur Objekte der Erziehung.

Das Familienleben ist wie ein Gottesdienst: Demut vor Gott, Dienst füreinander, fröhliche Herzen und Vertrauen, alle geborgen in Gottes Hand. Familie ist die wichtigste Zelle im Reiche Gottes und in dieser Gesellschaft. Darum besitzt sie Erstrangigkeit, Priorität vor allen anderen Aufgaben. Erst kommt nach dem Beruf die Familie, dann missionarische Dienste, Gesundheit, Hobbys etc. Diese Rangfolge ist nicht immer oder nur schlecht einzuhalten. Bei den meisten Routineberufen ist das aber möglich, wenn Eltern und Gemeinde entsprechend Disziplin halten. Es ist ein Geschenk, wenn die Familie zusammenrückt und miteinander durch dick und dünn, durch leichte und schwere Tage geht.

Unverzichtbar bleibt: Vertrauen schenken und Hingabe lernen! In jedem Menschen ist ein Ur-Vertrauen angelegt. Er braucht es zu einer gesunden seelischen Entwicklung. Eltern tragen entscheidend dazu bei, dass ihre Kinder diese Verlässlichkeit erhalten und eine gefühlsmäßige Sicherheit erlangen, die für das Leben notwendig ist. Am Vertrauen zwischen Vater und Mutter lernt das Kind, für das eigene Dasein die nötige Zuversicht zu aktivieren. Nur in dem Maße, in dem man Vertrauen schenken kann, kann man sich auch binden. Wenn Vater und Mutter sich dem Kind ohne Vorbehalt und ohne Einschränkung hingeben, dann wirkt das weiter bis in späte Jahrzehnte hinein.

Bei der jungen Generation wird ein starkes Bedürfnis nach Gefühl und Innigkeit festgestellt. Mit Wissen und Besitz ist man nicht mehr zufrieden. Und das mit Recht, denn Ausrüstung und Ausdauer zur Bewältigung schwerer Lebenssituationen erhält man nur aus dem seelischen und geistlichen Bereich, der verankert sein muss im Vertrauen zu Gott, dem Schöpfer. Ur-Vertrauen ist Gott-Vertrauen, das man letztlich nicht begreifen, aber erleben kann. Neutestamentlich gesehen verwirklicht sich dieses Vertrauen in Jesus Christus. Nur durch ihn haben wir einen Nachweis der Existenz Gottes und der Zuverlässigkeit seines Wirkens. Christus wird zur Mitte allen Vertrauens und dadurch zur Bestätigung Gottes. Wenn Gott somit zum Ereignis wird, zum neuerlangten Ur-Vertrauen unseres Lebens, dann gewinnt die sonst schale Lebenswirklichkeit Wert und Sinn, dann sind nicht Ängste und Trends die ausschlaggebenden Faktoren, sondern eine neue Sinngebung, die den Menschen in bewusster Beauftragung erfüllt.

Sind wir Eltern in der Lage, unseren Kindern zu verdeutlichen, dass Vertrauen nicht in uns selbst wächst? Finden wir Worte und Haltungen, die das Vertrauen als Gottes Geschenk ausweisen? Haben wir unseren Kindern nicht oft die Herausforderung erspart und dadurch auch Hingabe verhindert? Gewiss ist Risiko damit verbunden. Aber ohne Risiko wird die Grundqualität des Lebens nicht zu erhalten sein. Ermutigen wir uns, Hingabe zu wagen, Verzicht in Kauf zu nehmen, Vorzüge und Schwächen in gemeinsamer Liebe zu tragen, auch Leid und Opfer auf uns zu nehmen. Dann werden wir durch Anstrengung und Enttäuschung hindurch am Ende auch Freude erfahren und Gott für die empfangene Frucht und das erreichte Ziel danken.

Gottfried Schröter

Kluge Kinder fallen nicht vom Himmel

Zwei pädagogische Grundauffassungen über die Entwicklung von Intelligenz und Charakter der jungen Menschen liegen im Widerstreit:

Meinung 1. Der wichtigste Einfluss auf die Entwicklung des Kindes und Jugendlichen geht von seinen Erbanlagen aus. Was der Körper an genetischen Anlagen mitbekommen hat, entscheidet im Wesentlichen über die weitere Entwicklung des jungen Menschen bis hin zur Berufsqualifikation. Um ein Beispiel zu nennen: Johann Sebastian Bach wäre auch dann der ganz große Musiker geworden, wenn er ein Umfeld gehabt hätte, das nicht in besonderer Weise an Musik interessiert gewesen wäre.
Diese Meinung dominierte bis etwa 1968.

Meinung 2. Nicht die Zusammensetzung der Erbanlagen, sondern die Umwelt entscheidet, wie sich geistige, künstlerische und praktische Intelligenz sowie der Charakter entwickeln. Sehr griffig hat dies das in den 70er- und 80er-Jahren berühmte »GRIPS-Theater« mit dem Titel einer Aufführung so formuliert: »Doof gebor'n wird keiner. Doof wird man gemacht!«

Die 68er-Bewegung machte diese Formulierung zu ihrem pädagogischen Leitmotiv: Wenn man die Kinder möglichst früh zum intelligenten Lernen bringt, können sie alle, gleich welche Voraussetzungen sie mitbringen, große geistige, künstlerische und praktische Intelligenzleistungen entwickeln und gute charakterliche Qualitäten erwerben. Eine (inzwischen widerlegte) Untersuchung glaubte sogar zu beweisen, dass im Alter von acht Jahren etwa 80 Prozent der Verstandesentwicklung (im weitesten Sinne) abgeschlossen ist. Vorschulen und Vorvorschulen wurden damals gefördert. Insbesondere die

Grundschule sah sich als wichtigste Institution für den Lebensweg. Dass die Fernsehsendung »Sesamstraße« damals in Amerika als zusätzliche »Fernsehschule« für die unterprivilegierten Kinder geschaffen wurde, passt gut in diese Zeit des pädagogischen Optimismus hinein.

Die 70er-Jahre waren deshalb eine besondere Zeit für Kindergärten, Vorschulen und Grundschulen. Das Ansehen der dort Tätigen in der Öffentlichkeit wuchs gewaltig. Pädagogen, die noch auf dem Primat (dem Vorrecht) der Erbanlagen-Theorie beharrten, wurden gelegentlich bei Vortragsveranstaltungen nicht nur ausgepfiffen; manchmal schaltete man ihnen kurzerhand das Mikrophon ab. Es gab Professoren, denen wegen ihrer Meinung sogar die Fensterscheiben eingeworfen wurden.

Die heutige Meinung

Im Abstand von über 30 Jahren sieht man die Frage nach der Bedeutung von Erbanlage (Genetik) und Umwelt nüchterner und weniger einseitig. Untersuchungen insbesondere aus der Zwillingsforschung zeigten auf, dass beide Theorien ihre Bedeutung, aber auch ihre Grenzen haben. Die einstigen Befürworter der Auffassung von einer nur erbbedingten Entwicklung haben eingesehen, dass das pädagogische Umfeld hochbedeutsam für die »Nutzung« der vorhandenen Anlagen im positiven Sinne ist. Und die Befürworter der Umwelt-Theorie haben eingesehen, dass auch die besten Vor- und Grundschulen nicht in der Lage sind, jene Kinder intelligent und charakterstark zu machen, denen eine gewisse Grundausstattung fehlt. »Doof« wird man eben nicht nur gemacht! Aber fast keiner ist es auf allen Gebieten!

Zur Praxis

Was bedeutet das ganz praktisch? Eltern und Erzieher sollten ihre Kinder vor allem daraufhin immer wieder beobachten: Wo liegen die starken Seiten meines Kindes? Wo zeigt sich eine besondere Begabung (ein Mit-Gaben-Versehen-Sein)?

Es kommt nicht darauf an, dass Eltern sich sozusagen in ihren Kindern jene Wünsche realisieren wollen, deren Erfüllung ihnen selbst einst versagt geblieben ist. Sport- und Musikdressuren von jungen Leuten, die eigentlich andere Neigungen haben, sind abschreckende Beispiele. Vielleicht will das Kind gar kein zweiter Boris Becker werden! Mit Hilfe Bekannter und Verwandter die Anlagen der Kinder erkunden – und sie dann intensiv fördern, das wäre ein gutes Erziehungs-Grundkonzept für Eltern, die ihren Kindern wirklich helfen wollen.

Erziehung zum Christsein?

Ähnliches gilt für den geistlichen Bereich. Auch die beste Erziehung kann keine Christen fabrizieren. Ich bin aber der Überzeugung, dass jedes Kind (vor allem das jüngere) eine Fragehaltung den »religiösen« Themen gegenüber mitbringt: »Wer hat die Blume nur erdacht? Wer hat sie so schön gemacht?«, möchte ein Mädchen wissen. »Wo wohnt Gott, und wie groß ist er?«, fragt ein Junge.

Es kommt nun darauf an, dass die Eltern an diese Grundfragen anknüpfen und geistlich und pädagogisch gute Antworten geben. Biblische Geschichten kann man schon im Vorlesealter an die Kinder herantragen.

Weisheit ist notwendig, die älteren Heranwachsenden auch in ihren schwierigen Zeiten – etwa in der Phase der Pubertät – geistlich zu begleiten und ihnen Christus nahe zu bringen. Christen können wir aus unseren Kindern nicht machen. Sie fallen – richtig verstanden – tatsächlich »vom Himmel«. Andererseits können wir sehr viel dazu tun, ihnen das Gläubigwerden zu erleichtern. Doch das wäre ein Kapitel für sich.

Gottfried Schröter

Über die Willensbildung des Kindes

Das Kleinkind

Mein Enkel Florian ist zwar erst 14 Monate alt, aber er verfügt über einen ausgeprägten Willen. Am Tag nach seiner Geburt waren von diesem Willen erst zwei Komponenten vorhanden: Wie der binär aufgebaute (mit zwei Ziffern auskommende) Computer kam er mit zwei Äußerungen aus: Null (0) = »Ich habe im Moment keine Bedürfnisse. Am besten, ihr lasst mich in Ruhe, so dass ich schlafen oder mich in den relativ wenigen Phasen des Wachseins an die unbekannte allerengste Umwelt gewöhnen kann«. Die andere Äußerung seines Willens (Computersprache: 1) lautete: »Es geht mir nicht gut, ich fühle mich nicht wohl. Ich wünsche, dass ich davon befreit werde.« Mitgeteilt wurde dieser Zustand der Befindlichkeit durch Weinen und Schreien.

Die jungen Eltern verstanden beides. Sie gingen wie auf Zehenspitzen, um Zustand Null (»Ich habe im Moment keine Bedürfnisse – außer in Ruhe gelassen zu werden«) zu erhalten. Willensäußerung zwei: »Es geht mir nicht gut! Ändert das!«, verursachte ihre Betriebsamkeit: Die Brust wurde gegeben, die Windeln gewechselt, der zu starke Lichteinfall gemindert usw.

Heute (14 Monate später) ist es anders: Seit einem Monat läuft Florian und erobert sich die Welt. Er verfügt über ein täglich zunehmendes Repertoire, seinen Willen zu bekunden. Oberstes Ziel ist ihm sein privates Wohlergehen. Dazu gehören Ausfahrt-Erlebnisse, Wühlen in der Spielkiste und Kinderlieder aus dem Kassettenrekorder. Vor allem aber soziale Zuwendung. Eigentlich sollte immer »etwas Menschliches« in erreichbarer Nähe sein: Eltern, Großeltern oder bekannte Kinder. Fehlt dies, nörgelt oder schreit er.

Diese geradezu egoistische Willensentfaltung war notwendig, um sich nach und nach in dieser Welt zurechtzufinden und in ihr zu überleben. Das Interesse derjenigen, die ihn betreuen, hat er so gut wie gar nicht im Blickfeld. Wenn seine Mutter etwa weinen sollte oder ein schmerzliches Gesicht macht, so mag er das nur deshalb nicht, weil er gern fröhliche Gesichter um sich sieht.

Das Kindergartenkind

Florians Cousine, meine Enkelin Maike, ist gerade in die Schule gekommen. Ihre Willensausformung ist damit an einer deutlichen Änderungs-Markierung angekommen. Bisher waren nur das dörfliche Elternhaus, später der Kindergarten jene Bereiche, in denen sie sich zurechtfinden musste. Hilfreich war ihr dabei ihre Schwester Andrea, mit der zusammen sie sich die Welt eroberte.

Das oberste Ziel bei der Willensbildung ist jetzt darauf gerichtet, die Grundfrage der Kindheit deutlich beantwortet zu erhalten: »Wo gehöre ich hin?«, innerhalb der Familie und dem nahen Umfeld. Immer wieder erproben die beiden Schwestern: Wo sind die Grenzen der Erreichbarkeit für das, was jede von uns beiden will? Jede nutzt von Zeit zu Zeit die Gelegenheit, eine Forderung durchzusetzen: die anderen mögen sich bitteschön ihrem Willen unterordnen. Beispiel: Alle – außer der einen – wollen ins Schwimmbad fahren. Die eine will aber nicht und fordert, dass alle zu Hause bleiben – manchmal sehr lautstark. Wie sollen sich die Eltern verhalten? Dem Willen nachgeben oder dem Wunsch der Mehrheit folgen?

Den Willen brechen?

Das kann unter Umständen dann notwendig werden, wenn es sich um eine Notsituation handelt: Das Kind will über die verkehrsbelebte Straße rennen, weil es drüben seine Freundin sieht, der es unbedingt etwas mitzuteilen hat. Oder: Der Zug, mit dem man in den Urlaub fahren will, muss zu einem unveränderlichen Zeitpunkt erreicht werden, weil die Fahrt so und nicht anders gebucht ist. Da gilt es augenblicklich zu entscheiden, dass kein Kauf einer Eistüte mehr möglich ist. Doch das sind Ausnahmesituationen. Und die Kinder sehen es – zumindest im Nachhinein – auch ein, dass es so und nicht anders richtig war.

Es gibt aber nicht nur die Alternative: Nachgeben oder den Willen brechen! Besser ist der Weg, zunächst einmal (unausgesprochen) anzuerkennen, dass das Kind einen eigenständigen Willen haben darf und muss. Es hat jedoch zu lernen, wann es seinen Willen durchsetzen darf und wann es ihn (möglichst aus Einsicht) zurücknehmen oder abändern muss: Das tun die Erwachsenen ja auch!

Viele Eltern erkennen zu wenig den Wert des Gespräches in Konfliktsituationen mit dem Kind. In ihm kann begründet werden, warum es in diesem Fall eben nicht nach dem Willen der Kleinen gehen kann. Häufiger aber sollte es vorkommen, dass der Wunsch des Kindes ganz oder weitgehend erfüllt wird.

Allerdings sind Kinder letztlich traurig und nicht gut bedient, wenn sie sich ihre Eltern zu ständigen Jasagern »erziehen«. Kinder, die mit immer neuen, meist unechten Gründen (Tricks) nach dem Zu-Bett-Bringen wieder auf der Treppe erscheinen (Schluck Wasser, Nägel schneiden, »bitte noch eine Geschichte« usw.), wollen gar nicht bis zuletzt ernst genommen werden. Es wird kein Wille »gebrochen«, wenn hier endlich strikt verboten wird, noch einmal aus dem Bett zu kommen. Die von den Eltern gezogene Willen-Durchsetzungsgrenze bietet ja auch ein Stück Geborgenheit!

Die Situation in der Grundschule

Maike kam also jetzt in die Schule. Die Grundfrage der Kindheit »Wo gehöre ich hin?«, hat eine neue Erkenntnisstufe erreicht. Die Pauschalantwort »vormittags in die Schule« muss mit Inhalt gefüllt werden. Als mein Sohn Friedemann, Maikes Vater, ABC-Schütze wurde, erhielt er eine Klassenlehrerin, die gerade an der Pädagogischen Hochschule in Kiel, an der ich lehrte, ihr Examen bestanden hatte. Trotzdem waren wir Eltern für einige Zeit als oberste Instanz abgesetzt. Der Wille von

Frau Klein stand über unserem. Ich empfahl Friedemann zum Beispiel bei einer Rechenaufgabe, doch einmal mit den Fingern zu rechnen. Er nahm spontan seine Hände auf den Rücken: »Frau Klein hat gesagt, das sollen wir nicht!« Und wir Eltern akzeptierten.

Innerhalb der Klasse muss sich Maike nun zurechtfinden: Wer gilt mehr als ich, wer weniger? Auf welchem Gebiet? Wie weit ist mein eigenes Wollen durchsetzbar? Der Wille hat aber im Gegensatz zu dem des 14 Monate alten Florian durchaus eine soziale Komponente: die neue Freundin bemuttert sie. Und wenn ein Klassenkamerad etwas Negatives über Maikes Schwester sagt, dann verteidigt sie sie vehement. Das hindert beide Mädchen aber nicht, Konflikte miteinander milde oder heftig auszutragen.

Der Heranwachsende

Kinder ab der Zeit der Vorpubertät wissen nun, wohin sie gehören. Sie akzeptieren jedoch nicht mehr voll die vorgefundenen Antworten der Eltern und der Umwelt. Der Wille der jungen Leute hat nicht mehr das Generalziel, sich in die Welt des Elternhauses, der Nachbarschaft, der Schule oder der christlichen Gemeinde einzufügen und es möglichst den Erwachsenen gleichzutun. Nein, für Jugendliche und Heranwachsende werden die Antworten auf neue Lebensfragen immer dringlicher: Wer bin ich wirklich? Was ist der Sinn meines Lebens? Was kann ich tun, um mich von der bisherigen Fremdbestimmung, die ich immer drückender empfinde, zu befreien?

Lehrer spüren das in der Regel deutlich an Wandertagen: Wandern sie mit einem 3. oder 4. Schuljahr, sind sie auf dem Wege meist von einer Traube von Kindern umgeben. Viele erzählen ihrem vertrauten Lehrer meist gleichzeitig und durcheinander familiäre Interna, berichten über Beobachtungen von Tieren, was in der Zeitung steht und über verwegene Zukunftspläne (beispielsweise). Der Lehrer braucht nur nach allen Seiten hin immer »So?« – »Ach wirklich?« – »Da hat sich Mutter aber gefreut!«, usw. zu sagen. Das genügt den Kindern, die grundsätzlich auf der Seite des Lehrers stehen – von einigen wenig geeigneten Stundenhaltern abgesehen.

Der Lehrer im 5. und 6. Schuljahr dagegen ist bei Wanderungen unterwegs meist ziemlich einsam. Nur ein paar Zuträger oder ehrlich an seinem Fach Interessierte beziehen ihn in ihre Gespräche ein. Die Ablösung von der vorgefundenen Welt der Erwachsenen und das Bestreben nach neuer Ichfindung wird meist auch jener Lehrer spüren, der beliebt ist. Wichtigstes soziales Ziel in der Schule ist es nicht mehr, die Anerkennung des *Lehrers* zu finden. Es kommt vielmehr auf die Zustimmung der *Altersgenossen* an. Ob sie den Heranwachsenden akzeptieren oder sogar in eine interne Gruppe aufnehmen, das ist jetzt wichtig.

Eltern spüren eine teilweise Abwendung ihrer eben noch so unkomplizierten Kinder vom Elternhaus. Sie sollten darüber nicht traurig sein, sondern grundsätzlich die Neuausrichtung des Bestrebens nicht nur akzeptieren, sondern bejahen. Die Freunde sind wichtig. Auch jene, die die Eltern nicht so mögen. Und dass sich in manchen christlichen Gemeinden die Jugendgruppen immer wieder verselbständigen wollen und nur lose Kontakte zur Gesamtgemeinde suchen, ist normal, wenn es eine Durchgangsphase ist. Es muss ja nicht so bleiben.

In dieser schwierigen Zeit ist die Balance zwischen »Ihr Kinder seid gehorsam euren Eltern in dem Herrn! Denn das ist recht!«, und »Ihr Väter, reizet eure Kinder nicht zum Zorn«, gar nicht so leicht. Schwierig wird es allerdings, wenn die Teenager nur auf das zweite und die Eltern nur auf das erste Bibelwort (beide Eph. 6) achten! Jeder Adressat lese, was *ihn* angeht.

Viele junge Leute führen jedoch ein Doppelleben. Ich damals auch. Im Gymnasium, in der Stadt, war ich vormittags der »Schröter«, der es als Klassenjüngster nicht immer leicht hatte, seinen Willen in der Schule zu behaupten. Daheim aber war ich der »Gottfried«, der sich, wenn niemand von den fünf Geschwistern zusah, noch als Zwölfjähriger gern einmal für ein Viertelstündchen auf den Schoß der Mutter setzte. Da hätte jedoch niemand aus meinem »Schulvormittags-Leben« zuschauen dürfen.

Andererseits rieb ich mich manchmal an meinem Vater. Und unser gegensätzlich gerichteter Wille (ich sollte im Garten arbeiten, wollte aber lieber baden gehen) brachte Konflikte. Zusätzlich musste ich daheim mit der Aufgabe fertig werden, mir trotz meiner vielen Erzieher (fünf ältere Geschwister und die Eltern) ein selbstgestaltetes Eigenleben zu bewahren.

Der verlorene Sohn

Eine neue Dimension der Willens-Entwicklung zeigt uns das Gleichnis vom verlorenen Sohn. Dazu muss man die pädagogische Bedeutung entschlüsseln.

Der Vater duldet es, dass der jüngere Sohn gegen seinen (»geoffenbarten«) Willen handelt. Er ermöglicht es ihm, sein Erbteil »mit Prassen« (so Luther) zu vergeuden. Der Vater vertraut darauf, dass die Duldung letztlich doch zum erwünschten Ziel führt: Nämlich, dass er einmal gereift nach Hause kommt! Und in der Tat: Der Vater erhält seinen Jungen aus dem Elend zurück, der nunmehr aus Einsicht neu geworden ist. Der stets brave (ältere) Bruder dagegen hat über dem Gehorsam und der Pflicht die Liebe vergessen und letztlich so gegen den eigentlichen Willen des Vaters gehandelt.

Auch in der Erziehung kann dieser Umweg notwendig werden. Das bedeutet: Seufzende Duldung eines Fehlweges auf Zeit. Es gibt junge Leute, deren Charakter erst reif wird, wenn sie Gelegenheit erhielten, sich eine Zeit lang gegen den Elternwillen zu stellen oder aus seinem Wirkungsbereich fortzugehen. »Jünglinge müssen gewagt werden!« So altertümlich, aber einprägsam formulierte vor 200 Jahren der Pädagogikprofessor J.F. Herbart, was in der Sprache unserer Zeit heißt: *Eltern müssen in der Erziehung immer ein Risiko eingehen.* Der Wille des Kindes und des Heranwachsenden bekommt (oft) zunehmend eine andere Richtung als der der Eltern. Der Erziehungserfolg wird erst klar und nachweisbar, wenn Eltern wie der Vater im Gleichnis handeln: Loslassen in der Hoffnung, ein reifer gewordenes Kind wiederzuerhalten. Es steht dann dem Herzen von Vater und Mutter näher. Aber Sicherheit bietet die beste Erziehung nicht.

Die Pädagogik bietet überwiegend akzentuierende Aussagen an

Ich habe in meinem Hochschullehrer-Leben viele Studenten ausgebildet, die Erzieher oder Lehrer werden wollten. Besonders die Studenten der ersten Semester erwarteten von mir genaue Auskunft darüber, welche vorher berechenbaren Ergebnisse bestimmte erzieherische Maßnahmen erreichen *müssten*. Die konnte ich nicht geben. Die jungen Leute waren zunächst enttäuscht darüber, dass es die Pädagogik nicht mit *determinierenden* Aussagen zu tun hat wie etwa die Naturwissenschaft. Zum Beispiel: »Wenn der Stromkreis unbeschädigt ist, wird eine Betätigung des Schalters A immer und immer dazu führen, dass in der intakten Lampenbirne das Licht aufleuchtet.«

Die Erziehungswissenschaft ist nicht in der Lage, ähnlich präzise (d. h. determinierende) Vorhersagen zu machen. Nicht determinierend, sondern nur *akzentuierend* (Akzente setzend) sind die meisten Aussagen über erzieherische Maßnahmen und ihre Konsequenzen. Wie unterschiedlich sie ausfallen können, dafür zwei Beispiele:

Die Folgen einer Lehrer-Schelte

Vier Sechstklässler haben einen besonders schlimmen Streich verübt. Der Lehrer schreit die vier an und verurteilt mit herben Worten ihr Verhalten. Die Wirkung auf die *Willensbildung* der Schüler ist unterschiedlich:

Beim ersten Jungen leitet dieses laute Ausgescholten-Werden eine Wende zum Guten ein. Es erweist sich geradezu als eine Lebenswende. »Einmal und nicht wieder!«, ist das Fazit dieses einsichtigen und ehrlich bereuenden Schülers.

Der zweite, der von daheim an das Ausgeschimpft-Werden gewöhnt war, lässt die Wortkaskade des Lehrers an sich herabgleiten. So ähnlich verhält er sich auch daheim. Er bleibt in seiner Grundhaltung unverändert.

Der dritte verhärtet sich. Er ist als dominante Persönlichkeit in der Klasse das Befehlen gewöhnt. »So redet man nicht mit mir! Dieser

Lehrer wird sich noch wundern, wenn ich ihm demnächst zeigen werde, was ich noch Schlimmeres tun kann!«, ist das Ergebnis seiner Überlegungen.

Der Vierte ist von Natur aus ein kleiner Feigling und hat erstmals bei einem »tollen« Streich mitgewirkt. Und nun das! »Nie wieder wage ich mich in eine solche Gefahr hinein! Von jetzt ab werde ich dem Lehrer nur nach dem Munde reden und bleibe in erster und letzter Linie jedem Befehlenden gegenüber gehorsam und brav. Bis ich später einmal selber kommandieren kann! Dann schnauze ich herum wie der Lehrer.«

Die gleiche »Maßnahme« hat vier verschiedene Folgerungen (Willens-Ausformungen) hervorgebracht.

Trotzdem kann Pädagogik Akzente setzen (»akzentuierende Aussagen«) und dem Lehrer oder Lehrerstudenten beispielsweise an diesem Fall in einer Detail-Erörterung und entsprechender Analyse der Folgen aufzeigen, was der Erzieher falsch gemacht hat und hätte verbessern können.

Vier Ja und ein Nein als Resultat der gleichen Erziehung

Damit ein weiteres Beispiel: Mir wurde von einer Arztfamilie berichtet, in der fünf Kinder großgezogen wurden. Pädagogisches Naturtalent von Vater und Mutter und ihr Hinhören auf die Ratschläge der Erziehungswissenschaften führten dazu, dass sich 4 der 5 Kinder sehr erfreulich entwickelten und auch als Erwachsene mit den Eltern und Geschwistern herzlich verbunden blieben. Sie rühmten ihr gutes Elternhaus.

Aber *ein* Kind, das (auch bei näherem Hinsehen) in gleicher Weise positiv erzogen wurde wie die anderen – nicht vorgezogen, aber auch nicht benachteiligt –, erlebte das Elternhaus ganz anders. Es zog sich bald zurück und wollte von Eltern und Geschwistern immer weniger wissen. Und sobald es möglich war, zog der junge Mann aus und kappte die Kontakte zur Familie.

Hätten die Eltern nur dieses einzige Kind gehabt, hätten sie wahrscheinlich ihr eigenes erzieherisches Versagen beklagt. Und sie hätten die Ursachen im elterlichen Verhalten gesehen. So aber war sich die ganze Familie einig, dass es sich bei diesem Bruder um die Ausnahme handelte, für die sich keine Begründung im Verhalten der Eltern im Erziehungsalltag finden ließ. Manchmal entdecken wir die Ursachen für Erziehungsschwierigkeiten – oft aber bleiben sie verborgen.

Für eine überraschende Entdeckung einer solchen Erziehungs-Kalamität ein Beispiel aus meinem eigenen Lehrer-Leben:

Eine Schülerin mochte mich nicht

Nachdem ich unmittelbar nach Kriegsende an zwei hessischen Dorfschulen (mit bis zu 100 Schülern in einer Klasse) gearbeitet hatte, wurde ich zu Ostern 1951 als Lehrer an die Uhlandschule in Frankfurt/Main versetzt. Nach einigen Monaten wurde ich mit 25 Jahren Klassenlehrer in einem 3. Schuljahr mit nur 38 braven Mädchen. Ich kam mit den Mädchen gut aus, ja, ich liebte meine Kinder. An anderer Stelle habe ich ausführlicher über diese Klasse berichtet[1]. Ich hatte den Eindruck: Die Mädchen arbeiteten gern mit mir, und die Schularbeit mit ihnen war interessant.

Nur ein bestimmtes Mädchen mochte mich nicht. Ich suchte den Fehler bei mir: Vernachlässigte ich es? Zog ich andere vor? Vielleicht hatte ich eine Eigenschaft an mir, die es abstieß. Oder? Ich kam zunächst nicht dahinter. Eines Tages besuchte ich ihre Mutter und klagte ihr mein Leid. Ich sei traurig darüber, dass ich nicht herausbekommen könne, weshalb Ursula mich nicht leiden könne und die Zusammenarbeit verweigere.

Die Mutter darauf: »Ihre Beobachtung trifft zu. Aber eine Schuld haben Sie nicht. Es ist nur so, dass Sie Ursulas Vater, meinem Mann, zum Verwechseln ähnlich sehen. Und von dem ist in den letzten Jahren bekannt geworden, dass er ein Kriegsverbrecher war, der schwere Untaten begangen hat. Es sitzt nun im Gefängnis. Ursula schämt sich ihres Vaters. Sie hat sich innerlich von ihm losgesagt. Und in Ihnen sieht sie jeden Morgen unbewusst ihren Vater.« Das arme Kind! Nun kannte ich den Grund und musste unbedingt helfen. Ich besprach den Fall auf einer Lehrerkonferenz und schlug vor, das Mädchen zu einer Lehrerin in der Parallelklasse zu geben.

Das geschah dann auch. Und interessanterweise gab es für mich ein ganz kleines und unerwartetes Happy End: Seit sie in der neuen Klasse war, kam sie in den Pausen, wenn ich die Aufsicht hatte, besonders oft und gern zu mir und unterhielt sich fröhlich und unverkrampft mit mir. Warum? Ich weiß es nicht. Meine Wissenschaft »Pädagogik« hatte für diesen Fall keine präzise Antwort bereit. Sie setzt in erster Linie Akzente.

Übrigens: Dass sie darüber hinaus auch sichere Gegebenheiten erforschen kann, ist ein anderer Teil meiner Erziehungswissenschaft. So habe ich, um ein Beispiel zu nennen, in einer großen Untersuchung mit über 1000 Lehrern und 6000 Schülern bestimmte Gegebenheiten der Notengebung mit Hilfe meiner Zensurenforschung festgestellt[2].

Doch das ist ein weites Feld. Zu den individuellen Alltagsfragen der Erziehung kann die Pädagogik, wie gesagt, nur wahrscheinliche Diagnosen und wahrscheinlich wirksame Therapien anbieten. Doch auch sie sind wertvoll und überwiegend hilfreich.

---

[1] Leben lässt sich nicht zensieren, 2. Auflage Wuppertal 1994, Seite 104 ff.

[2] u. a. in dem Buch »Die ungerechte Aufsatzzensur« (5. Auflage Bochum 1976) und mehreren weiteren Büchern.

Christa Meves

Erziehung zu verantwortungsbewusster Liebe

Die Kinder und Jugendlichen in unserer Gesellschaft sind eine kostbar kleine Gruppe geworden. Wieviel Positives, wieviel gute Sehnsucht steckt in Einzelnen und in vielen psychisch gesunden Familien.

Leider geht es dennoch vielen Kindern und Jugendlichen in unserem Land seelisch nicht gut. Die Zahl der Verhaltensstörungen ist schon im Kindergartenalter erheblich und steigert sich bis ins Jugend- und Erwachsenenalter hinein. Welche Gründe und Motive gibt es dafür? Was konnte die Forschung an Symptomen herausfinden?

Die modernen wissenschaftlichen Ergebnisse, besonders in den USA, bestätigen, was wir als Kinder- und Jugendlichen-Psychotherapeuten durch unsere Arbeit am einzelnen Fall immer wieder beobachten konnten: besonders die Prägungen des frühkindlichen Gehirns, die positiven oder negativen Eindrücke, das Gefühl von Geborgenheit oder Verlassenheit, sind von unermesslich großer Bedeutung, nicht nur für die spätere Lebensstimmung, sondern auch für die Liebes- und Leistungsfähigkeit des Menschen. Sind diese Eindrücke negativ, so wird das Leben später von einer großen Unersättlichkeit auf der ganzen Linie geprägt, die Stimmung schwankt zwischen Resignation und Gier. Wir brauchen also neue Anstrengungen, um unseren Kindern zu seelischer Gesundheit im Erwachsenenalter zu verhelfen.

Als Erstes: Wir müssen tapfer und gegen all unser Wünschen nach mehr Unabhängigkeit neu bereit sein, mehr Opfer für unsere Kinder zu bringen, um nach Möglichkeit rechtzeitig vorzubeugen; denn jeder von uns weiß, dass alles Therapieren mühsame Sisyphos-Arbeit ist, wenn der Wurm erst einmal im Fleische sitzt.

Die ganze Kindheit hindurch brauchen unsere Kinder Zuwendung, Zärtlichkeit und Zeit. Und das heißt: eine Liebe, die die Kinder mit Nähe, mit Hellhörigkeit beschenkt. Wir müssen in einer neuen Weise mit unseren Kindern leben. Optimal ist es, wenn sich die Eltern viel mit den Kindern beschäftigen – altersentsprechend mit Spielen, Erklären, Basteln, Singen, Sporttreiben, Musizieren oder irgendwelchen gemeinsamen Unternehmungen. Anregung ohne persönliche Zuwendung verwöhnt, statt zu befriedigen. Das gilt ebenso für das Überhäufen mit Spielzeug wie mit Videos und Computerspielen, vor allem aber im Hinblick auf das Fernsehen.

Überhaupt: Man sollte seine Kinder nicht verwöhnen – weder mit Süßigkeiten und mit Geld noch mit allzu rascher Wunscherfüllung. Sie bekommen sonst das Gefühl, Anspruch auf das Schlaraffenland zu haben, und das macht faul, anspruchsvoll, aggressiv – und unglücklich.

Wenn es der Mutter möglich ist, die ersten drei Erziehungsjahre voll in Anspruch zu nehmen, sollte sie erst danach ihr Kind in einen *Kindergarten* geben – am besten nur für halbe Tage. Wird das Kind zu früh (in den ersten drei bis vier Jahren) in Kollektive, an Kinderkrippen, Kindertagesstätten oder Krabbelstuben abgegeben, gerät es dagegen leicht in Gefahr, seelisch geschwächt zu werden.

Eine besonders sorgsame Beobachtung ist in den *ersten Schuljahren* notwendig. Ein zu frühes Einschulen wirkt sich nachteilig aus – vor allem bei den Jungen: Sie tun sich schwerer mit dem langen Sitzen und sind in diesem Alter hinter den Mädchen oft ohnehin ein kleines Stück zurück. Drängeln und Erzwingen-Wollen nützen nichts im Hinblick auf die Schule. Besser überwacht man liebevoll die Schularbeiten und ermutigt die Kinder, statt sie bei Misserfolgen durch angstauslösendes Schimpfen zu entmutigen!

Bereits im Schulalter lassen sich besondere *Interessen und Begabungen* eines Kindes feststellen. Man sollte ihm die Gelegenheit geben, diese seine Fähigkeiten außerhalb der Schule zu entfalten.

Es hilft dem Kind nicht, wenn man alles »durchgehen« lässt. Spätestens mit dem zweiten Lebensjahr sollten Kindern Grenzen vorgegeben werden, die auch eingehalten werden müssen. Bei absichtlichen, wiederholten Übertretungen darf u. U. auch mit einem Klaps auf die Hand nachgeholfen werden. Vermeiden sollte man auf jeden Fall Zwang zum Essen, Schläge und überhaupt drastische Gewalt. Dazu gehört auch eine Sprechverweigerung über mehrere Tage oder Worte, die das Kind ausstoßen, nach dem Motto: »Jetzt bist du nicht mehr mein Kind«, »Ich bring dich ins Heim«, »Das Jugendamt kann dich gleich abholen« oder Ähnliches mehr. Das alles verstärkt die natürliche Aggressivität des Kindes bis hin zu kriminellen Dimensionen oder zu späterem Sadismus. Trotzdem kann man gewollt wiederholten Ungehorsam vorübergehend durch Nichtbeachtung und mit kurzfristiger Abtrennung von der Gemeinschaft bestrafen.

Wichtig ist das bewusste Bemühen der Eltern, kein Kind gegenüber seinen Geschwistern vorzuziehen oder zurückzusetzen. Jedes Kind sollte die Erfahrung machen, in seiner Eigenart geliebt zu werden. Eifersucht und Neid sind Bomben mit Spätzündung, die im Kinderzimmer gezüchtet werden. Das wichtigste Geschenk für ein Kind ist das Wissen, *von Vater und Mutter anerkannt* zu sein. Nur so wird es eher ein gesundes Selbstvertrauen entwickeln, als an seinen Fehlern verzweifeln.

Jeder Mensch – auch das Kind – braucht einen gewissen *Freiraum.* Deshalb darf man sich weder in alles hineindrängen noch absolute Enthüllung voreinander fordern, weder geistig, seelisch noch körperlich. Das Schamgefühl muss in jedem Fall respektiert werden. Das gehört zur Menschenwürde. Man sollte deshalb auch keine exzessive Nacktkultur in der Familie betreiben.

Belastend ist es für die Kinder, wenn die Eltern immer in Hektik sind, immer etwas vorhaben. Weniger ist hier mehr! Wir müssen neu mit unseren Kindern Gemeinschaft suchen. Von großer Wichtigkeit ist es deshalb, wie es heute vielfach geschieht, die gemeinsamen Mahlzeiten nicht aufzugeben. Schließlich essen wir nicht nur bei Tisch, sondern wir sprechen auch miteinander, wir teilen uns einander mit. Wenn wir das nicht pflegen, verlieren wir die Eigenschaft, die unabdingbar für menschliches Glück und Zufriedenheit ist: die Liebe, die hellhörige Zuwendungsfähigkeit für alle uns nahe stehenden Menschen. Dazu gehört natürlich auch das Tischgebet wie überhaupt eine natürliche, sinnvolle Glaubenserziehung. Wer Gott aus der Kinderstube ausspart, wer mit den Kindern nicht mehr zur

Nacht betet, setzt sie spätestens im Jugendalter ohne Rückhalt den so riesengroßen Gefahren aus, mit denen sie dann konfrontiert werden.

Ohne diese Vorbereitung haben die Eltern wenig Möglichkeit, in der Pubertät ihrer Kinder einen Zugang zu ihnen zu erhalten. Enorm gefährlich sind leider in den letzten Jahren Disco-Besuche für Jugendliche geworden. Ganz besonders seit zu der Gefährdung durch Hasch und andere Rauschgifte die Designer-Droge Ecstasy hinzugekommen ist.

Hilfen zur Verselbständigung lassen sich hingegen eher dadurch fördern, dass Eltern und Erzieher sich nicht scheuen, die Jugendlichen mehr in die Selbstverantwortung zu rufen. Dieser Vorgang ist heute gewiss nicht einfach dadurch bewältigt, dass die Eltern ihre Kinder vom vierzehnten Geburtstag ab sich selbst überlassen und vor all ihrem Tun und Treiben die Augen verschließen. Das empfinden die Kinder in der Tiefe ihrer Seele doch trotz aller Ablösungsbestrebungen als lieblose Vernachlässigung, auf die sie mit vermehrter Aggressivität antworten.

Hilfreich kann es vielmehr sein, den Jugendlichen zu verdeutlichen, dass Vater und Mutter sie als fast erwachsene Menschen ernst nehmen und von ihnen nun auch Selbst- und Mitverantwortung erwarten. Das einzuüben geht am besten in Form von Familienkonferenzen am Wochenende. Grundsätzlich sollte es eine schriftliche Hausordnung geben, mit einer Einteilung wöchentlich wechselnder Pflichten. Ein sorgfältiges Nachkommen dieser Vereinbarung sollte belohnt werden, auch eventuell mit einigen kleinen Taschengeldzulagen.

Ein völliger Wandel ist beim Sexualverhalten im Jugendalter eingetreten. Zwar ist auch schon in den siebziger Jahren die voreheliche Intimbeziehung im jungen Erwachsenenalter immer üblicher geworden, eine Ausdehnung auf die Dreizehn- bis Sechzehnjährigen aber ging erst in jüngerer Zeit vor sich. Unter dem ständigen Einfluss der Medien, besonders der fortlaufenden Serien über derlei Themen in einschlägigen Jugendzeitschriften, durch eine zum Teil geradezu zum Geschlechtsverkehr ermunternde Form des Sexualkunde-Unterrichts in manchen Schulen, durch die Resignation der Eltern und einen die Frühsexualität fördernden Geist in unserem Familienministerium haben die Jugendlichen, kaum dass sie sich ein wenig handfester verliebt haben, die Vorstellung, nun auch miteinander schlafen zu müssen.

Unbehagliche Empfindungen der Eltern gegen diesen Trend werden durch das Argument entkräftet, dass dies nun einmal das »Recht« ihrer geschlechtsreifen Kinder sei und schließlich die Gefahr, unerwünschte Kinder ins Leben zu rufen, heute durch Verhütungsmittel verhindert werden könne. Warum sollte den Kindern also das schöne Glück, miteinander sexuellen Umgang zu haben und auch auf diesem Sektor rechtzeitig Erfahrungen zu sammeln, nicht zugestanden werden? Gehört es sich da nicht für fortschrittliche Eltern, sich so rasch wie möglich auf die Seite der Befürworter der Frühsexualität zu schlagen? Ist das nicht einer Jugend in einer neuen, veränderten Zeit angemessen? Gibt es überhaupt noch stichhaltige Gegenargumente?

Gewiss, die gibt es. Die Sofortbefriedigung von Triebwünschen ist eine sehr zweifelhafte Methode zur Gewinnung von mehr Lebensglück. Sie macht oberflächlich und anspruchsvoll-gierig nach mehr Lust, nach immer mehr Sex, sie vertieft nicht die seelische Bindung, weil man ihr nicht Zeit zum Wachsen und Sichfestigen zubilligte. Sexuelle Sofortbefriedigung unterbindet darüber hinaus die allgemeine Befähigung zur Disziplinierung, sie mindert den Antrieb zu geistigen Anstrengungen. Sie vergeudet stattdessen Kraft und Zeit, die für zuchtvolle Lernleistungen dann nicht mehr zur Verfügung stehen. Das ist der Grund dafür, dass jene Völker, in denen ein Aufschub der sexuellen Betätigung üblich ist, mehr Chancen haben, zu Kulturvölkern zu avancieren: denn durch den sexuellen Aufschub kommt es zu einer Steigerung und Differenzierung der geistig-seelischen Kräfte.

Schutz davor, sich unbesehen an die Trends auf diesem Sektor auszuliefern, brauchen vor allem die Mädchen. Der leichtfertige sexuelle Umgang kann ihnen sowohl seelisch wie körperlich schaden, und zwar dadurch, dass sie – wenn sie von ihrem ersten Schwarm, an den sie sich liebend banden, enttäuscht und verlassen wurden – zur Promiskuität neigen, nach dem Motto: Jetzt ist sowieso alles egal! Aber so entstehen bei den Jugendlichen immer mehr Erkrankungen der Geschlechtsorgane. Besonders die jungen Mädchen sind dafür anfällig, wissen die Frauenärzte. Ebenso entsteht viel Angst vor Schwangerschaft, Schuldgefühle wegen Abtreibungen, Unwertgefühle wegen der Infektion mit Geschlechtskrankheiten. Und das macht ihre Seele unruhig, elend, oft hart und stumpf.

Das gilt besonders auch für die Desinformation auf dem Sektor Aids. Voreheliche r Geschlechtsverkehr vom Jugendalter ab – womöglich mit wechselnden Partnern – ist im Aids-Zeitalter zu einer tödlichen Gefahr geworden. Nur, wer unter den Jugendlichen keinerlei Bluttransfusionen bekommen hat, nur wer keine intimen Beziehungen hatte, nur wer einen Aids-Test machen ließ, kann ganz sicher sein, nicht ein Angesteckter und damit ein Ansteckender mit dem HI-Virus zu sein! Und das nun so viel gepriesene Kondom ist kein sicheres Verhütungsmittel – nicht gegen Schwangerschaft, erst recht nicht gegen Aids und gegen Hepatitis C, diese nicht heilbare Lebererkrankung! Absolute Treue der Paare zueinander ist die einzige vernünftige Schlussfolgerung nach dem Auftauchen der tödlichen Geschlechtskrankheit und das Gebot der Stunde.

Bei der Frage, wie es zu erreichen ist, dass die Jugendlichen bewahrt bleiben, muss betont werden, dass es unsinnig ist, so lange zuzuwarten, bis das Kind in den Brunnen gefallen ist. Abgesehen davon, dass wir auf diesem Gebiet dringend eine konstruktive Aufklärungsarbeit durch die Regierung erwarten sollten (was uns da bisher aus der Zentrale für gesundheitliche Aufklärung geboten wurde, war stattdessen unverantwortlich!), müssten die Kinder rechtzeitig in Schule und Elternhaus vor Gepflogenheiten, die sich nicht bewährt haben, gewarnt werden. Wenn sich abzeichnet, dass sich aus der Verliebtheit eine erotisch getönte Beziehung zwischen Junge und Mädchen zu entwickeln beginnt, sollten die Eltern die oder den Erwählten, statt sie in die Discos zu schicken, soviel wie möglich am eigenen Familienleben teilnehmen lassen. Die Kinder müssen spüren, dass die Eltern Verständnis für ihr Liebesbedürfnis haben, sie müssen auch erfahren, dass die Eltern weder leib- noch sexualfeindlich sind.

Um die Jugendlichen über das Sinnvolle einer Wartezeit zu unterrichten, taugen in diesem Alter auch gute Broschüren, die man ihnen ins Zimmer legt. Um die Eltern in diesem Punkt zu unterstützen und den Jugendlichen Orientierung zu vermitteln, habe ich zu diesem Thema für Jugendliche mehrere Bücher geschrieben, die sich als hilfreich bewährt haben.

Distanzierter Takt einerseits und sorgsames Wachsein andererseits sind die beiden mühselig zu vereinenden Verhaltensformen, die den Eltern von Jugendlichen heute im Hinblick auf diese Probleme auferlegt sind; denn immer stehen sie mit ihren Bemühungen im Gegensatz zum Zeittrend. Immer wieder lässt sich die Erfahrung machen, dass Jugendliche unter den Druck des Geistes in ihrer Gruppe oder Klassengemeinschaft geraten, wo häufig lautstarke Anführer den Zeitgeist propagieren und eine Mehrheit scheinbar längst auf ihrer Seite haben. »Alle in meiner Klasse nehmen die Pille«, heißt es dann von den Bedrängten, »keine außer mir ist noch Jungfrau«, wird dann weinend geklagt. Nicht immer entspricht das der Wahrheit. Viele der Mädchen passen sich nur scheinbar an, um nicht in eine Außenseiterposition zu geraten.

Mit solcher Heuchelei aus Angst müssen unsere Kinder durch ihre Eltern vertraut gemacht werden, und ihnen muss auch verdeutlicht werden, dass das, was die Mehrheit tut, deshalb noch lange nicht gut und richtig ist. Ob etwas gut ist, so müssen wir den Kindern am besten schon *vor* Pubertätsbeginn verdeutlichen, das lässt sich am besten an den Folgen erkennen.

Begriffe wie Treue, Verlässlichkeit, Verantwortungsbewusstsein, Selbstbeherrschung müssen bei solcher Aufklärung ins Spiel gebracht werden. Natürlich ist das nicht ohne viel Dazwischensein der Eltern bei den jugendlichen Söhnen und Töchtern zu erreichen. Wenn sich z. B. ein Vater dafür stark macht, seine Tochter abends um 22 Uhr von der Party oder der Disco abzuholen, wird das meist nicht ohne Protest der so Gegängelten abgehen. Worte wie: »Du bist altmodisch, autoritär, ein Chauvi«, sollte ein verantwortungsbewusster Vater in Ruhe ertragen. Einmal habe ich erlebt, dass ein Vater in einer solchen Situation seiner Tochter sagte: »Du hast von den Großeltern ein goldenes Armband geschenkt bekommen. Legst du das etwa draußen auf die Straße und siehst gelassen zu, wie die Lastwagen darüber fahren? Du bist für mich wie ein kostbarer Siegelring. Mit dem will ich bestimmt nicht so umgehen.« – Das sind die Väter, die von den erwachsenen Töchtern, wenn sie einsichtig geworden sind, besonders geliebt werden!

Aber was können wir denn noch darüber hinaus tun? Zunächst müssen wir uns auf die konstruktive Seite schlagen – tapfer, klar, kompromisslos. Wir müssen für das Bessere, das Richtigere, für die Wahrheit kämpfen! Wir sollten uns auch an die Hilfe, die uns die Kirche vermitteln kann, halten. Schlaglichthaft seien einige weitere praktische Möglichkeiten genannt:

Bei allen Verstößen gegen die seelische Gesundheit unserer Kinder sollten wir am besten geballt Eingaben machen an die Stellen, die verantwortlich sind. Protestieren, sachkundig Informieren, Schreiben an Intendanten, Politiker – auch an den jeweiligen Bischof, kann wirksam sein. Die Eltern müssen – am besten gemeinsam, nachdem sie vorher eine Lobby gebildet haben – zum Beispiel auch gegen schulische Auswüchse kämpfen.

Aber darüber hinaus muss jeder von uns bemüht sein mitzuwirken, dass die diabolische Fehlerziehung unserer Kinder nicht mehr so allgemein praktiziert wird. Wenn Kinder dem seelenzerstörenden Sumpf widerstehen sollen, dann brauchen sie unabdingbar die sich intensiv und liebevoll um sie mühenden Eltern und Erzieher. Dazu gehört auch ein vorbildliches Leben der Eltern, durch ihre Bemühung um liebevolles eheliches Miteinander, ein Bemühen um Fernseh-Askese in der ganzen Familie (auch der Erwachsenen), die Bemühung um einen Lebensstil, der ein Kind zu *gutem* Nachahmen anregt, ein Erziehungsstil, der Gewalt vermeidet, ja, der zum täglichen Gebet anleitet. Denn schließlich ist das die wesentlichste Schlussfolgerung aus all den Gefahren. Es war Hybris zu meinen, der Mensch könne ohne ein Hinauffragen zu Gott allein gedeihliche Zukunft schaffen. Er bedarf der opferbereiten Liebe, und die kann er sich nur von Gott holen. Allein ist er dazu zu schwach!

Aus diesem elterlichen Auftragsbewusstsein ergibt sich ein Erziehungsstil, bei dem man sich der Seele von Kindern und Jugendlichen zuwendet, statt immer mit ihnen von einer Massenfreizeitbetätigung zur anderen zu jagen. Man sollte auch die dämonische Musik vermeiden und die Kinder an klassische Musik, oder Chormusik heranführen. Die Dämonie unserer Höllensongs ist bisher weitgehend unterschätzt worden.

Besonders nötig ist wie gesagt die Warnung vor der Frühsexualität. Aber auch hier muss den Jugendlichen vermittelt werden, wie viel mehr Unglück als Glück durch eine ungebremste Freizügigkeit entstanden ist. Statt desinformiert, müssen sie vor den so offenkundig gewordenen negativen Folgen gewarnt werden. Diese Folgen bestehen z. B. auch in einer Erhöhung der Delinquenz von sexuellem Kindsmissbrauch. Die Täter sind ja meist seelisch Kranke, die als Kinder sexuell missbraucht und viel zu früh sexualisiert wurden. Deshalb ist die Rückfallquote so groß. Durch eine realistische Rechtssprechung, die viel mehr Sicherheitsverwahrung anordnet, müssten unsere Kinder beschützt werden. Die meisten dieser Gestörten sind im Grunde Opfer allgemeiner zeittypischer Sünden der sich verkünstlichenden, säkularisierten, übertrieben liberalistischen Gesellschaft. Ihre Krankheit ist im wahrsten Sinne eine Folge davon, dass viele Menschen in unserer Zeit falschen Göttern nachgerannt sind, den Erdgöttern Materialismus, Egoismus und Liberalismus.

Eine Lösung, eine Änderung dieser bedenklichen Fehlentwicklung ist ohne Eingeständnis der grundsätzlichen überheblichen Kurzsichtigkeit der Moderne nicht zu haben. Nur das Erfasstsein von der Erkenntnis der »schlechthinnigen Abhängigkeit« des Geschöpfes Mensch von seinem Schöpfer wäre in der Lage, diese Einsicht in vernünftige Überlebensstrategien umzusetzen. Gott gab uns zwar viel Freiheit, aber er setzte ihr durch Vorgaben Grenzen. Überleben heute heißt, sich an sie zu halten! Das Kind, als Garant der Zukunft, müsste in einem solchen Programm Priorität haben.

Die Angelegenheit ist dringlich. Vom »point of no return« sind wir gewiss nicht mehr allzu weit entfernt, zumal die Zahl der seelisch Geschädigten stündlich wächst. Entscheidung wird unumgänglich. Entschließen wir uns unter der Last der Beweise zur Umkehr oder halten wir weiter mit all den scheinwissenschaftlichen Müllern der öffentlichen Meinung, die dem Wolf eines oberflächlichen Zeitgeistes die Pfote weiß machen, an den destruktiven Programmen fest? Denn Sein oder Nichtsein – das ist ganz gewiss auch hier die Frage.

Unsere Kinder durch die Sümpfe hindurchzuretten, das ist nur zu schaffen, wenn wir opferbereite Liebe und eine in die Verantwortlichkeit führende Erziehung praktiziert haben, damit die Kinder eine klare Orientierung bekommen und die Bindung an die Eltern im Jugendalter so wirksam bleibt, dass sie die Orientierungshilfen annehmen, die sie ihnen vermitteln wollen. Das ist ihr bester Schutz.

Konfliktfragen in der Jugendzeit

Gerhard Naujokat

Gestörte Ehe – gefährdete Kinder

»Ich war elf Jahre alt, als die Eltern geschieden wurden«, berichtete Claudia. »Streit und Eifersuchtsszenen des Vaters und der Mutter begleiteten meine Kindheit. Niemand hatte Zeit und Liebe für mich. Mit sechzehn Jahren ekelte mich das Leben mit Alkohol und Männern an. Ich wusste dann nicht einmal mehr, von wem ich schwanger wurde. Die Männer zahlten, aber ich liebte sie nicht. Ich stürzte in Abgründe. Männliche Gier und weiblicher Hass zertraten mein Leben.«

Ein Schicksal unserer Zeit, kein Einzelleben. Die seelsorgerliche Beratung zeigt eine Fülle ähnlicher Lebenswege. Claudia suchte das Gespräch, sie suchte den Ausweg. Nicht alle suchen eine neue Lebenschance. Es gilt, dem jetzt neunzehnjährigen Mädchen die Selbstachtung wiederzugeben, Vertrauen zurückzugewinnen, ihr Liebe zu schenken, wo sie Verachtung und Erniedrigung erfuhr. Nur neue geistig-seelische Kräfte werden ihren Mangel an Gefühlsbeziehungen ausgleichen und die Krise ihres Lebens überwinden.

Wo die seelischen Grundbedürfnisse nicht erfüllt werden, muss ein Mensch zerbrechen. Wo Liebe, Wärme und Geborgenheit fehlen, führt es zu Fehlentwicklungen gravierender Art, denn nur eine unbedingte Annahme des Kindes durch die Eltern, Zärtlichkeit, Sicherheit und Ordnung, dazu Identifikation mit den Eltern bewahrt vor tief greifenden Störungen. Seelischer Mangel führt zu Ersatzbefriedigungen, zu immer stärkeren Enttäuschungen und schließlich zu einsamer Verbitterung. »Ich bin am Ende«, bekannte Claudia, »ich spiele mit Selbstmordgedanken!«

Warum steht eigentlich die Selbstmordquote der Bundesrepublik an der Spitze der Weltskala? Haben deutscher Wohlstandskonsum, menschliche Maßlosigkeit und seelische Verwahrlosung dazu beigetragen? Hat der Mensch seine Triebbedürfnisse zum Maßstab der Dinge gemacht? Wird besonders die Ehe der Eltern zum Schicksal der Kinder?

Es ist eine Tatsache: Wo Ehen in Gefahr sind, kommen Kinder in Not. Wenn die Ehe der Eltern krankt, wird der Weg einer gesunden Entwicklung für das Kind erschwert. In der Art und Weise des täglichen Umgangs von Mann und Frau liegt eine starke Kraft, die unsere Kinder beeinflusst – so oder so. Dabei schadet es gar nichts, wenn Kinder spüren, dass auch die beste Ehe manchmal durch Feuerproben geht.

Wenn aber das Miteinander der Partner zu einer totalen Entfremdung führt, wenn kaum mehr Ansatzstellen für Zweisamkeit gegeben sind, dann sollte man sich der Verantwortung als Vater und Mutter bewusst werden. Das Leben unserer Kinder gerät in Gefahr. Es ist Wunder und Chance zugleich, wenn zwei, die sich beinahe hassen, doch noch eine letzte starke Liebe gemeinsam haben: die zu den Kindern. Kinder werden manchmal unbewusst zur Brücke zwischen zwei feindlichen Ufern. Die Liebe zum Kinde kann zur Quelle der Kraft werden und den Partnern den Weg zueinander zeigen. Einer von beiden muss zuerst den Mut aufbringen, diese zunächst schwankende Brücke zu betreten. Dieser Schritt schließt eine Selbstüberprüfung, eine aufrichtige Lebenskorrektur und ein Stück Selbstaufgabe ein, denn auf blankem Egoismus lässt sich nirgends eine Ehe und Familie bauen.

Eines kann man sich natürlich bei aller Entschlossenheit nicht befehlen: Die erneute Liebe zum Ehepartner. Darum ist entscheidend, dass man von Wegstück zu Wegstück Kraft zum Durchhalten erhält. Und vielleicht erwächst aus zarten Ansätzen, was kein Gesetz verordnen kann: eine stille Regung, die wieder zu lieben beginnt. Dann erlebt man auch im Blick auf seine Kinder die innere Erneuerung als eine der schönsten aller menschlichen Berufungen: Vater und Mutter zu sein.

In der Literatur über Ehe und Familie wird viel über drei Begriffe und deren Beziehung zueinander nachgedacht: Sexus – Eros – Agape. Sexus ist körperliche Liebe, Eros das dazugehörige seelische Fluidum; beides drängt zu einer harmonischen Vereinigung mit dem dritten, der Agape. In der Agape weiß sich der Mensch von Gott geliebt. Aus dieser ewigkeitsnahen Liebe empfangen Vater und Mutter die Kraft zur Treue und zum Beistand. Nur von daher kann man miteinander beten, einander vergeben, seinen Kindern von Gott sagen und im Glauben durchhalten. Die Nöte heutiger Ehen entspringen oft der verletzten Einheit, des gestörten Dreiklangs, der Aufspaltung des schöpfungsgemäßen Ganzen von Leib, Seele und Geist. Sexus und Eros sind von ihrem Wesen her veränderlich und wetterwendisch. Erst wenn die starken seelisch-sinnlichen Kräfte von der göttlichen Liebe zusammengehalten werden, wirken sie nicht zerstörend, sondern beglückend, bereichern die Ehe und werden den Kindern zum Segen. Der Familienalltag würde harmonischer, wenn Väter und Mütter miteinander reden und mit ihren Kindern einen neuen Weg der Liebe und der Vergebung praktizieren würden.

Gerhard Naujokat

Aufklärung im Straßenjargon?

Die so genannte »Gossensprache« gab es schon immer. Sie wurde aber mit Recht überhört und sozusagen »unter den Teppich gekehrt«. Man beachtete sie nicht und ordnete sie einem gewissen Milieu zu. Pädagogisch wurde von ihr kein Gebrauch gemacht, und das war richtig und wichtig. Das Niveau des Elternhauses, der Schule und entsprechender Institutionen war höher angesetzt und vermied bewusst erniedrigende und diffamierende Ausdrücke.

Nun scheint alles anders zu werden. Mit obszöner Frivolität veröffentlicht nicht nur die »Sexuelle Bewegung«, sondern zum Teil auch die Deutsche Aids-Hilfe e. V. auf Flugblättern und in Aufklärungsbroschüren einen Stil, der jedem normal empfindenden und vernünftig denkenden Menschen über die Hutschnur geht. Selbst seriöse Institutionen folgen diesem Trend. Die Landeszentrale für Gesundheitsförderung in Rheinland-Pfalz e. V. hat ein Sexheft für Jugendliche herausgegeben unter dem Titel »Let's Talk About Sex«. Hier werden Teenager mit einer Sprache und mit bildlichen Darstellungen konfrontiert, die auf unterstem Niveau angesiedelt sind. In dieser Richtung versucht auch eine sexualpädagogisch geprägte Lehrergeneration im Ansatz, Schulkindern entsprechenden Aufklärungsunterricht zu vermitteln. Die 68er-Revolutionäre sind noch nicht tot, sondern an Hochschulen und Universitäten vertreten. Dabei haben Namen wie Amendt und Kentler inzwischen an Strahlkraft erheblich eingebüßt, sie glimmen kaum noch. Aber die Pornowelle gab dem Gossenjargon Auftrieb – bis hinein in Mitarbeiterseminare und bestimmtes, von »linientreuen« Soziologen und anderen Sozialwissenschaftlern verfasstes Schrifttum.

Eine Verdeutlichung des Vokabulars ist an dieser Stelle nicht notwendig. Zugegeben, auch der medizinisch-lateinische Wortschatz, der die Aufklärungsliteratur prägt, wirkt weder besonders human noch beseelt. Aber Aufklärung mit dem Presslufthammer, bei dem die Brocken des Straßenasphalts nur so um die Ohren fliegen, bedeutet einen Abstieg, gegen den pädagogisch und psychologisch schärfste Einwände zu erheben sind.

Das gesprochene und geschriebene Wort ist nämlich nicht wirkungslos gegenüber Empfindungen und Gefühlen, die damit verbunden sind. Denn was soll mit sexueller Aufklärung und verantwortlicher Geschlechtserziehung erreicht werden? Doch wohl Respekt vor dem anderen Geschlecht, vor der Tatsache, dass Gott Mann und Frau erschaffen hat, beide sich gegenseitig anziehend finden, sich lieben und vereinigen können und mit Anerkennung begegnen. Das ist ein weites Feld von differenzierten Vorgängen, heiklen Empfindungen, seelisch wertvollen, aber auch verletzbaren Gefühlslagen, so dass sich die Achtung vor diesen Gegebenheiten auch in der Sprache ausdrücken muss.

Natürlich ist bekannt und wohl kaum zu verhindern, dass Kinder den Gassenjargon in die Schulpausen und nach Hause tragen. Wenn er aber am Familientisch, in der Schulstunde oder bei Veröffentlichungen der Landeszentrale für Gesundheitsförderung zur offiziellen Sprache gemacht wird, dann bedeutet das die Kapitulation vor dem Ordinären und Primitiven. Als ob unsere Sprache kein anderes Vokabular zur Verfügung hätte! Der sprichwörtliche »Elefant im Porzellanladen« ist in der Sexualaufklärung wahrlich nicht gefragt. Plumpe, anzügliche, erniedrigende und ordinäre Ausdrücke verletzen den Respekt vor geschlechtlichen Vorgängen und partnerschaftlichen Begegnungen, die einer anspruchsvolleren und gehobeneren Sprache bedürftig sind.

Den unbekümmerten und hemmungslosen Verbalerotikern ist anzukreiden, dass sie hier nicht etwa Verklemmungen aufheben oder unsinnige Tabus durchbrechen, sondern dass sie eindeutig abwerten und Verachtung an den Tag legen, und das gegenüber einem Thema, das gewiss nicht nur ins Heilige oder Romantische verklärt werden sollte, sondern gerade auch im Alltäglichen Behutsamkeit und Respekt verdient. Die Sprache der Aufklärung kann sexuelle Gefühle und sensible Emotionen zerstören und eine gesunde Partnerschaftsfähigkeit beeinträchtigen. Unsere Ausdrucksweise sollten wir daher nicht in eine Verrohung abgleiten lassen, sondern humanisieren und kultivieren.

Im Einzelnen ist anzumerken: Die Selbstverständlichkeit, mit der jedwede sexuelle Praktik bis hin zu Randerscheinungen und Perversionen als normal verbreitet aufgeführt wird, lässt andere Verhaltensmuster entstehen. Hier werden Maßstäbe vorgegeben, die einen normativen Realitätsdruck heraufbeschwören, etwa: Wenn das so ist, und wenn alle es tun, dann muss ich mitmachen.

Die Gossensprache, ergänzt durch ordinäre Abbildungen, zieht alles, was für junge Leute mit Liebe, Zärtlichkeit, Anmut und Liebreiz zusammenhängt, auf eine primitive Ebene herab und macht das im Prinzip richtige Anliegen zu einem bewusst gesteuerten, kollektiv empfundenen Mitmach-Zwang. Das Bildmaterial führt zu einer für zarte Gemüter schockierenden Direktheit, mit der die brutale Ausdrucksweise noch unterstrichen wird.

Die deutsche Aufklärungsliteratur wäre gut beraten, wenn den kurzsichtigen und mit allzu harter Nadel gestrickten Drucksachen solidere und dauerhaftere Publikationen entgegengestellt würden, die dem jungen Menschen wirklich helfen. Um eine menschliche Sexualität und eine erfüllte Liebesbeziehung sollte es denen gehen, die die Jugend aufklären und schützen wollen. Wer von Liebe spricht, darf ruhig betonen, dass auch Zurückhaltung und Treue, Verzicht und Vorsicht dazugehören. Und der Schutz, den die Ehe immer noch zu bieten vermag, sollte verstärkt in den Blickwinkel gerückt werden.

Konsum, Wechsel, Verschleiß und die brutale Benutzung der eigenen Sexualität und der des Partners stellen eine Praxis dar, die den Menschen weit unter sein Niveau bringt. Informationen sind also nicht belanglos. Sie können bereichern oder gefährden. Eine gründliche Umorientierung auf verantwortliches ethisches Denken wäre im Blick auf die Aufklärungssituation unserer Kinder dringend erforderlich.

Gerhard Naujokat

Ablösen – nicht abreißen!

Zur Problematik der Eltern-Kind-Beziehung

»Jetzt hau ich ab! Ich hab zu Hause die Nase voll . . .«, mault Jörg vor sich hin und bringt damit seine ganze Unzufriedenheit und seinen Unmut zum Ausdruck. Ihm schwebt vor, auf eigenen Beinen zu stehen und die elterliche Fürsorge und Kontrolle abzuschütteln. Ein Bedürfnis, das heute viele junge Menschen verspüren und sich damit im Recht wähnen. »Endlich frei sein, endlich nicht mehr die Alten vorne und hinten um sich haben, womöglich noch ständige Einordnung in eine gewisse Familiendisziplin ... Es stinkt mir alles!« Die Eltern scheinen ohnmächtig, der Vater blockiert, denn er sieht nicht ein, dass er seinem Neunzehnjährigen eine eigene Wohnung bezahlen soll, wenn im Haus Platz genug ist. »Er soll seine Ausbildung beenden. Dann ist er in wenigen Jahren selbstständig und kann tun und lassen, was er will«, argumentiert er.

In ähnlichen Variationen kommt dieses Problem auf viele Eltern zu. Da ist zum Beispiel Ingrid, gerade 18 geworden und nun wie besessen darauf, von daheim fortzukommen. Alles ödet sie an, und nichts scheint sie zu halten. Die Gründe sind oberflächlich und fast spleenig. Die charakterliche Unreife zeigt sich unübersehbar in ihrem Wesen und ihrem Verhalten. Dennoch stehen die Eltern wie vor einer Mauer und sehen keine Möglichkeit, die Tochter noch irgendwie zu beeinflussen. – Laura, im letzten Sommer hat sie Abitur gemacht, will unbedingt ausziehen, weil sie einen Freund hat, der bei ihren Eltern nicht nur Wohlwollen auslöst. Sie möchte mit ihm gemeinsam eine Wohnung nehmen, denn dann seien ja alle Probleme gelöst, meint sie.

Eine entsprechende Lebensreife ist bei den wenigsten Jugendlichen dieses Alters vorhanden, und sie kennen die Verpflichtungen und Härten des Alltags nicht. Sie möchten sich losreißen, ohne zu wissen, wohin sie dann fallen. Es besteht kein Zweifel daran, dass der Ablösungsprozess vom Elternhaus ein natürlicher Vorgang ist und stattfinden muss. Aber das »Ablösen« darf nicht zu einem »Abreißen« werden. Schon die normale Ablösung geht durch einen schmerzhaften Reifungsprozess hindurch. Schmerzhaft deshalb, weil Ablösung zunächst in vielen Fällen mit Ablehnung verbunden ist. Offenbar weiß der Mensch immer zuerst, was er nicht will, ehe er klar vor Augen sieht, was er will und wie die neuen Ziele heißen, die es zu vertreten und zu verfolgen gilt. Am Anfang stehen Unsicherheit, Minderwertigkeitsgefühle, dumpfe Ablehnung und das unbewusste Empfinden, dass etwas anders werden muss. Dies führt häufig – ohne dass es eigentlich gewollt ist – zu einer negativen Einstellung den Eltern und Verwandten gegenüber. Der Psychologe W. J. Revers schreibt: »Wir finden Negativismus mit derselben Regelmäßigkeit gegen ›schwache und unfähige‹ Eltern gerichtet wie gegen ›despotische‹ Eltern.« Beides wird vom Jugendlichen abgelehnt und steht häufig in der Gefahr, von einem Extrem ins andere umzukippen. Gerade heute ist es für Eltern, Lehrer und Erzieher schwierig, jenen schmalen Grat zu finden und einzuhalten, der im Stadium des Ablösungsprozesses noch gangbar ist. Selbst beispielhafte Elternhäuser haben es schwer, sich gegen aggressive Miesmacherei durchzusetzen. Die junge Generation ist um Entlarvung bemüht und möchte alles, was gut und anerkennenswert erscheint, »hinterfragen« und auf Negatives abklopfen.

Manchmal wirkt die Situation so, als hielte sich der junge Mensch an jene Kahlschlagweisheit von Nietzsche: »Wenn es Götter gäbe, wie hielte ich es aus, kein Gott zu sein! Also gibt es keine Götter.« Man verschafft sich scheinbar Selbstbewusstsein und Stärke durch Ablehnung alles Größeren, Stärkeren, aller Autorität. Um wirkliche Ablösung handelt es sich im Grunde noch gar nicht. So wird allzu scharf und schroff, vor allem aber allzu früh das Band, die Bindung zu jener Kraft durchtrennt, von der man doch zehrt und die man braucht.

Eine vorzeitige Ablösung – besser als »Abbruch« oder »Abriss« bezeichnet – kann also gefährlich und destruktiv sein. Sie führt zu

Konflikten und Familiendramen, vor allem aber zu erheblicher Unsicherheit im Selbstverständnis des jungen Menschen. Die widersprüchlichen Gefühle bewirken eine gewisse Beziehungslosigkeit: Weder zum Bisherigen noch zur neuen Situation, die meist noch gar nicht recht definiert werden kann, besteht eine gefestigte Bindung. Der junge Mensch lebt aber noch von der bisherigen Beziehung, nicht nur aus materieller, sondern vor allem auch aus seelischer Sicht (ob er es sich eingestehen will oder nicht). Verliert er diese seelische Verbindung, dann verliert er Heimat und Geborgenheit, geht ins Leere, empfindet Einsamkeit und Depression.

Eben das ist die Gefahr einer zu frühen, abrupten Verselbständigung, dass sie nicht schrittweise erfolgt, wie es für jeden gesunden Wachstums- und Reifungsprozess natürlich und selbstverständlich ist. Häufig genug werden auch sehr junge Menschen unverhältnismäßig früh aus dem Elternhaus hinausgedrängt, weil Vater und Mutter von einer falsch verstandenen Wertschätzung unabhängiger Selbständigkeit überzeugt sind – oder ihr eigenes Leben leben wollen. Noch nicht flügge und völlig unreif, streben wiederum viele Jungen und Mädchen irgendwohin, um sich den Eltern zu entziehen. Daneben gibt es allerdings auch Nesthocker, die nicht aus der elterlichen Wohnung weichen wollen und sich, selbst wenn sie längst volljährig sind, noch verwöhnen und versorgen lassen. Andere wollen den Spannungen, Kontrollen und Konflikten entfliehen, indem sie sich schon mit 15 oder 16 Jahren in das Milieu von Cliquen, Discos oder der Straße begeben und für die Eltern kaum noch erreichbar sind.

Dort »draußen« erwarten die Jugendlichen jedoch neue Einflüsse, denen sie sich häufig unkritisch unterwerfen. Statt Selbstbestimmung zu praktizieren, lassen sie andere über sich bestimmen, sich manipulieren und allzu oft in ihrem Wesen verändern. Wie eine unreife Frucht, die baldiger Fäulnis ausgesetzt und für den, der sie genießen möchte, grün und ungenießbar sauer ist, so bewegen sie sich als die Halbreifen oder Halbstarken durch unsere Gesellschaft – erwecken bald Bedauern und Fürsorge, bald Erschrecken und Angst. Denn wenn man nicht in seinem Selbstwert bestätigt wird, muss man ihn sich durch Kraftakte verschaffen: von Jugendlichenstreichen bis zu Terrorakten und Rockerbanden reicht die Skala der Selbstbestärkungspraktiken. Hierzu gehören auch das frisierte Mofa oder eine überdimensionale technische Anlage, die überlaute Musik aus der Stereoanlage oder in der Diskothek. Freiheit wird auf diese Weise nicht erreicht. Sie besteht nach einem Wort von Johann Gottlieb Fichte eben nicht darin, dass ich tun kann, was ich will, sondern dass ich will, was ich tun könnte. Somit unterwerfe ich mich höherer Einsicht und mit meinem Gewissen dem Willen Gottes.

Das alles setzt aber einen ständigen Reifungsprozess voraus. Die Schöpfung um uns herum gibt uns dafür bildhafte Beispiele. Auch in der Natur löst sich das Korn erst aus der Ähre und der Apfel vom Baum, wenn die Reife erreicht und das vorgesehene Stadium eingetreten ist. Reißt man die Frucht zum Verzehr unreif ab, verdirbt man sich den Magen. Vom Sturm heruntergeschüttelt, zerschellt sie meist und ist unbrauchbar. Mit Gewalt wegreißen, führt also zu Unbekömmlichkeit, Anfälligkeit und Fäulnis. Was die Natur hiermit lehrt, ist anschaulich genug und praktisch übertragbar auf manches menschliche Zusammenleben.

Mit Gewalt aus der Geborgenheit weggerissen zu werden oder sich selbst entfernen zu wollen, kann unbekömmlich sein und zu mancherlei Anfälligkeiten führen. Es gibt leider auch gesellschaftliche und staatliche Zwänge und Pflichten, denen gegenüber wir ein »Wegreißen« nicht verhindern können. Ich denke z. B. daran, dass eine Vielzahl junger Männer selbstverständlich reif genug ist, um Soldat oder Sanitäter zu werden. Aber ich kenne wiederum junge Leute, die mit 18 Jahren weder flügge noch ausgereift sind, um für die Bundeswehr oder den Zivildienst gerüstet zu sein. Auch eine ausbildungs- und berufsbedingte weite Entfernung von zu Hause, verbunden mit einem »Abbruch« auf die Schnelle, kann seelische Folgeschäden auslösen. Junge Menschen fühlen sich dann nicht den Anforderungen und dem Stress gewachsen, bekommen Heimweh und handeln nicht selten in irgendeiner Torschlusspanik. Wird ein junger Mensch gewaltsam ab- und ausgerissen – oder führt er das selbst herbei –, dann gerät er mitunter in schwere Konflikte und in ein seelisches Dilemma. Ich widerspreche damit der Parole »Totale Ablösung vom Elternhaus ohne Rücksicht auf Verluste«. Das ist meines Erachtens eine barbarische Methode, die weder psychologisch gerechtfertigt werden kann noch biblisch-geistlich zu belegen ist (auch nicht mit dem zwölfjährigen Jesus im Tempel).

Labil und beeinflussbar folgen frühreife »Ausreißer« der einschlägigen Propaganda. Groß ist die Zahl derer, die mit 14 und 15 oder 18 und 19 Jahren das Glück in der weiten Welt suchen, weil sie es im Elternhaus nicht zu finden glaubten. Dann werden sie irgendwo eingefangen – oft nach den ersten Drogenerfahrungen und Sexualkontakten – und kehren bestenfalls reumütig in den Schoß der Familie zurück. Viele sind bereits nachhaltig geprägt, zeigen erste Anzeichen von Sucht und Abhängigkeit und warten nur auf die nächste Gelegenheit, die Flucht zu wiederholen.

Aus den hier angedeuteten Gründen ist es wichtig, den Jugendlichen in Ruhe ausreifen zu lassen. Man möge sich zur Geduld zwingen und das Ende des Prozesses abwarten, bis sich die Frucht sozusagen von selbst aus der Halterung löst. Weder vonseiten des Erwachsenen noch des Jugendlichen darf vorzeitig und ungeduldig eingegriffen werden. Eine psychisch gesunde Ablösung kann man nicht forcieren. Sie braucht ihre Zeit und hat – auch wenn negative Durchgangsphasen möglich sind – ihren positiven Sinn, ihren natürlichen Ablauf und schließlich ihr erfreuliches Ziel. Es ist jedoch einzuräumen, dass es Fälle gibt, in denen sich die Jüngeren mit Recht gegen eine künstlich verlängerte Abhängigkeit und Bindung wehren. Man kann auch nicht einen reifen Apfel mit einem Zwirnsfaden am Ast des Baumes befestigen, nur um ihn lange festzuhalten. Er wird auch dort in Fäulnis übergehen. Eine unnatürliche Reglementierung bringt also kein gutes Ergebnis. Jugendliche spüren das und reagieren mit Opposition.

Aber eines wollen auch sie: die Beziehung. Für Eltern ist dabei wichtig zu wissen, dass von einem gewissen Stadium der Entwicklung an die heranwachsenden Kinder an einer längeren Leine geführt werden sollten, aber diese Leine darf nicht abreißen. Die Eltern-Kind-Beziehung kann nicht erzwungen werden, indem man dem Jugendlichen seine Unterlegenheit und Unselbständigkeit deutlich macht, ihn demütigt und in seinem Werdegang beeinträchtigt. Sie wird sich dann als tragfähig und belastbar erweisen, wenn Eltern konsequent berücksichtigen, dass man zunächst akzeptiert statt anklagt, bejaht statt abwertet, anhört statt abweist, diskutiert statt diszipliniert, versteht statt verurteilt, fragt, statt alles besser zu wissen, ernst nimmt, statt klein zu machen.

Ablösung hat nämlich selbst beim rebellierenden Störenfried häufig trotzige Einsamkeit, also einen quälenden Zustand zur Folge. Spannungen in der Familie sind unvermeidbar. Zerstörerisch, lähmend und vergiftend wirken sie aber erst, wenn sie nicht besprochen und ausgetragen werden und dahinter keine Haltung liebender und geduldiger Bereitschaft spürbar wird. Beide Seiten sollten also die Beziehung zueinander aufrechterhalten, vernünftig miteinander reden und sich einer höheren Vernunft unterwerfen. Jung und Alt stehen letztlich gemeinsam vor Gott. Sie müssen Gott und einander begegnen und sich respektieren. So wie am Ende des Alten Testamentes der Prophet empfiehlt, dass sich die Herzen der Väter bekehren müssen zu den Kindern und die Herzen der Kinder zu den Vätern.

Gerhard Naujokat

Kinder ohne Väter – Väter ohne Kinder

Früher waren es meist Waisenkinder, die vaterlos aufwachsen mussten. Waisenkinder gibt es heute auch noch, aber sie sind infolge der höheren Lebenserwartung und ausgebliebener Kriege zahlenmäßig gering. Weitaus mehr fallen die sogenannten Sozialwaisen und hier vor allem die Scheidungswaisen ins Gewicht: Bei den jährlich rund 130 000 Scheidungen werden etwa ebenso viele Kinder Jahr für Jahr sozusagen vaterlos. Insgesamt werden in der Bundesrepublik gegenwärtig fast zwei Millionen Kinder allein erzogen. Zwar gibt es neuerdings die Regelung, dass auch geschiedene Eltern gemeinsam das Sorgerecht wahrnehmen können, aber diese Lösung ist auch nicht ideal. Meist kommen die Kinder zur Mutter, vor allem die kleineren. Und das heißt durchweg, dass sie den Vater weitgehend verlieren. Er kümmert sich zwar an den Besuchstagen und in einem Teil der Ferien um sie, aber die tatsächliche Personensorge, also den täglichen Kontakt, die Pflege und Erziehung erhalten sie von der Mutter.

Wie wichtig ein Vater für ein Kind ist, zeigt schon die oberflächliche Beobachtung des Alltags. Der Vater erklärt dem Kind, was er beruflich macht, was Nachrichten bedeuten und wie ein Fax zur Omi kommt, wie die Buslinien fahren und wie ein Fernsehgerät funktioniert. So gibt er dem Kind Orientierung und Sicherheit und verdeutlicht wirtschaftliche, technische und kulturelle Zusammenhänge. Dabei muss er gar nicht allwissend sein, zumal heute auch Mütter technisch bewandert sind.

Fällt der Vater aus, so fehlen dem Kind wichtige Informationen, insbesondere dem Jungen das väterliche Vorbild und die Gelegenheit zur Identifikation mit der eigenen männlichen Rolle. Der Tochter fehlt das männliche Gegenbild, die Einstellung auf den andersgeschlechtlichen Partner. Beides ist für das Erwachsenwerden und die Vorbereitung auf die Begegnung mit dem anderen Geschlecht entscheidend wichtig. Entsteht in der Entwicklungszeit hier ein Defizit, wird sich das manchmal in Kontaktarmut, Frechheit und Protest, Abkühlung und Entfremdung und vielleicht sogar in Racheakten äußern. Ein großer Teil jugendlicher Zerstörungslust, auch die entwicklungsbedingte Jugendkriminalität sind nicht zuletzt aus einem solchen Rachebedürfnis für erlittene Versagungen und sonstige Defizite zu erklären. Betroffene rächen an anderen, was sie an den eigenen Eltern nicht rächen können. Unter Kriminellen finden wir häufig männliche Jugendliche und Heranwachsende, die keine Beziehung zu ihrem Vater gefunden haben. Auffällig oft wird von besonderer Strenge und Härte, aber nicht selten auch von Verwöhnung und Weichheit des Vaters berichtet. Beides liegt nahe beieinander. Liebevolle Konsequenz, geduldiges Bereitsein, einfach da sein, auf Fragen antworten, ein Kleines auf den Schoß nehmen und trösten, mit dem Größeren spielen und die Kräfte erproben ist wichtiger als ein aufwendiges Geschenk vom Vater, das in den meisten Fällen mehr ein Freikaufen als ein Freudemachen bedeutet.

Aber wie den Vater ersetzen, wenn kein Vater da ist? Jedes fünfte Kind wächst heute ohne Vater auf. Eberhard z. B. war vier Jahre alt, als seine Mutter sich scheiden ließ. Da diese keinen Beruf erlernt hatte und bei der Scheidung nur wenig Unterhalt bekam, zog sie in eine kleine Wohnung, suchte einen Krippenplatz für das Kind und eine Arbeitsstelle für sich. Für die Mutter war der Wechsel schwer genug, für Eberhard schien er eine Katastrophe zu sein. Er wurde weinerlich, traute sich keinen Augenblick mehr von der Mutter weg, schlief nur noch in ihrem Bett und nässte tagsüber ein. Jeden Morgen gab es einen dramatischen Abschied mit viel Tränen und Geschrei.

Mutter und Sohn litten unter diesem Zustand. Schließlich verbrachte sie bald ihre ganze freie Zeit mit ihm. Abends gingen beide gemeinsam ins Bett, schmusten noch ein bisschen und erzählten sich die Eindrücke des Tages. So gewöhnten sie sich an den Zustand und waren schließlich ganz zufrieden, bis Eberhard aufs Gymnasium sollte. Dazu mussten sie den Wohnort wechseln. Die Mutter bekam eine besser bezahlte Stellung, aber mit dem Besuch der Schule ging die innige Verbundenheit zwischen Mutter und Sohn verloren.

Die Mutter ist heute ratlos, weil Eberhard ausgerechnet zu den schlimmsten Rowdys Kontakt sucht und sie zu seinen Kameraden macht. Je mehr sie darüber redet, desto verstockter wird er. Sie hat kaum noch Zugang zu ihm. Sein Zimmer, das er sich gestalten kann, ist ihr fremd und unheimlich. Poster, Kram und Krempel, mit denen er sich umgibt, sind Ausdruck einer rätselhaften und rauen Welt. In seiner Schreibtischschublade findet sie einen Schlagring.

Eberhard ist inzwischen ein kräftiger, baumlanger Kerl von 16 Jahren. Mutter und Sohn sprechen nur noch das Nötigste miteinander. Zärtlichkeiten gibt es zwischen ihnen nicht mehr, und eines Tages ist Eberhard spurlos verschwunden. Er taucht nicht in der Schule auf, erscheint auch abends nicht zu Hause. Nach Tagen findet man ihn in einer fremden Stadt, wo er mit einer Rockerbande von Lokal zu Lokal zieht und in irgendwelchen Fabrikhallen oder Garagen übernachtet. Er wird von der Schule verwiesen. Eine Zeitlang hält er sich noch zu Hause auf und versucht, eine Kraftfahrzeugmechanikerlehre zu beginnen. Nach knapp einem Jahr bricht er auch diese ab und zieht mit seinen Kameraden zusammen in eine gemeinsame Wohnung.

Diese Entwicklung geht sicher auf die fehlende Vaterbeziehung zurück. Eberhard hat seinen Vater – einen Arzt – zwar hier und da einmal gesehen und auch Geschenke von ihm erhalten. Einige Ferientage verbrachte der Vater ebenfalls mit ihm auf besonderen Reisen. Aber Zeit für Gespräche oder die Geduld für seine Probleme hat der Vater nie gehabt, und auch Schutz konnte er ihm nicht geben. Eberhard musste sich selber schützen. Um das zu können, machte er sich schlagkräftig. Und um jemand um sich zu haben, tat er sich mit anderen Schlägern zusammen – zum gegenseitigen Schutz. Denn im Grunde hatte jeder von ihnen im Innersten Angst und suchte daher den Typ, der gewissermaßen einen starken Mann darstellt. Es war letztlich die Suche nach Vaterersatz.

Kann die Mutter eine derartige Entwicklung verhindern? Viele alleinstehende Mütter sind in der Gefahr, die Kinder durch Inkonsequenz zu verunsichern. Sie überschütten sie mit Liebe oder überfordern sie mit Strenge. Oft wird der Sohn zu einem Ersatzpartner, und die Mutter vertraut ihm Probleme an, denen er noch nicht gewachsen ist.

Kinder ohne Väter suchen andere männliche Bezugspersonen. Darum tut die Mutter gut daran, die Beziehung zum Großvater zu pflegen und zu versuchen, sein Interesse für das Kind im guten Sinne zu nutzen. Sie könnte auch den Lehrer auf ihre besondere Situation aufmerksam machen und ihn bitten, ein wenig Vaterrolle für ihren Jungen zu übernehmen. Vaterlose Kinder orientieren sich verständlicherweise an männlichen Vertrauenspersonen und können dies auch getrost tun.

Jedoch soll die Mutter dem Kind, soweit sie es kann, selbst den Vater ersetzen. Dies geschieht nicht dadurch, dass sie sich möglichst männlich und kumpelhaft gibt. Im Gegenteil, sie wird sachlich und nüchtern mit ihm sprechen und seine Fragen beantworten und auf seine Probleme eingehen, wie es ein guter Vater tun würde. Sie wird vielleicht mit ihm gelegentlich zum Fußballplatz gehen oder – selbst wenn sie es erst erlernen muss – mit ihm Schach spielen. Dabei soll sie aber ihre Rolle als Frau und Mutter bejahen. Tut sie das nicht, stürzt sie das Kind in Identifikationsprobleme, wie die Tiefenpsychologen sagen. Eine Folge dessen kann sein, dass Kinder gleichgeschlechtliche Partnerschaften suchen, weil sie sich weder mit der männlichen noch mit der weiblichen Rolle voll identifizieren konnten. Der alleinerziehende Vater sollte also männlich bleiben und die alleinerziehende Mutter ganz Frau sein.

Meist trennte sich die Mutter im Rahmen schwerer Konflikte vom Vater. Bis die Versorgungsrechte geklärt sind und die Scheidung vollzogen ist, gibt es viel Bitterkeit und Tränen. Nicht selten bleiben schwere seelische Verletzungen bei den Partnern zurück, die stärkere Verwundung wahrscheinlich in vielen Fällen bei der Frau und Mutter. Aus pädagogischen Gründen ist es nun aber wichtig, dass sie keine Hassgefühle gegen den Mann oder das Männliche überhaupt entwickelt. Damit könnte sie dem Mädchen den Zugang zum männlichen Geschlecht und dem Jungen das Vertrautwerden mit der eigenen Rolle erschweren. Sie sollte auch nicht völlig ohne Kontakt zu männlichen Partnern leben, etwa im Beruf oder im täglichen

Umgang. Ein zwangloser menschlicher Umgang von Männern und Frauen ist immer noch die beste und harmloseste Voraussetzung für eine normale Beziehung zwischen den Geschlechtern. Eine zwanghafte Betonung von Geschlechterrollen ist ebenso schädlich wie die erzwungene Einebnung aller Rollenunterschiede in einer übertriebenen Gleichheitsideologie.

Es ist erwiesen, dass Mütter ihre Kinder auch allein zu vollwertigen Erwachsenen erziehen können. Jedenfalls ist das besser für ein Kind, als nur dem Namen nach Vater und Mutter zu haben, die aber nicht an einem Strang ziehen. Darum leben Kinder in Halbfamilien oft sorgloser und problemfreier als solche in äußerlich zwar vollständigen, aber innerlich zerrütteten Familienverhältnissen.

»Was einer Mutter bis ans Herz geht, geht einem Vater nur bis an die Knie«, sagt ein altes, wahrscheinlich nicht ganz zu Unrecht kritisches Wort. Man beklagt oft, dass Väter sich nicht genügend um ihre Kinder kümmern und sich zu wenig für sie interessieren.

Aber wie ist es im umgekehrten Fall? Wenn also Väter, die sich um ihre Kinder bemühen möchten, daran gehindert werden – beispielsweise weil sie nicht in einer »ordentlichen« Ehe und Familie leben? Zwar ist durch eine Reform vor wenigen Jahren die Rechtsstellung des unehelichen Vaters verbessert worden – davor war er nicht einmal mit seinem Kind verwandt –, aber eine Gleichwertigkeit zur Mutter wird erst noch angestrebt.

Diese einseitige rechtliche Regelung hat zahlreiche Gründe vor allem natürlich den, dass meistens die Väter berufstätig und die Mütter für die Kinder verantwortlich sind. Ein weiterer Grund besteht darin, dass sich in der Tat viele Väter gar nicht oder nur wenig für ihre Kinder interessieren. Oft wirken die Väter sogar störend ein. Das Wohl des Kindes gebietet aber die Ungestörtheit der Erziehung, vor allem dann, wenn sie nicht mehr gemeinsam von Eltern getragen und im Alltag praktiziert wird.

Der Begriff des »Kindeswohls« spielt sowohl im Scheidungsrecht als auch beim Recht des unehelichen Kindes eine zentrale Rolle; und das ist sicher auch gut so. Fast zwangsläufig führt diese Regelung aber dazu, dass es ein Recht des geschiedenen oder ledigen Vaters auf sein Kind bisher nur in verstümmeltem Maße gibt. Jene Väter sind dann schlecht bedient, die man eigentlich besonders anerkennen und fördern sollte, weil sie sich wirklich ehrlich und intensiv um das Wohl des Kindes kümmern möchten. Sie zeigen väterliche Gefühle und würden gerne am Aufwachsen des Kindes Anteil nehmen. Unsere rechtlichen Institutionen und Vorschriften sind aber zu unbeweglich und grobmaschig, um den Gefühlen solcher Väter und ihrem berechtigten Anliegen generell entsprechen zu können. Meist sind Väter von dem Wohlwollen der Mütter abhängig, wobei dieses Wohlwollen in der Regel nicht vorauszusetzen ist. Schließlich hatten diese Frauen Gründe, sich scheiden zu lassen oder nicht zu heiraten. So bleiben solche Väter mit ihren Gefühlen, Sehnsüchten, Kontakt- und Beziehungswünschen, vielleicht auch ihren pädagogischen Fähigkeiten zurück.

Zwar gibt es inzwischen Interessenvereinigungen von Vätern, die sich benachteiligt fühlen. Aber die meisten von ihnen sind mehr an Unterhaltsfragen oder der Durchsetzung anderer Rechtsansprüche interessiert als an einer intensiven Mitwirkung am Leben und der Erziehung der Kinder. Hier müssten sich neue Gruppierungen bilden, die die Öffentlichkeit davon überzeugen, dass man nicht gleichzeitig die erzieherische Verantwortung von Vätern – auch von unverheirateten – fordern, aber diese in Wirklichkeit durch ungerechte Fakten behindern dürfe.

Sicher, es gibt kein »Recht« des Vaters auf das Kind, wie es im Grunde auch kein Recht der Eltern auf ihr Kind gibt. Aber schließlich existiert vielleicht, ja mit Sicherheit, ein Recht des Kindes auf den Vater. Wir beklagen es, wenn Väter dem nicht nachkommen. Müssten wir nicht umgekehrt durchsetzen, dass das Recht des Kindes auf den Vater dann erfüllt wird, wenn er dazu bereit und in der Lage ist?

Am Vaterbild prägt sich übrigens auch die Gottesvorstellung des Kindes. Noch immer beten wir ja: »Vater unser im Himmel ...« Bei aller Gleichstellung ist der Vater eben doch mit unserer Gottesvorstellung eng verbunden, wenn auch bei Jesaja Gott zusätzlich mütterliche Qualitäten zugeschrieben werden. Beide gemeinsam, Mutter und Vater, bilden nach dem Willen des Schöpfers die Ergänzung, die Ganzheit, den Zusammenhalt und wohl auch den nötigen Konflikt, in denen – im Guten wie im Bösen – das Kind die Vorbereitung auf sein Erwachsenenleben und das Leben in der Gesellschaft erfährt.

Natürlich reden wir weder der Scheidung noch der Trennung das Wort. Selbstverständlich wünschen wir jedem Kind Vater und Mutter. Jedes Zerreißen einer Familie bedeutet Unglück. Das Kind braucht einfach zwei Bezugspersonen – eben Mutter und Vater –, die ihm engstens verbunden sind. Die Verantwortung und die Liebe von Vätern und Müttern ist durch nichts zu ersetzen. Dennoch ist festzuhalten: Ein verantwortlicher und aufmerksamer Elternteil in einer harmonischen Beziehung zum Kind ist allemal besser als eine zerrüttete Ehe, unter der das Kind leidet. Um des Kindes willen sollten Eltern die Scheidung erst gar nicht ins Auge fassen. Wenn es aber ganz und gar nicht anders geht und daheim nur noch Kriegsspiele stattfinden, dann wird das Kind innerlich zerrissen. Es braucht aber unbedingt Geborgenheit und Harmonie für das eigene gediegene Heranwachsen. Später wird das Kind sonst abgeschreckt sein und in nicht seltenen Fällen Angst haben vor einer eigenen Ehe. Zu schlecht waren die Erfahrungen der Kindheit. Viele Mängel können zwar ausgeglichen, aber ein intaktes und geordnetes Bild von Ehe und Familie kann nur noch schwer und bestenfalls auf Umwegen hergestellt werden. Dies zeigt sich schon in der heutigen Kindergeneration und wird morgen und übermorgen noch deutlicher werden. Deswegen ist mit einer Verbesserung des Ehebildes und der individuellen Eheschicksale kaum zu rechnen. Was hier in der frühen Kindheit an Eindrücken und Erfahrungen übernommen wurde, bleibt nicht ohne Folgen und hinterlässt seine Spuren weit in das Erwachsenenleben hinein. Dies erfordert besonderes Verständnis für die heranwachsende Generation. Auf pädagogischem Wege sind ergänzende und helfende Maßnahmen außerordentlich notwendig. Der schleichend sich verändernden Familienstruktur muss entgegengewirkt werden. Ideale Verhältnisse sind leider nicht mehr gegeben, und wir sollten auffangen, was noch aufzufangen ist.

Gott gebe uns daher die Kraft und die Gnade, unseren Kindern und der jungen Generation im Sinne biblischer Verantwortung Väter und Mütter zugleich zu sein, sie Liebe und Geborgenheit spüren zu lassen und ihnen Herzenswärme zu geben, soviel wir nur können.

Selbstverwirklichung und Egoismus haben zurückzustehen, denn hier geht es um junge Lebensschicksale, die wir nicht einer kalten Welt überlassen dürfen.

Auch nicht direkt betroffene Christen und Gemeinden sind gefragt: Jeder sollte wissen, dass das Beste, was er einem Kind für die Zukunft mitgeben kann, die eigene glückliche Ehe ist. Wer miterlebt, wie positiv Familie sein kann, wird später selbst danach streben. Tun wir also alles, um die Familie zu fördern.

Wenn es aber zur Scheidung mit all ihren Folgen gekommen ist, sollten wir auch hier unter die Arme greifen: einladen in die Gemeinde, aber auch in die eigene Familie. Kinder aus zerbrochenen Familien brauchen mehr als alle anderen Liebe und Zuneigung, auch außerhalb des verbliebenen Elternteils. Es sollte kein Problem sein, ihnen nach Absprache mit den Erziehungsberechtigten bei Schularbeiten zu helfen, sie mitzunehmen auf Freizeiten und generell für sie offen zu sein. Es geht dabei jeweils um Gegenwart und Zukunft eines von Gott geliebten Kindes.

Gerhard Naujokat

Angst vor Jugendlichen, brutale Belästigung

Zwar erhöht sich laut Statistik die Kriminalitätsrate nicht, aber die Straftaten werden härter und brutaler. Die Leidtragenden sind in hohem Maße – aber nicht nur – ältere Menschen, die sich nicht mehr durch den Park trauen oder bei Dunkelheit abgelegene Straßen meiden. Die Angst vor Wohnungseinbrüchen wächst und es scheint ein Leichtes zu sein, betagte Menschen zu betrügen und zu bestehlen oder gar an Leib und Leben zu verletzen. Täter sind verhältnismäßig viele Jugendliche und sogar schon Kinder zwischen 12 und 14 Jahren. Die Medien bringen erschreckende Meldungen über eine brutalisierte Jugendkriminalität. Das ist beängstigend und hat wahrscheinlich mit den sich verändernden Wertmaßstäben unserer Gesellschaft zu tun. Besonders gefährlich erscheint die organisierte Kriminalität, die davon profitiert, dass sie anonym bleibt, weil Polizeimaßnahmen in den meisten Fällen die Täter nicht aufspüren können. Es gibt auch keine Vorbeugung, denn man nimmt das Delikt erst wahr, wenn es zu spät ist. Das organisierte Verbrechen richtet jährlich mehrere Milliarden DM Schaden an, Tendenz steigend. Diese Entwicklung lässt aufhorchen und muss zu denken geben. Können die üblichen Maßstäbe der Toleranz und Liberalität in Deutschland weiterhin in dieser Form gelten und hingenommen werden?

In der Tat bereitet das Ausufern der kriminellen Handlungen junger Menschen große Sorgen. In der Beurteilung der Gründe gibt es unterschiedliche Auffassungen und auch erhebliche Fehlinterpretationen. Zu schnell wird oft behauptet, alles würde vorrangig von der Arbeitslosigkeit in Deutschland herrühren. Sicher haben die Untätigkeit der Jungen und der Beschäftigungsmangel mit den Ursachen zu tun, aber gewiss nicht allein und vorrangig. Denn wir haben schon härtere Zeiten erlebt. Nach dem verheerenden letzten Krieg hätten es mehrere Millionen Rechtsbrecher sein müssen, da alle nichts besaßen und es für Junge und Alte so gut wie keine Arbeit gab. Krisenzeiten allein reichen nicht aus, um Kriminalität zu züchten.

Könnte es eher daran liegen, dass an der heutigen Erziehungs- und Elternrolle etwas nicht stimmt? Lassen einige das leichtfertige Motiv für Diebstahl einfach gelten, dass ein junger Mann ja schließlich die gleiche schicke Trendjacke besitzen müsse wie seine Gleichaltrigen? Wenn Erziehungsziele unklar erscheinen oder gar nicht vorhanden sind, woher soll man dann die Ausrichtung nehmen? Mit Sicherheit haben die Motive jugendlicher Täter handfeste Ursachen, die aber nicht im Materiellen liegen, sondern in der Bindungs- und Orientierungslosigkeit unserer Zeit, eben auch in einer missglückten Erziehungsform. Manch ein übersteigerter Konsum ist ein verdecktes Eingeständnis, dass man in dieser Gesellschaft auf Ersatzbefriedigungen angewiesen ist, so auf Rauschmittel, Massenpartys etc. Ist eine Disziplinierung in Zukunft überhaupt noch möglich? Entwickelt sich hier eine düstere Perspektive, dass nämlich sucht- und kriminalitätsgebundene Jugendliche später als Erwachsene überhaupt keine Leitlinien mehr kennen?

Es hat sich als eine Grundwahrheit herausgestellt, dass Egozentrik meistens das Abbild der jeweiligen Gesellschaftsstruktur ist. Verbindlichkeiten und Wegweiser wie Eltern, Lehrer, Pfarrer, Nachbarn und Freunde haben ihre Bedeutung verloren. Der Trend im Rahmen der pluralistischen Gesellschaft geht dahin, dass jeder sich möglichst auf seinen privaten Bereich zurückzieht, die Lebensgestaltung in die eigene Hand nimmt und nicht selten dabei scheitert. Das muss man sich allerdings selbst in die Schuhe schieben und nicht der Gesellschaft. Eigennütziges Empfinden und Handeln haben sich eingenistet. Viele sehen nur sich selbst und somit ihre eigenen Interessen. Das kann dann, wie es in Hamburg passiert ist, in solche Scheußlichkeiten ausarten, dass sich in einer U-Bahn keine Hand von Mitbürgern rührte, als ein Mädchen vor aller Augen vergewaltigt wurde.

Es wäre an der Zeit, dass eine intensive Besinnung in unserer Gesellschaft beginnt. Jede Brutalität, einschließlich Mord und Totschlag, gehören nämlich zum täglichen Fernsehprogramm. Hier wird Gewalt kräftig breitgetreten. Je brutaler, desto besser und desto größere Zuschauerzahlen. Hinzu kommen fast unkontrollierbare Computer- und Internetspiele mit rohen menschenverachtenden Inhalten und Aktionsfilme bestialischer Art, mit denen 15-Jährige im Kinderzimmer oder auf Partys Meisterschaften im Morden per Mausklick austragen. Da müssen sich auf Dauer die Koordinaten von Gut und Böse verschieben. Nicht nur »Brutal-Spielchen« in der Ausbildung von Bundeswehrsoldaten sind bedenklich, sondern jede Art selbst visueller Rohheit und Grausamkeit. Junge Menschen können oft nicht mehr unterscheiden, was menschlich oder unmenschlich ist. Wo bleiben verantwortliche Politiker, tüchtige Lehrer, öffentlich bekannte Publizisten und Kommentatoren, die auf ein funktionierendes Wertesystem hinarbeiten, an das junge Menschen glauben können? Wo bleibt der Beitrag der Kirchen und Verbände, in unserem Alltag wieder Grund und Boden zu legen und an einem festeren Fundament zu bauen, um tragfähige Maßstäbe zu verdeutlichen?

Die gesellschaftliche Krise hat die Jugend – besonders stark im Osten – erreicht. Hoffnungslose Leere macht sich breit. Viele Medienbeiträge vertiefen die Illusionslosigkeit. Rundum wird es daher verzweifelt schwierig, irgendwo einen Halt zu finden, wenn alles wegrutscht. Die Schnelllebigkeit lässt jeden etwas versuchen, überall und nirgends, hier und dort, dieses und jenes. Eine »Patchwork-Identität« breitet sich aus, altersunabhängig eigentlich. Denn niemand weiß mehr, was eigentlich »Jugendzeit« ist. Bis vierzehn sei man Kind, so sagt man. Aber ab vierzehn beginnt heute das Niemandsland, die Aussichtslosigkeit. Wo bleibt da die Zeit der Jugend? Ist sie noch definierbar? Die Übergänge sind fließend. Wo soll beispielsweise christliche Jugendarbeit eigentlich ansetzen?

Und doch ist die heutige Generation manchmal näher an der Wahrheit, flexibler als früher, oft lebenstüchtiger und dynamischer, realistischer als viele Erwachsene, nicht selten geistig frischer. Man lernt, sich anzupassen und die Lebenslust nicht durch ewiges Grübeln kaputtzumachen. Man darf jungen Menschen auch einen gewissen Egoismus nicht verdenken, denn sie werden doch größtenteils sich selbst überlassen und müssen zurechtkommen. Dabei stellt man fest, dass die gesellschaftliche Krise nicht nur die Jungen erfasst hat, sondern ebenso die mittlere und die alte Generation. Und erstaunt sagt man, dass heute in vieler Hinsicht »die Jungen den Alten zum Verzweifeln ähnlich sind«.

Gerhard Naujokat

Selbstmord im Kindes- und Jugendalter – ein Zeitphänomen

In der Bundesrepublik Deutschland versuchen jährlich Tausende Kinder, sich umzubringen. Besonders hoch und in der letzten Zeit stark gestiegen ist die Zahl bei den Zwölf- bis Dreizehnjährigen. Zum Glück schlagen die meisten dieser Versuche fehl, das heißt, sie misslingen oder enden mit der rechtzeitigen Entdeckung. Eintausend Kinder aber nehmen sich effektiv das Leben. Gerade in der Pubertät – später übrigens noch einmal zu Beginn des Pensionsalters – steigt die Selbstmordrate rapide. Es ist unumgänglich, über die Gründe nachzudenken, in deren Erhellung zugleich auch die Ansatzpunkte für die Bekämpfung liegen müssen. Da hier die Kluft zwischen Selbstmordversuch und vollzogener Tat besonders groß ist, wird man auch den bloßen Versuch mit in die Überlegungen einbeziehen, selbst wenn von vornherein ein absichtliches Scheitern einkalkuliert wurde.

Die Forschung unterscheidet mehrere Ursachen, die hinter einem versuchten Selbstmord stehen können: das depressive, das demonstrative und das affektive Motiv sowie der Bilanzvollzug.

Ein großer Teil aller Suizidversuche ist eine Folge der wachsenden Zahl depressiver und neurotischer Erkrankungen. Hier spielen die ungewissen Zukunfts- und Umweltaussichten, die Enttäuschung über nahe Angehörige, persönliche Misserfolge und Ähnliches eine Rolle. Bei Schülern ist vor allem an Schulversagen, Prüfungsangst, Zeugnisstress und insgesamt psychische Überforderung durch schulische und außerschulische Faktoren wie Elternhaus, Freizeitindustrie, soziale Kontakte oder Kontaktmangel zu denken. Wer zu Hause keinen Rückhalt hat, dazu in der Schule überfordert ist und in der Angst vor weiterem Versagen lebt, kommt leicht in eine depressive und ausweglose Situation, in der ihm anscheinend keine Perspektive mehr offen bleibt als die der Selbstvernichtung.

Oft soll – und damit kommen wir auf das zweite Motiv – nur auf die eigene Situation hingewiesen werden. Der Suizidversuch – von der Umwelt als schockierendes Ereignis empfunden – ist dann eine Demonstration der eigenen Notlage, mit der sich der Betroffene in den Mittelpunkt der Aufmerksamkeit rückt, um wenigstens noch Verständnis und Hilfe zu ertrotzen, sozusagen ein letztes Alarmsignal mit der Botschaft: Ich bin in äußerster Not! Ich brauche Menschen, die sich um mich kümmern! Helft mir doch! Die zahlenmäßig große Differenz zwischen Selbstmordversuchen und tatsächlich vollzogenen weist darauf hin, dass diese Demonstration wahrscheinlich in den meisten Fällen auch beabsichtigt ist. Wenn dadurch der Konflikt gemildert und für die Zukunft vielleicht infolge größerer seelischer Annahme und persönlicher Nähe gelöst sein sollte, hat der Verzweiflungsschritt immerhin einen Sinn gehabt. Riskant ist dieses Spiel mit dem Leben dennoch und sollte niemals zur Nachahmung empfohlen werden.

Der Selbstmordversuch aus dem Affekt ist der in akuter Ohnmacht oder aus Trotz und Wut vollzogene Schritt in den Abgrund. Wer sich sehr ungerecht behandelt fühlt, wer meint, ausgestoßen, nichts mehr wert zu sein, handelt häufig aus dieser Mischung von Verzweiflung, Wut und Rache, wobei die Anteile sich unterschiedlich mischen mögen. In jedem Fall ist der Betroffene von einem starken akuten Gefühlsausbruch beherrscht, sieht nicht klar, kann nicht kühl Abstand wahren und sich die Überlegung leisten: Erst einmal schlafen, morgen sieht vieles anders aus. Er meint, keinen anderen Ausweg zu sehen. Hier ist der Selbstmordversuch wirklich eine Kurzschlusshandlung. Entsprechend ist übrigens auch die Wahl der Mittel: sich vor den Zug werfen, Benutzen einer Schuss- oder Stichwaffe, aus dem Fenster springen oder ähnliche sehr spontane Aktionen. Dagegen weist die Selbsttötung durch Tabletten und Gift eher auf Planung hin. Im Falle des demonstrativen Versuchs wird eben die Zahl der Tabletten bis hart an die Gefahrengrenze geführt, aber möglichst nicht darüber, oder es werden zwar einschläfernde, aber nicht tödlich wirkende Medikamente genommen.

Der Bilanzselbstmord besiegelt – und dann allerdings meist endgültig – ein gescheitertes Leben oder doch eines, das der Betroffene für gescheitert hält. So wird man den Freitod oft bekannter Menschen, nachdem etwaige dunkle Machenschaften aufgedeckt sind und sich die Schlinge des Scheiterns spürbar enger schließt, als einen typischen Bilanzselbstmord werten dürfen. Dies ist bei Kindern und Jugendlichen naturgemäß nicht die Regel, wenn auch nie ganz auszuschließen. Jedoch wird der Alters-Freitod hier eher einzureihen sein: Wer unheilbar krank ist, wem die Angehörigen weggestorben sind, wer ohne Vermögen und nennenswerte Rente ein Leben in Einsamkeit, Elend, Armut oder Krankheit vor Augen hat, kann zu diesem Resultat kommen, wo dann ja auch die Diskussion um »humanes Sterben« und Sterbehilfe einsetzt. Die Grenzen zwischen Sterbehilfe und Bilanzselbstmord sind nicht immer scharf zu ziehen. Bei jungen Leuten werden solche Überlegungen allerdings in der Regel unangebracht sein. Dagegen drängt sich die Frage nach Abhilfe und Vorbeugung auf.

Wenn man unterstellt, dass affektive und demonstrative Momente die Hauptrolle spielen, so ist auch die mitmenschliche Umgebung nicht unbeteiligt und sogar aufgerufen, aufmerksam auf Jugendliche zu achten, vor allem in der kritischen Altersphase der Vorpubertät. Wer fällt durch absonderliches Verhalten auf? Wer isoliert sich und wirkt abwesend und introvertiert? Bei wem spitzt sich Schulversagen zu und trifft womöglich zu Hause auf überstrenge Reaktionen? Wer wirkt wenig gelöst, teilt sich kaum mit, wirkt leidend? Oder umgekehrt: Wer »dreht auf« und zeigt Symptome wechselnder Art: Lebensgier und Lebensunlust, Überdruss, Zynismus, Schmerz und Verzweiflung?

Eltern und Angehörige sollten diesen und anderen Anzeichen, vor allem aber auch den verbalen Äußerungen besondere Aufmerksamkeit entgegenbringen. Nach der Selbstmordforschung kündigt nämlich der, der den Suizid beabsichtigt, dies irgendwann vorher in offener oder verschlüsselter Form an. Man muss also Äußerungen sorgsam beachten, darf auch Drohungen nicht in den Wind schlagen. Sie könnten ernst gemeint sein und der, der sie überhört hat, würde seine Achtlosigkeit später einmal bereuen. Wenn der Betroffene, in diesem Fall der Drohende, wirklich Ernst macht, wird dies in der Umwelt einen – wenn auch nun tragisch verspäteten – Schock auslösen. Und die Welle von Mitgefühl, die dadurch frei wird, hätte dem Täter vielleicht das Leben erleichtern oder sogar retten können!

Schon darum ist es wichtig, sich mit den Motiven und den im Schatten liegenden Seiten der Persönlichkeit junger Menschen, vor allem wenn diese im Umgang schwierig werden, einfühlsam und eingehend zu befassen. Gleichgültigkeit und Achtlosigkeit können Formen einer Missachtung sein. Gefragt sind wache und liebevolle Aufmerksamkeit und die Bereitschaft, auf junge Menschen einzugehen, sie zu beachten und anzuhören. Vielleicht wollen sie etwas mitteilen, was ihnen lebenswichtig erscheint und unsere Reaktion und Hilfe erforderlich macht. Sie müssen spüren, dass man sie liebt und ihnen vertraut. Wenn neue Geborgenheit entsteht und das Gefühl, »jemandem etwas wert zu sein«, kann die Gefahr überwunden werden. Gott selbst spricht es dem Menschen zu: »Ich habe dich je und je geliebt!« (Jeremia 31,3).

Lebensprägende Eckwerte

Christa Meves

Familie und Werteerziehung im Medienzeitalter

Wenn ich als eine alte Therapeutin für Kinder und Jugendliche, die seit 40 Jahren täglich Praxis macht, vor dem Einschlafen am späten Abend auf das Szenario zurückblicke, das sich an diesem Tag vor mir ausgebreitet hat, so geht es mir in leichter Abwandlung wie Heinrich Heine: »Denk ich an die Familie in der Nacht – bin ich um meinen Schlaf gebracht!«; denn es steht nun wirklich nicht gut um sie.

Nicht, dass bereits alles verloren wäre – es gibt so viel guten, bemühten, tatkräftigen Willen unter den jungen Paaren; aber sie haben heute Sisyphosarbeit zu leisten, sodass sich nach Jahren der Überforderung häufig doch eine bedenkliche Resignation einzustellen droht.

Man denke sich z. B. ein junges Ehepaar um die 30. Sie heiraten, nachdem beide Aspiranten ihre Berufsausbildungen abgeschlossen haben, etwa um 1980 herum. Sie entstammen intakten Familien, ihre Eltern gehören zu den Überlebenden des Zweiten Weltkriegs, deren Kinder in der Nachkriegszeit aufwuchsen. Das junge Paar hat durch die eigenen Erfahrungen, besonders durch das Zusammenaufwachsen mit Geschwistern und durch das Vorbild der zusammenhaltenden Eltern, eine positive Einstellung zur Familie. Familie zu gründen und Kinder zu erziehen, scheint ihm eine erfüllende Zielsetzung ihres Lebens zu sein.

Ohne dass das in dieser Familie umständlich reflektiert wird, fußt sie – was mir recht repräsentativ für unsere bürgerliche Welt zu sein scheint – auf einem tradierten Wertesystem. Ihre Angehörigen sind Mitglieder einer kirchlichen Vereinigung; das Paar lässt sich kirchlich trauen, ohne sich auf diesem Feld besonders zu engagieren. Man glaubt nicht gerade belangvoll an Gott und huldigt außer den Zehn

Geboten einem Wertekanon etwa nach dem Motto: »Üb immer Treu und Redlichkeit«, und vielleicht zusätzlich nach dem klugen Spruch aus dem Volksmund: »Was du nicht willst, dass man dir tu, das füg auch keinem anderen zu!« Liebe zu den Nächsten, den Familienangehörigen nämlich, ist den einstigen Kindern in karger Zeit von ihren Eltern in unverkrampfter Priorität vorgelebt worden. Sparsamkeit, Pflichtbewusstsein, Fleiß und Verantwortungsgefühl ergaben sich gewissermaßen von selbst.

Das ist der Ansatz dieses Paares im Hinblick auf die Erziehung der vier gemeinsamen Kinder, die ihnen zwischen 1982 und 1990 in lockeren Zeitabständen zuwachsen. Die Vorsätze und die finanzielle Basis mit noch rüstigen, hilfsbereiten Großeltern im Hintergrund sind also außerordentlich positiv. Hinreichender, wesentlich mehr Wohnraum als früher ist vorhanden. Fernsehen, Rundfunk, eine lokale und eine Wochenzeitung, neuerdings auch ein Computer bilden die Kommunikationsmittel zur Außenwelt.

Derart bürgerliche Familien und bemühte Eltern gibt es hierzulande noch in erheblicher Zahl. Aber bereits mit ihrem Wertepostulat getreulicher Liebe durch opferbereite Gegenwart der jungen Mutter bei ihren Babys geraten solche Eltern in Konflikte mit ihrem weiteren Umfeld, mit Freunden und Nachbarn und Arbeitskollegen des Mannes: mit unverhohlener Verachtung schaut man auf ihre »veralteten Familienvorstellungen« herab. Das ist doch »out«, dieses Nur-Hausfrau-Dasein zwischen Kindern, Küche und Klavierspielen!

Die junge Frau hält das nur bei den ersten beiden Kindern durch; die beiden in den 90er-Jahren geborenen werden früh schon der Krippe des Werkes überlassen, in dem die Familienmutter wieder zu arbeiten begonnen hat. Die beiden Älteren besuchen Ganztagskindergärten und -schulen. Diese Eltern denken zwar nicht aufwendig darüber nach, aber sie erleben bei ihren Kindern in zunehmendem Maße eine sie wenig erfreuende Steigerung unangenehmer Eigenschaften: laut, lauter, am lautesten; unordentlich, unordentlicher, am unordentlichsten; frech, frecher am frechsten – beim Ältesten am wenigsten, beim Jüngsten am meisten.

Die Eltern versuchen zwar, die Kinder zu ermahnen, z. B. Rücksicht aufeinander zu nehmen, das Eigentum der Geschwister zu achten, sich nicht gegenseitig die Köpfe einzuschlagen und einmal kleine Hilfeleistungen im Haushalt zu vollziehen; aber sie erleben gleichzeitig, wie wenig ihre Ermahnungen eigentlich fruchten. Der Zusammenhalt, den sie als Kinder in der eigenen Familie erlebt haben, findet bei ihren eigenen Kindern nicht mehr wirklich statt. Das Fernsehen – in jüngster Zeit auch Computerspiele und Internet – finden bei ihnen ein starkes Interesse, und das hat zur Folge, dass sich jeder mehr und mehr mit dem jeweiligen Medium zurückzieht. Jedes der Kinder boxt sich innerhalb der Familie mehr und mehr so durch, jedes denkt zuerst an sich selbst, jedes hat mit den eigenen Belangen hinreichend zu tun. Selten klappt es noch mit gemeinsamen Mahlzeiten; Fastfood und Selbstversorgung aus Eisschrank und Kühltruhe dominieren.

Gelegentlich unternehmen die Eltern Anstrengungen, dieses merkwürdige Auseinanderfließen in Einzelpersonen zu durchbrechen. Sie machen Hausordnungen, aber im Endeffekt wird dadurch nicht allzu viel Konstruktives erreicht. Die Großen beginnen, sich eines die Eltern leicht befremdenden widerwärtigen Vokabulars zu befleißigen. »Arschloch« und »Scheiße« sind fast schon üblich und haben sich durch Anreden wie »Hure«, »Nutte«, »geiler Alter« oder »schwuler Bock« noch als steigerungsfähig erwiesen. Aber nicht nur dieser ruppige Ton kehrt in die Familie ein, sondern auch: die »Bravo« sowie Video- und Computerspiele mit detailliert dargestellten brutalen Gewalttaten. Vergeblich versuchen die Eltern, das zu steuern: Nachdem die »Bravo« mit elterlichem Nachdruck vom Tisch verschwunden ist, finden sie bei einer unumgänglich gewordenen Aufräumaktion der chaotisch unordentlichen Zimmer der beiden Ältesten Pornographisches im Bettladen, neben scharfen Klappmessern und Kondomen. Talkshows im Fernsehen à la Vera am Mittag, Ilona Christen, Bärbel Schäfer, Arabella und Hans Meiser beginnen besonders die Mädchen zu interessieren. Hardrock aus der Röhre im Supersound oder auch im Fernsehen, Internetsurferei in unübersehbare Gefilde hinein kommen hinzu.

Fast nichts, was hier zum Stil der Jugendszene gehört – so erkennen die Eltern seufzend –, kann ihren Kindern bekommen, gewiss nicht die breite anerkennende Darstellung jeglicher Perversionen, nicht die Demonstration zerstörter Familien, nicht das häufige Verächtlichmachen kirchlicher Bezüge, nicht so genannte »Jugendsendungen« à la Schlachthof. Informationen über Schädliches, wie z. B. Nikotin, Hasch oder Alkohol, bleiben stattdessen unzureichend und werden häufig sogar bagatellisiert, besonders auch über Ecstasy, bei dem jede einzelne Pille bleibende Schäden im Stirnhirn macht, noch über all das andere stimulierende Gift, aber ebenso wenig über den körperlich und seelisch krank machenden, u. U. sogar zur Ansteckung nötigenden Jugendsex, stattdessen seine Verherrlichung (wie auch die der Homosexualität), samt der Discowelt mit ihren Technopartys.

Seit der Ära von Rita Süssmuth als Familienministerin der CDU-Regierung ist diese mit millionenfach verbreiteten Schriften an Jugendliche aus der »Zentralstelle für Gesundheitliche Aufklärung« voll mit von der Partie. Hier lässt sich erfahren, wie die neue Moral aussieht: Abtreibung wird u. U. als ebenso möglich erachtet wie für Homosexualität geradezu geworben wird. Alles hat in schöner Beliebigkeit seine Berechtigung, nach dem Motto: »Macht, was euch Spaß macht – es gibt (selbst nachdrücklich im AIDS-Zeitalter!) keine gefährlichen Freunde!«

Wenn dann als Alternative allein Leistungsstress und Computerautismus anstehen, so ist das für die Jugendlichen wahrlich nicht zum Höheren, Gesünderen, Wertvolleren motivierend.

Die Eltern haben längst resigniert, irgendwelche Verbote dagegenzusetzen. Ihre Vorsätze einer Erziehung von Wert und Sinn sind längst auf der Strecke geblieben. Bei den zwei Ältesten werden die elterlichen Interventionen in verächtlich-müder Lässigkeit überhört. Die Jugendlichen denken gar nicht daran, sich danach zu richten – sie verschwinden schulterzuckend, sie sind das Palaver leid. Sie haben längst die Devise aus dem niedersächsischen Schulbuch voll integriert: »Wenn die Eltern um die Ecke glotzen, musst du ihnen in die Fresse rotzen!«

Die beiden im Grundschulalter tun es den älteren Brüdern nach. Sie hocken vor den Computern und ziehen sich Spiele rein, die die Eltern keineswegs tolerieren, oder sie tauschen sie in der Schule aus und schmuggeln sie zu Hause ein – eine Kontrolle darüber ist den Eltern bereits ebenso entglitten wie der Versuch, sie vor Ungutem im

Fernsehen abzuschirmen. Zwar ist es ihnen im Kleinkindalter gelungen, lediglich in ihrem Beisein mit entsprechender Auswahl fernzusehen. Aber das hat sich bei den Älteren einfach nicht mehr durchsetzen lassen.

Werteerziehung in der Familie? Der Vater kann darüber nur verbittert lachen. Wenn beide Eltern ganztägigen Berufen nachgehen müssen, um die Familie zu ernähren, haben sie keine Chance, die Kinder gegen die Schlammfluten von außen abzuschirmen. »In unserer Kindheit«, sagt der heute 50-Jährige, »hatten unsere Eltern draußen drei Instanzen: die Schule, die Kirche und die Öffentlichkeit, die sie bei ihrer Werteerziehung unterstützten. Heute fällt das nicht nur aus, nein, sie lernen dort draußen geradezu fast planmäßig eher Entstaltung statt Motivation zur Gestaltung, Sinnfindung und Lebenszielsetzung.«

Wie wahr! Denn multikulturelle Offenheit in der ganzen Überdehntheit dieses Begriffs bestimmt auch das Timbre der Schule. Ja, sie enthält sich in einer Art Selbstbedienungsladenmentalität der Notwendigkeit von Orientierung der kleinen Wildlinge. Und den Tenor für diese Blockade geben die Trends in den elektronischen Medien vor. Nachweislich schaden Dauerfernsehen und ein Übermaß an Dauerdezibel aus dem Walkman den Ohren und der seelisch-geistigen Entfaltung. Der klügste Oberschüler, so weiß eine Hamburger Studie, sieht am wenigsten, der dümmste Sonderschüler am meisten fern. Aber der seelische Schaden: die Zerstörung der Werte, stattdessen eine gigantische Desorientierung der jungen Generation übertrifft den intellektuellen noch bei weitem. Bilanz: Es ist eine leichtfertige Fehleinschätzung, dem Elternhaus allein den Schwarzen Peter einer unzureichenden Kultivierung unserer Jugend zuzuschieben.

Die epidemische Zunahme der Verwilderungserscheinungen bei der jungen Generation bewirkt, dass bereits 10 % der Hauptschüler für eine Berufsausbildung gar nicht mehr vermittelbar sind. Die Kinderkriminalität mit Diebstahl, Raub und Gewalt boomt ebenso, wie ein nie in diesem Ausmaß dagewesener sexueller Kindsmissbrauch entstanden ist. Es ist bereits eine kaum fassliche Minderung des geistigen und sittlichen Niveaus der Gesellschaft eingetreten.

Diese Niedergangserscheinungen sind mittlerweile so sichtbar geworden, sie verursachen in den Familie so viel langfristige, meist verheimlichte Not, dass mehr oder weniger dumpf ein Bedürfnis nach Veränderung der Missstände in der Bevölkerung auftaucht. Kultivierung der Menschen ist zwar immer schon ein schweres Erziehungsziel gewesen, aber immer neu hat die Menschheit lernen müssen, dass sie auf die Dauer sowohl als Gesellschaft wie auch als Einzelner besser gedeiht, wenn sie sich auf den mühseligen und unbequemen Weg einer maßvollen Disziplinierung ihrer rohen Natur macht.

Deshalb wird neuerdings unter großem Beifall der Bevölkerung der Ruf nach »Werteerziehung« und gegen den »Werteverfall« laut. Die Eltern von Kindern sind dabei voll mit von der Partie; denn in ihnen lebt allemal bewusst oder unbewusst das unausrottbare Bestreben: »Nicht fort sollst du dich pflanzen, sondern hinauf!«

Aber nun das Erstaunliche: Abermals tritt mit Millionen von Exemplaren die »Bundeszentrale für Gesundheitliche Aufklärung« in Aktion und bringt mit einer Broschüre zum Thema »Werte« unter Aufbietung mehrerer Universitätsprofessoren der staunenden Bevölkerung folgende Erkenntnisse zu Gehör: »Werte sind nicht unbedingt Realität, auch nicht historisch. Wenn sie also nie realisiert waren, so können sie auch nicht verfallen. Werte sind Luftschlösser, die nie gebaut waren und deren Verfall doch ständig beklagt wird.«

Ich weiß nicht, liebe Leser, wie es Ihnen mit diesem Satz geht. Für mich ist er jedenfalls eine persönliche Beleidigung, eine schwere Kränkung besonders meiner verstorbenen Eltern, die sich getreulich und unermüdlich einer Werteerziehung ihrer Kinder hingaben. Aber ist denn nicht die hohe Kultur des christlichen Abendlandes ein Beweis für stattgehabte Werteerziehung in ganz hervorragender Ausprägung? Was für ein törichter Bär soll mit scheinwissenschaftlichen Argumenten der Bevölkerung aufgebunden werden, nach dem Motto von Morgenstern über das Veilchen und den Elefanten? »Er steht darauf mit Vollgewicht und sagt: ›Nein, Veilchen gibt es nicht!‹«

Aber dieser von der Regierung auf uns losgelassene Elefant ist leider mehr als lächerlich. Er ist ein auf Glanzpapier gemachter Versuch, die beunruhigte Bevölkerung weiter für dumm zu verkaufen. »Wer Werteerziehung propagiert«, so lässt sich hier in dem Aufsatz des Herrn Pädagogik-Professor Neuweg nachlesen, »unterstellt, im Besitz der richtigen Werte zu sein.« Deshalb tut der Erzieher recht, »der seinen Schülern auf die Frage nach den ›letzten‹ Werten augenzwinkernd antwortet: Er suche selber noch«; denn das sei ein sympathisches, ein ehrliches, ein motivierendes Bild. Und der Herr Pädagoge fährt fort: »Sympathisch, weil es den Lehrenden als immer noch Lernenden zeichnet, ehrlich, weil es nicht verspricht, was nicht zu halten ist, motivierend schließlich, weil es uns lehrt, das Fragen zu lieben und uns skeptisch macht gegenüber jenen, die uns ohne Respekt vor unserem eigenen Ringen ihre persönlichen Fundstücke als Gewissheiten feilbieten.«

Dieser Wahnsinn der Anti-Pädagogik, der unsere Trends seit 30 Jahren beherrscht, hat Methode, so tief greifende Methode, dass neuerdings eine millionenfach ausgestreute Broschüre auf die erwachende Beunruhigung der Bevölkerung angesetzt werden muss, mit der Quintessenz: Ein sicheres Fundament der Werte gäbe es gar nicht! Solcher Desinformation kann gewiss nur durch einen Impuls zu geistiger Erneuerung großen Stils entgegengewirkt werden. Allerdings müsste dem so etwas wie ein neues Verantwortungsbewusstsein bei den Medienmachern vorausgehen, in der schuldbewussten Einsicht, dass hier in einer Vielzahl von Sendungen und auch in Darstellungen von Printmedien nicht Aufwärtsentwicklung, sondern Niedergang gefördert wird.

Aber um das zu erreichen, bedürfte es einer allgemeinen neuen Verantwortung, eines neuen Wertekanons in unserer Gesellschaft, auf dem Boden der neuen Konstituierung eines realistischen Menschenbildes, statt verworrener, zersetzender, anarchistischer, nihilistischer Ideologien. Das scheint auf den ersten Blick illusorisch; aber das ist es neuerdings vielleicht doch nicht mehr, weil der Pegel der Not – besonders in den Familien – schon so sehr angestiegen ist. Das Ungute, Negative, Zerstörerische und damit Einsicht in die Gefahr ist seit einigen Jahren beträchtlich angewachsen. Selbst bei den Einschaltquoten im Fernsehen könnte man auf Erfolg hoffen, wenn die Macher geschickt auf Wertezuwachs aus wären, statt auf triviale oder gar schweinische Unterhaltung allein; denn Not lässt aufwachen und besonders ausweglose Not – und sie ist in unserer kaum therapierbaren Suchtgesellschaft mittlerweile vielfältige Erfahrung. Not macht neu dafür aufgeschlossen, den Thron der Selbstherrlichkeit aufzugeben und zu der Wahrheit Luthers vorzustoßen: »Mit unserer Macht ist nichts getan, wir sind gar bald verloren«.

Deshalb gäbe es für verantwortungsbewusste Redakteure heute gewiss bereits eine Chance, auf dieser neuen Hellhörigkeit aufzubauen und in ihren Programmen die Verächtlichmachung tradierter Werte ebenso aufzugeben, wie die Verführungsprogramme zur »polymorph-perversen Sexualität«, und stattdessen Sendungen mit konstruktiven, wertevermittelnden Inhalten zu vermehren.

Die Frage ist natürlich: Wer will das unter den Medien-Mächtigen wirklich? Ist das Ziel bei manchen von ihnen vielleicht ebenfalls ein ganz anderes? Ist da womöglich ebenso Anarchie gewollt, intendiert, programmiert? Könnte es in den Medien überhaupt so etwas wie eine revolutionäre Umkehr – getrieben von überpersönlichem Verantwortungsbewusstsein – geben? Die Eltern von Kindern ließen sich, wie gesagt, gewiss mit leichter Hand erfolgreich zur Werteerziehung an ihren Kindern anregen. Vielleicht ist die Zeit noch nicht reif dafür; doch sie arbeitet – so ist ersichtlich – auf eine Besinnung zu. Aber bis auch die Medien reif sind zur Umkehr, bleibt den Eltern heute nichts anderes übrig, als sich unverzagt mit verstärktem Verantwortungsbewusstsein dennoch um eine Werteerziehung ihrer Kinder zu bemühen.

Allerdings: Wenn sie mit ihrem Wollen zur Werteerziehung ihrer Kinder nicht unterliegen sollen, so ist das heute allenfalls möglich, indem sie ihren Kindern Lebensziele von hoher menschlicher und moralischer Qualität sehr bewusst und unermüdlich selbst vorleben. Das ist allerdings in unserer Situation mit ein wenig Goodwill der Eltern – wie bei unserem Beispiel am Anfang – nicht getan. Werteerziehung in der Familie kann heute nur mit sehr viel kämpferischer Abschirmung gegen die negativen Einflüsse von außen zustande gebracht werden. Und das heißt: entweder Abschaffung oder starke Beschränkung des Fernsehens von der Geburt des ersten Kindes an. In den USA wird zur Zeit gerade ein Gesetz entworfen, das Fernsehen von Kleinkindern bis zum Alter von drei Jahren in öffentlichen Institutionen (Krippen) bei Strafe verbietet. Zu negativ waren die Computertomographie-Ergebnisse im Hinblick auf die dann zurückbleibende Hirnentwicklung. Und auch ohne ein sehr zeitaufwendiges intensives Familienleben mit klaren, Grenzen setzenden ethischen Vorgaben im Schulalter ist dann nicht auszukommen. Mit einem wohlwollenden Laufenlassen in der Erziehung wie im ersten Beispiel ist es dann nicht mehr getan. Gegen dieses antiautoritäre Modell müssen stattdessen mit viel erzieherischer Konsequenz Grenzen festgesetzt und abgefordert werden.

Im Jugendalter müsste es den Kindern dann als erstrebenswert bewusst gemacht werden, sich gegen das Mitlaufen im Zeitgeist zu wehren. Und das wiederum ist nur möglich, wenn es gelingt, den Jugendlichen zu verdeutlichen, dass es wirklich Verführer sind, die hier lauern, und dass diese es auf das Verderben ihrer Seele und ihres Leibes abgesehen haben. Sie müssen stattdessen in ihrer Kinder- und Jugendzeit durch unermüdliche Bemühungen ihrer Eltern Lebensweisen und Beschäftigungen gelernt haben, die ihre Kultivierung fördern: Musizieren von klassischer Musik, Lesen von wertvoller Literatur, tägliche Tischgemeinschaft mit genug Zeit für ausführliche Gespräche, Praktizieren von Glauben durch Einbindung in eine Glaubensgemeinschaft und eine nachdenkliche Bemühung um im wahrsten Sinn dieses Wortes »wertvolle« Umgangsweisen miteinander im Alltag. Das wiederum erfordert einen hohen Einsatz an Zeit der Eltern für die Kinder, z. B. Bemühung um gemeinsam gestaltete Wochenenden und Ferien, in denen die Eltern versuchen, ihre Kinder – im umfassenden Sinne dieses Wortes – zu bilden. Zu Übungen dieser Art gehören bewusst machende Erklärungen über Dankbarkeit, Vergebungsbereitschaft sowie Achtung vor den Menschen im Umfeld und Einfühlung in sie als Haltungen von höchstem Wert.

Dass das fast nur mit einer Elfenbeinturmartigen Abschirmung erreichbar ist, das darzustellen war der Sinn meiner Ausführungen. Da Elfenbeintürme von der Welt entfremden, wird der Ruf nach mehr Verantwortung der Medien zu einer zwingenden Existenzfrage. Es gibt heute zwar noch einen schmalen Trupp von Eltern, die in dieser Weise unter höchstem Einsatz erfolgreich Werteerziehung erreichen. Es gibt zwar in der Tat eine stille Elite hierzulande, die das in unserer ethisch verwüsteten Landschaft noch zustande bekommt. Auf sie müssen wir vorerst hoffen, aber damit können wir uns nicht zufrieden geben. Es bedürfte einer riesigen durchgängig vollzogenen Anstrengung der Kirche, der Medien, der Schule, um Eltern zuzurüsten, mit Hoffnung auf Erfolg Werteerziehung ihrer Kinder praktizieren zu können. Das wiederum setzt eine fundamentale allgemeine Einstellungsänderung voraus.

Eine solche Wende im Zeitgeist könnte nämlich nicht ohne eine Besinnung auf ein religiöses Welt- und Menschenverständnis auskommen. Es gibt keinen wirklich realisierbaren Wertekonsens, der nicht final bestimmt ist. Kein kleiner Egoist, was jedes Kind von der Entfaltungsphase seines Selbstbehauptungstriebes ab ist, wird einsehen, warum es zu seinen Mitmenschen liebe- und rücksichtsvoll und gar hilfsbereit sein soll, wenn das nicht einen erstrebenswerten Zweck haben würde. Für das Kind in seiner konstitutionellen Abhängigkeit von den Eltern ist das der Konsens mit den Eltern, d. h. ihre Anerkennung, Wertschätzung und Liebe; aber diese Verknüpfung entfällt mit der Pubertät der Kinder. Sie hat schließlich den Sinn, Loslösung von den Eltern und Befreiung zur Selbstständigkeit zu erwirken. Deshalb bedarf der erwachsen gewordene Mensch einer Erweiterung seiner Zielvorstellung. Sie kann ihm nur aus seiner Einsicht in die Abhängigkeit vom Schöpfer als Geschöpf Mensch erwachsen.

Zu diesem Ziel also muss der Mensch deshalb erzogen werden, wenn ein Wertsystem für ihn über die Kindheit hinaus verpflichtend bleiben soll; denn dem Geschöpf Mensch sind durch unverrückbare Vorgaben des Schöpfers wirklich unabdingbar einzuhaltende Grenzen gesetzt worden, die er nicht überschreiten darf, wenn er sich in all seiner Überheblichkeit nicht selbst vernichten will. Das geht uns im Hinblick auf die Gefährdung der natürlichen Lebensräume durch die Technik ja bereits auf. Aber wie niederziehend die hemmungslose Ausdehnung unseres Ur-Egoismus und der anderen Großantriebe wie Sexualität, Macht- und Besitzstreben ist, ja, wie wenig Fehlentwicklung dieser Art das Bedürfnis des Menschen nach höherer Sinnfindung befriedigt – diese Einsicht bleibt heute immer noch unzureichend. Und doch ist es höchste Zeit, diese Zusammenhänge zu erfassen und neu zu lernen, dass der Mensch allein zu dem Ziel mit Bewusstsein und Freiheit geschaffen ist, um sich freiwillig in den verantwortungsvollen Dienst an der Schöpfung und der Höherentwicklung als Menschen einzusetzen.

Mit dieser Einsicht wird erkennbar, dass Werteerziehung in der Familie grundsätzlich nur erfolgreich sein kann, wenn sie auf einer religiösen Grundeinstellung aufbaut. Und diese kann darüber hinaus nur dann gelingen, wenn die Eltern diese Grundeinstellung nicht nur als oberflächliche Konfessionszugehörigkeit oder als verbales Moralpredigen vor sich hertragen, sondern von dieser Vorstellung so durchdrungen sind, dass sie sie ihren Kindern vorbildlich im wahrsten Sinne dieses Wortes vorzuleben verstehen, sehr bewusst als Mitarbeiter in Gottes Werk und seinem Ziel, seinem Höchstwert: der Liebe, der gegenseitigen Achtung voreinander mit zur Verwirklichung zu verhelfen.

Gelebte Liebe in christlichem Geist ist deshalb die Grundvoraussetzung und das Ziel aller Werteerziehung in der Familie. Werteerziehung kann nicht einfach ein Mittel zum Wohlverhalten sein. Sie kann in dieser so kritisch gemachten Generation nur greifen, wenn das Was, Warum und Wohin klar benannt und beantwortet wird. Erst aus einer so tief lotenden Argumentation kann ein klar orientierendes Verantwortungsbewusstsein für die Menschen, für die Natur, für die Gesellschaft in der jungen Generation entstehen.

Um das realisieren zu können, müssten die jungen Eltern natürlich bereits vorher, spätestens in den Abgangsklassen der Schulen, unbedingt im Konfirmanden- und Firmunterricht der Kirche, in Ehevorbereitungskursen etc. auf diese wichtigste, tief lohnende, sinnerfüllende Aufgabe von Elternschaft vorbereitet werden, damit sie es z. B. für zwingend notwendig und wertvoll erachten, dass die Mütter zumindest in den ersten Lebensjahren ihrer Kinder bei diesen präsent sind. Die Hirnforschung hat uns bewiesen, dass dieser Wert – das Liebesopfer der Mütter – eine wichtige Voraussetzung ist für die spätere seelische Gesundheit ihrer Kinder. Sie müssten darüber hinaus ihren Kindern Werte dergestalt vorleben, dass diese an ihren Eltern erleben, wie man einander rücksichtsvoll und liebevoll begegnet. Die Kinder werden nicht zum Einhalten von Werten erzogen, wenn sie ihre Eltern als zwei uneinige, sich fortgesetzt zankende, sich vor ihren Kindern gehen lassende Wesen erleben, die sich womöglich gegenseitig hintergehen, sich belügen, betrügen und sich schließlich gar voneinander trennen. Ohne eine Bemühung um Redlichkeit, um vorgelebte vorbildliche Haltungen, um lebenslängliche Treue zu familiären Aufgaben haben wir keinerlei Chance, dass die Kinder sich um das Einhalten von Werten später einmal selbst bemühen; denn schließlich bleibt das immer der schmale Pfad und die enge Pforte, um es einmal biblisch auszudrücken. Es bedarf vielfältiger Überwindungen, um Haltungen dieser Art im Leben Priorität zu geben, während die breiten Pfade der Trivialität, der Disziplinlosigkeit und der Bequemlichkeit schließlich vor breiten Toren jederzeit parat stehen, um leichtfüßig und mit Lust mit 180 PS hineinzufahren.

Die uns Menschen verliehene Vernunft kann doch nicht allein dazu verwendet werden, um – es sei mit Goethe ausgedrückt – »tierischer als jedes Tier zu sein«! Deshalb fragt jeder einigermaßen nachdenkliche Jugendliche spätestens mit 16 Jahren nach dem Sinn seines Lebens. Wenn Werteerziehung fruchten soll, hilft es den Kindern in diesem Alter nicht, wenn wir sie an die Jugendverführer in den Medien ausliefern und sie darüber hinaus auch noch in der Schule mehr oder weniger ausschließlich mit all unseren künstlerisch gekonnten Atheisten, Nihilisten und Existenzialisten füttern, wie es in den Lehrplänen unserer Schulen geschieht. Sie müssen hier vielmehr Antworten auf die Sinnfragen bekommen, die es ihnen ermöglichen, in ihrer Lebensplanung den hohen Werten Priorität einzuräumen. Das ist allein mit religiöser Antwort möglich, mit der Antwort, dass der Mensch vom Schöpfer Gott geschaffen wurde, um als freier Mitarbeiter dem Sieg der Liebe über allen Ur-Egoismus und alle ich-zentrierte Selbstbehauptung zur Verwirklichung zu verhelfen.

Nur mit einem solchen – auch durch die Medien einhellig unterstützten – Orientierung vermittelnden Ziel kann es nämlich möglich werden, dass wir menschlich bleiben; und nur so wird uns Zukunft zuteil werden können.

Helmut Frank

Die unendliche Suche nach Sinn

Dieses Grundthema aller Generationen spitzt sich heute zu: Es sind nicht nur die Prognosen über die vom Menschen verursachten Umwelt- und Klimakatastrophen, die ungerechte Verteilung von Armut und Reichtum in der Welt oder eigene Erfahrungen mit Leid und Tod, was uns am Sinn des Daseins zweifeln lässt. Der wachsende kollektive Egoismus in den Wohlstandsgesellschaften stößt ebenfalls an Grenzen, hat sie teilweise überschritten. Das Individuum hat die Gemeinschaft aus dem Blick verloren. Übergeordnete, sinnzentrierte Erziehungsziele, die Wertmaßstäbe für die junge Generation setzen, Wege aus der Krise zeigen könnten, fehlen. Dabei sind Familien, Schulen, Staat und Gesellschaft gleichermaßen herausgefordert.

Blick über den Zaun

Die zunehmende Globalisierung und Vernetzung des Wissens machen es erforderlich, dass unterschiedliche wissenschaftliche Disziplinen miteinander kooperieren und voneinander lernen. So kommt die Medizin nicht ohne Physik und Psychologie aus und die Pädagogik nicht ohne die Beschäftigung mit soziologischen, biologischen und psychologischen Forschungsergebnissen. Die pädagogische Wissenschaft allein kann heute ohne Rückgriff auf verwandte Fachgebiete keine schlüssigen Konzepte für Erziehungs- und Bildungsprozesse entwickeln und für die Praxis begründen. Die vielfältigen Einflüsse einer sich rasch wandelnden Welt machen das Erziehen zu einer immer schwierigeren Aufgabe, und die Vielfalt der beeinflussenden Faktoren lässt keine einfachen Lösungen zu.

Auch die Kluft zwischen Theorie und Praxis trägt dazu bei, dass zu viele selbst ernannte Experten mit widersprüchlichen Konzepten an Einzelsymptomen herumkurieren. Über eine Vernetzung von Erziehungs- und Schulproblemen mit Erfahrungen in der Familie, über gesellschaftliche Zwänge oder die Diskrepanz zwischen Wunschträumen und der Wirklichkeit wird nicht hinreichend informiert und nachgedacht. Auch nicht über die Gratwanderung zwischen Fordern und Verwöhnen, zwischen Freiheit und Bindung.

Lehren, Lernen und Erziehen ist angeblich nur eine Frage der Organisation. Alles scheint für alle erreichbar. Man redet einer verunsicherten Elternschaft ein, mit den »richtigen« Lehrmethoden könne man Kinder zu jedem gewünschten Bildungsabschluss führen. Selbst der favorisierte Zugang zum Internet, unter arbeitsmarktpolitischen und wirtschaftlichen Aspekten sicher eine notwendige Maßnahme, weckt fälschlicherweise Hoffnungen, welche die grundsätzlichen Probleme einer auf humanistische Ziele ausgerichteten Pädagogik nicht lösen können.

Wahrhaftigkeit, ein zentraler Aspekt pädagogischen Denkens und Handelns, wird dabei zu einer verzichtbaren Größe. Zu viele kriechen Heilsverkündern auf den Leim, die Freiheit statt Bindungen anbieten, Spaß statt Anstrengung. Begabungsunterschiede spielen angeblich bei der Schul- oder Fächerwahl keine Rolle. Permissive Erziehungshaltungen muten Kindern Entscheidungen zu, die sie völlig überfordern.

Der Preis, den sie dafür zahlen müssen, ist hoch: Ohne das Geleit der Erwachsenen bleiben junge Menschen orientierungslos, lernen weder an Vorbildern noch an Grenzen. Aus solchen Defiziten entwickeln sich Angst und Aggression, Suchtverhalten und existenzielle Unsicherheit.

Auf dem Weg zur Selbstverwirklichung (was immer damit gemeint ist) bleibt zwangsläufig nur ein flüchtiger Blick für diejenigen, welche zumindest in prägenden Jahren die ungeteilte Aufmerksamkeit ihrer Eltern, ihre Zeit, ihre Geduld und ihre ganze Kraft brauchen: für die Kinder. Ihre Nöte werden nicht hinreichend wahrgenommen und auf Konsequenzen befragt. Doch wer daran etwas ändern möchte, wird mit hoher Wahrscheinlichkeit früher oder später an die Grenzen seiner eigenen Kraft stoßen oder vor der

Hartnäckigkeit des Zeitgeistes kapitulieren. Überall wo Erziehung stattfindet, treffen die Praktiker auf gleiche Probleme. Familien verlieren ihre bergende Funktion, die Zahl der Einzelkinder nimmt zu. Geschwister fehlen, an denen die Regeln einer Gemeinschaft erlernt werden könnten. Erwachsene haben immer weniger Zeit für ihren Nachwuchs. Spiel- und Lerngruppen in Kindergärten und Schulen wachsen bei schwindenden Finanzmitteln auf eine unverantwortliche Größe an. Kein Wunder, dass Erziehung dabei auf der Strecke bleibt. Wenn zudem keiner ein Ziel weiß, zu dem hin erzogen werden soll, ist die Konfusion komplett. Es ist also an der Zeit, dass die Pädagogik über den Zaun der eigenen Wissenschaft hinausblickt und sich Anregungen von draußen holt. Ansätze dazu gibt es.

Ein Denkmodell aus der Psychologie

Ein überzeugendes Konzept kommt aus der Schule des Wiener Arztes und Psychotherapeuten Viktor Frankl, dem Begründer der *Logotherapie* (*logos* [griech.] = Wort, Geist, Sinn). Sie ist nur wenigen Pädagogen hinreichend bekannt. Weniger jedenfalls als die Theorien der Klassiker der Psychologie, Sigmund Freud, Alfred Adler und C. G. Jung.

Als junger jüdischer Arzt überlebte Frankl in dunkler Zeit das Konzentrationslager Auschwitz. Seine Erfahrungen mit dem unsäglichen Naziterror in Deutschland und seine schlimmen Jahre als Gefangener im berüchtigten Todeslager gaben den Anstoß für eine Idee, welche die bestehenden psychotherapeutischen Methoden um wichtige, auf den Menschen zentrierte Gedanken erweitert.

Frankls Vorstellungen gründen auf dem in jedem Einzelnen wirkenden *Willen zum Sinn* und der *Trotzmacht des menschlichen Geistes.* In ihrer Struktur und in ihren Zielen tragen sie eine zutiefst christliche Botschaft in sich. Begriffe wie Gewissen, Vertrauen, Eigenverantwortung, Nächstenliebe, Wahrhaftigkeit, der Glaube an sich selbst und an eine höhere Instanz sind Teile des Fundaments, auf das die Logotherapie sich stützt.

Noch ganz unter dem Eindruck seiner schrecklichen Erlebnisse im Konzentrationslager schreibt Frankl in seinem Buch »Der unbewusste Gott«: *»Wir leben im Zeitalter eines Sinnlosigkeitsgefühls. In diesem Zeitalter muss es sich (auch) die Erziehung angelegen sein lassen, nicht nur Wissen zu vermitteln, sondern auch das Gewissen zu verfeinern, so dass der Mensch hellhörig genug ist, um die jeder einzelnen Situation innewohnende Forderung herauszuhören. In einem Zeitalter, in dem die zehn Gebote für viele ihre Geltung zu verlieren scheinen, muss der Mensch instand gesetzt werden, die zehntausend Gebote zu vernehmen, die in den zehntausend Situationen verschlüsselt sind, mit denen sein Leben ihn konfrontiert.«*

Auf Grund seiner bitteren Erfahrungen gelangte Frankl zu der Überzeugung, dass ein alleiniges Aufdecken von Ursachen für die Seelennöte der Menschen und das Therapieren traumatischer Erlebnisse wirkungslos bleiben, wenn die Betroffenen zu sehr aus der Eigenverantwortung genommen werden, inaktiv bleiben und nur auf Hilfe von draußen hoffen. Es geht vielmehr darum, Schwierigkeiten aus einem anderen Blickwinkel zu betrachten und – allen Problemen zum Trotz – handelnd dem Leben einen neuen Sinn zu geben.

Schlussfolgerungen für die Pädagogik

Der Mensch ist, ebenso wie das Tier, abhängig von seinen Trieben und seiner Umwelt, doch, so schreibt Frankls Schülerin Elisabeth Lukas … *»er steht zugleich eine ganze Stufe darüber, indem er diese Abhängigkeiten und Bedingungen erkennen und durchschauen kann, indem er Stellung zu ihnen nehmen kann, indem er ihnen sogar trotzen kann. Auf dieser höheren Stufe, in der geistigen Dimension, in welcher kognitive Reflexionen, Einstellungen und Willensvorgänge existieren, gelten die alten Motivationsgesetze der Psychoanalyse und der Verhaltenstherapie nicht mehr.«*

Wer sich nur als hilfloses Opfer fühlt, abhängig von der Gunst anderer, ausgeliefert an die angeblich Klügeren, Mächtigeren oder an widrige Umstände, reagiert mit Wut, Angst oder Verzweiflung. Wird die eigene Ohnmacht als unveränderbar eingeschätzt, werden

Möglichkeiten, eine solche Einstellung zu revidieren und sein Schicksal zumindest zum Teil selbst in die Hand zu nehmen, überhaupt nicht in Betracht gezogen. Dabei ist es doch schon tröstlich zu wissen, dass es neben schlechten Erfahrungen auch einige gute gibt, die man bisher überhaupt noch nicht wahrgenommen hat. Wer ständig negative Erfahrungen mit sich herumträgt, hat nur zwei Möglichkeiten: Entweder er hält bis in alle Zukunft an seinem Unglück fest und bedauert sich oder er wird seine Notsituation als persönliche Herausforderung zum Handeln betrachten.

Der unangreifbare Wert der eigenen Person und die Sinnhaftigkeit dessen, was man tun könnte bzw. tatsächlich tut, tragen Lebenschancen in sich, die nicht hoch genug eingeschätzt werden können. *»Wir Menschen sind nicht das Echo der Signale, die andere über uns aussenden«*, schreibt Elisabeth Lukas. Wir müssen vielmehr hören lernen auf die Signale, die in uns selbst klingen. Unser Geist, den uns einst der Schöpfergott selbst eingehaucht hat, kann uns lehren, noch unerkannte Sinnmöglichkeiten auszuloten und sie für uns selbst und für andere wirksam werden zu lassen.

Die Trotzmacht des Geistes und der Wille zum Sinn führen aus der Isolation und zeigen Wege nach draußen. *»Gott kann dabei der Partner unserer intimsten Selbstgespräche sein«*, sagt Frankl.

Zeit zum Umdenken

Jeder Mensch wird im Leben mit kleinen oder großen Problemen konfrontiert, aber nicht jeder wird durch sie unglücklich oder psychisch krank. Schwierigkeiten tragen immer auch die Chance in sich, Kräfte zu aktivieren, die aus Talsohlen heraushelfen. Das gelingt jedoch nur, wenn negative Einstellungen solche Energien nicht blockieren.

Die Fixierung auf ihr Unglück liefert die Betroffenen wehrlos ihren Problemen aus, lässt sie allein und ohne Ziel. Das trifft nicht nur auf lebensbedrohliche Situationen zu, wie Frankl sie am eigenen Leibe erfahren hat, es gilt auch für junge Menschen, die behütet und wohlstandssatt die Rolle des Nur-genießen-Wollens für sich beansprüchen. Trotz aller Annehmlichkeiten und gefangen in einem Übermaß an Selbstbespiegelung kommen sie mit dem Leben nicht zurecht. Erfahrungen aus der pädagogischen Praxis zeigen, dass allein schon mit einer veränderten Einstellung zu Schule und Lernen, zu Pflicht und Autorität, zu Anstrengungsbereitschaft und den Regeln einer Gemeinschaft wichtige Reifeschritte gemacht werden. Passivität und extreme Ichbezogenheit widersprechen unserer Bestimmung. Gott hat uns Menschen in die Welt gesetzt, damit wir sie hüten und bewahren und Verantwortung für uns selbst und für andere übernehmen. Die einzigen Hände, Füße, Augen und Ohren die ihm dazu zur Verfügung stehen, sind die unseren. Sie zum eigenen und zum Nutzen der Mitwelt zu gebrauchen, ist Sinn unseres Daseins.

Unter denen, die schon in jungen Jahren ihr Leben durch Alkohol und Drogen gefährden, finden sich erschreckend viele junge Menschen, denen es äußerlich an nichts fehlt. Jennifer ist ein Beispiel dafür. Viele Jahre war sie meine Schülerin. Aus Gründen, die zu bewerten mir nicht zusteht, waren ihre Eltern alkoholabhängig. Sie lagen ständig im Streit miteinander und waren nicht in der Lage, dem Mädchen am Lebensanfang die Sicherheit und Geborgenheit zu geben, auf die jedes Kind so dringend angewiesen ist. Stattdessen überschütteten sie es mit materiellen Wohltaten. Doch das reichte offensichtlich nicht aus, um dem Kind den inneren Halt zu geben, den es zum Leben brauchte.

Als die Zeit reif war, Jennifers kleinkindhaftem Egoismus Grenzen aufzuzeigen, war ebenfalls niemand da, der ihr verlässliche Regeln abverlangte. Ihr natürlicher Trotz stieß ins Leere und blockierte wichtige Reifeschritte.

Während ihrer gesamten Schulzeit fiel Jennifer durch ihre Unstetigkeit auf. Zeitweise war sie süchtig nach Kontakt, dann wiederum provozierte sie Mitschüler und Lehrer mit ihrem unbeherrschten Temperament. Ohne ersichtlichen Grund reagierte sie einmal aggressiv, ein anderes Mal zog sie sich schmollend in sich zurück.

Auch die frühe Bindung an einen jungen Mann ließ sie nicht finden, was ihr im Elternhaus verwehrt blieb und was sie ersehnte:

sicheres Geleit. Schließlich strandete sie in der Drogenszene. Ein Kind, das sie mit siebzehn Jahren von jenem jungen Mann bekam, überforderte sie einmal mehr.

Als ihre Tochter zwei Jahre alt war, nahm sich Jennifer mit einer Überdosis das Leben.

Aus dem Tritt geraten – die Gesellschaft

Jede psychotherapeutische Maßnahme richtet sich an körperlich und seelisch kranke Menschen. In unserer Welt sind jedoch nicht nur sie krank. Auch größere Einheiten sind aus dem Tritt geraten: die Familien, die Schulen, die Gesellschaft. Diese Erkenntnis ist nicht neu. Die erste Voraussetzung für einen Wandel wäre eine Änderung lieb gewordener Einstellungen, was allerdings erheblich an unserer Bequemlichkeit rütteln würde.

Doch da sind wir nicht gerade ein Musterbeispiel. Man gibt vor zu dienen und bedient sich selbst. Wer die Ellbogen am weitesten hinausschiebt, kommt voran, der Ehrliche ist der Dumme, Bescheidenheit wird als Schwäche ausgelegt und Rücksichtlosigkeit gilt als Cleverness. Wo der Einzelne stärker auf seine Rechte als auf seine Pflichten eingeschworen ist und das Haben zentrale Bedeutung gewinnt, finden die *unproduktiven* Dienste am Menschen und an der Gemeinschaft nur wenig Interesse. Stattdessen setzt man auf noch mehr Wohlstand und fordert neue Rechte und Freiheiten ein.

Obwohl Fachleute das schon lange beklagen, nimmt eine breite Öffentlichkeit die Brisanz dieser Entwicklung (noch nicht) wahr. Auch die Politik verschließt die Augen davor. Um ihre Wählerklientel nicht zu verprellen, verspricht sie alles, was die Bürger hören wollen: mehr Geld, mehr Freizeit, größere Freiheiten, einfachere Schulabschlüsse und vieles andere mehr. Leider ist der so dringend notwendige kollektive Aufschrei bisher ausgeblieben, und die Wenigen, die mahnend ihre Stimmen erheben, werden als die Ewiggestrigen abqualifiziert.

Wer auf die mittlerweile unübersehbaren Notsignale angemessen reagiert, muss Widerstand in Kauf nehmen. Das betrifft vor allem diejenigen, welche auf den unterschiedlichen pädagogischen Feldern ihre Arbeit tun: Eltern, Erzieher, Lehrerinnen und Lehrer.

Erziehung ist ein schwieriges, kräftezehrendes Geschäft. Sie erfordert fundiertes Wissen, großen persönlichen Einsatz, Geduld, Zeit, ein hohes Maß an Verantwortung und von den Zöglingen die Bereitschaft, an der eigenen Weiterentwicklung aktiv mitzuarbeiten. Unangenehme Wahrheiten werden im Blick auf die eigene Lebenssituation oder auf Wähler- und sonstige Klientelen verdrängt. Wahrheiten wie diese zum Beispiel:

- Erziehung braucht verlässliche Bezugspersonen.
- Erziehung kommt ohne Gebote und Verbote nicht aus.
- Erziehungsdefizite sind mitverantwortlich für die Zunahme von Verhaltensauffälligkeiten bei Kindern und Jugendlichen.
- Kinderkrippen und Krabbelstuben können eine intakte Familie nicht ersetzen.
- Grenzenloses Anspruchsdenken lässt Menschlichkeit verkümmern und gefährdet die Gemeinschaft.
- Gewaltbereitschaft und Suchtgefährdung sind Ausdruck von Reifedefiziten, Orientierungslosigkeit und Lebensangst. Ihre Wurzeln reichen bis in die frühe Kindheit.

In existenzieller Not – die Familien

Nicht nur die Gesellschaft, auch die Familie steckt in einer Krise. Das Rollenverständnis von Vätern und Müttern hat sich in wenigen Jahrzehnten grundlegend gewandelt. Tradierte Wertmaßstäbe sind aus der Mode gekommen und haben ihre stabilisierende Funktion verloren. Der Einzelne strebt nach ständiger Ausweitung des eigenen Reviers. Allein das Letztere überfordert die Familiengemeinschaft.

Der naive Glaube an die Machbarkeit alles Wünschbaren hat viele Begehrlichkeiten geweckt, aber auch viele Hoffnungen platzen lassen. Das hat viele Familien verunsichert und in die Resignation getrieben. Fachleute stellen lapidar fest: Erziehung findet in einer erschreckend großen Zahl der Familien nicht mehr statt.

Durchforstet man die erzieherischen Konzepte der letzten Jahrzehnte, lässt sich erkennen: Alles, was dem Lustprinzip dient, hat Konjunktur, was Anstrengung bedeutet, ist out. Es ist nicht verwunderlich, dass dies in einer Gesellschaft, in der Spaß und Spiel angesagt sind, auf fruchtbaren Boden fällt.

Macht man einen Schuldigen aus, ist das Balsam für die vielen Wunden, die auf den unterschiedlichen pädagogischen Feldern empfangen und geschlagen werden. Schuldzuweisungen helfen jedoch wenig, wenn Ehrlichkeit und Wahrhaftigkeit auf der Strecke bleiben. Ändert sich nichts an unserer Einstellung, wird alles beim Alten bleiben und auch Familien, einst Urquell menschlicher Geborgenheit, können zur Hölle werden.

Die »normale« Familie garantiert Geborgenheit und menschliche Nähe. Sie fängt persönliche Niederlagen auf und erlaubt es, sich auch nach heftigen Streitereien wieder zu versöhnen, ohne die Angst, sein Gesicht zu verlieren.

Kinder müssen an ihren unmittelbaren Bezugspersonen lernen, dass man andere aus Liebe schonen kann.

Wenn die vielfältigen, ganz persönlichen Herausforderungen innerhalb der Familien ungehört verhallen, entdecken junge Menschen weder Wege zu sich selbst noch finden sie Sinn, der ihr Leben lebenswert macht.

Die leider heute fast in Vergessenheit geratenen alten Volksmärchen haben zu der Zeit, als sie noch gelesen oder erzählt wurden, aufgeschlossenen Kinderseelen solche Erkenntnisse vermittelt und manchen Familientherapeuten ersetzt. Märchen tragen viele Weisheiten in sich, die den Reifeprozess sinnvoll begleiten. Sie machen Mut, geben Hoffnung, lehren den Umgang mit inneren Ängsten, unterscheiden zwischen Gut und Böse. Da geht es um Märchenhelden, die sich schwierigen Aufgaben stellen, um an ihr Ziel zu kommen, die Hindernissen trotzen, Hexen und Riesen überwinden und am Ende die Königstochter oder den Prinzen heiraten. Da wird ein Däumling zu einem Riesen und derjenige, den die Hilferufe aus seinem Umfeld zum Handeln bewegen, wird königlich belohnt.

Werden Märchen in Familien, im Kindergarten oder in der Schule zum Thema, können sie Kindern zu Einsichten in die eigene Rolle, zur Schärfung ihres Gewissens und zu innerem Wachstum verhelfen und sie lebenstüchtig machen.

Die Schule als Übungs- und Lernfeld

Ein Anfang wäre gemacht, wenn wir zu der ursprünglichen Bedeutung des Wortes Erziehung zurückfänden. Das lateinischen Verb *educare (erziehen)* bedeutet, *aus etwas herausführen.* Sei es aus kindlicher Unreife, aus unverschuldeter Unwissenheit oder aus frühkindlichen Allmachtsvorstellungen, Erziehung braucht jemanden, der die Rolle des Lenkers übernimmt. Allein schon dies bedeutet ein Umdenken.

Nichts reift im Erziehungsprozess ohne Anstoß von außen, ohne Vorbild, ohne Beispiel. Wie die Familie, so muss auch die Schule ein menschengerechtes Miteinander ermöglichen. Sie hat neben der Wissensvermittlung auch dafür Sorge zu tragen, dass den Interessen der anderen die gleiche Beachtung zuteil wird wie den eigenen.

Doch davon findet sich kaum etwas Konkretes in den Lehrplänen. Lehrerinnen und Lehrer müssen deshalb nach Nischen suchen, um neue, auf Sinn ausgerichtete Wege zu erschließen. Sind sie fündig geworden, sollten sie den Mut aufbringen, einengende Paragraphen so auszulegen, dass übergeordnete Lernziele eine Chance erhalten.

Als ich für den Verkauf selbst gefertigter Weihnachtskarten zugunsten von Menschen in Afrika in unserer Schule warb, traf ich auf Miriam, ein sechzehnjähriges, schwarzes Mädchen aus Zentralafrika, das bei uns aufgewachsen ist. Sie erklärte mir frei heraus, dass sie das Ganze nicht interessiere und dass sie weder mit Weihnachten noch mit »den Leuten da unten« etwas im Sinne habe. Außerdem sei ihr der Preis von zwei Mark für eine Karte zu hoch.

Ich nahm Miriams Äußerung zum Anlass für ein Gespräch mit der Klasse. Wir kamen am Ende zu einem Ergebnis, das zwar keine Richtschnur für einmütiges Handeln sein konnte, das aber jeden Einzelnen zu einer eigenverantwortlichen Entscheidung aufrief.

Am Tag der offenen Tür, kurz vor Weihnachten, sprach mich Miriam an, ohne noch einmal auf unsere Diskussion einzugehen. Sie bat mich um Weihnachtskarten, die sie den anwesenden Eltern zum Verkauf anbieten wollte. An zwei Schnüren hing ein selbst gemachter Bauchladen von ihren Schultern herab. Damit mischte sie sich unter die Besucher und bot ihnen die vorher so geschmähten Karten an mit Argumenten, wie ich sie nicht besser hätte formulieren können. Miriam war außerordentlich erfolgreich und fand für alle ihre Karten Käufer. Stolz war sie – so wie ich.

Mit dem Erlös der Aktion finanzierten wir einem gelähmten und auf sich allein gestellten Mädchen aus Tansania eine Schneiderlehre und kauften ihr eine Nähmaschine. Wie wir von unserem Mittelsmann, einem Priester aus dem Orden der Weißen Väter, erfuhren, lebt das Mädchen heute in einer eigenen Hütte und kann sich selbst versorgen.

Es bestätigte sich, was Frankl beschreibt: *»Ganz Mensch ist der Mensch dort, wo er ganz aufgeht in einer Sache, ganz hingegeben an eine Person. Und ganz selbst wird er, wenn er sich selbst übersieht und vergisst.«*

Wege nach draußen suchen

Erst wenn sich Wege nach draußen öffnen, sagen die Logotherapeuten, endet das ständige Um-sich-selbst-Kreisen. Sie werden gleichzeitig zu Wegen heraus aus Selbstzweifeln, aus Versagensängsten oder Leistungszwängen.

Wo Eltern, Lehrer, die Clique, ja, die ganze Gesellschaft vorschreiben, wie man zu sein hat und was man können und haben muss, um Anerkennung zu finden, geraten junge Menschen in einen Teufelskreis, aus dem sie ohne die Führung Erwachsener nicht herausfinden.

Im Rahmen des Kunstunterrichts lud ich einen Obdachlosen in unsere Klasse ein. In den Stunden zuvor hatten wir uns mit der Lebenssituation von Ausländern und Obdachlosen beschäftigt. Die Nähe zu einem dieser Menschen jenseits unseres Erfahrungsbereiches sollte uns etwas von unseren Vorurteilen, von eingefahrenem Denken nehmen. Ich hatte zunächst große Bedenken, ob ich den

Versuch überhaupt wagen sollte. Musste ich doch befürchten, Eltern oder die Leitung der Schule könnten mir Vorwürfe machen. Ein Penner in der Schule? Doch ich wagte das Experiment, ohne jemanden um Erlaubnis zu fragen.

Für fünf Mark und eine Tasse Kaffee pro Sitzung wurde Gerhard, wie er sich vorstellte, für die nächsten Wochen unser Modell für den Kunstunterricht. Schon bald war der Mann mit den abgerissenen Kleidern ein willkommener Gast in unserer Gruppe. Berührungsängste fielen. Die Schülerinnen und Schüler gingen von Mal zu Mal unbefangener mit Gerhard um. Sie unterhielten sich mit ihm wie mit ihresgleichen, was in den Straßen unserer Stadt undenkbar gewesen wäre.

Für die letzte Unterrichtsstunde bat ich einen Therapeuten aus unserem Krankenhaus, dem ich von unserem Experiment berichtet hatte, um einen Besuch bei uns. Er erklärte sich bereit, vor der gesamten Klasse ein Gespräch mit Gerhard zu führen. Das Ereignis wurde zu einem der eindrucksvollsten Erlebnisse, die ich aus meiner Lehrerlaufbahn zu berichten weiß.

Die Kinder hörten gespannt und betroffen zu, wie der alte Mann aus seiner Jugend erzählte, von seinem Leben nach geschiedener Ehe, ohne Familie, ohne Geld, ohne Freunde und ohne feste Wohnung, über sein Leben auf der Straße, im Sommer wie im Winter.

Die jungen Zuhörer verglichen im Stillen das Gehörte mit ihrem eigenen Dasein, und vieles sah aus dem Blickwinkel unseres Gastes ganz anders aus. Am Ende der Unterrichtsstunde verließen die Schülerinnen und Schüler recht wortkarg den Klassensaal. Nur ein Junge flüsterte mir beim Hinausgehen zu: »*Es war saugut.*«

Auch die rheinland-pfälzischen Schülerinnen und Schüler, die sich unter dem Motto »*Schüler helfen leben*« in vorbildlicher Weise mit einer Paketaktion für Not leidende Menschen in Jugoslawien eingesetzt haben, sollten im wahrsten Sinne des Wortes Schule machen. Ihnen war es sogar gelungen, die Landesregierung in ihr Hilfsprogramm einzuspannen.

Logotherapeuten würden es niemals akzeptieren, wenn sich jemand hinter der üblichen Ausrede versteckt, das habe ja doch alles keinen Sinn, sei nur ein Tropfen auf den heißen Stein und jede finanzielle Unterstützung verlöre sich sowieso in undurchschaubaren Kanälen. Wenn schon geholfen werden müsse, dann solle das der Staat tun. Schließlich bekomme er ja unsere Steuergelder. Solche Stammtischparolen lassen die Verantwortlichkeit des Einzelnen in eine diffuse Gemeinschaftsverantwortung übergehen. Sie entlassen ihn aus seiner sehr persönlichen Verantwortung und nehmen ihm damit die Möglichkeit, Sinn in seinem Leben zu verwirklichen.

Es gibt immer persönliche Entscheidungsspielräume, wenn Menschen zu Menschen in Beziehung treten. Und dort sind wir Täter, im Guten wie im Bösen.

Ein sich ungebremst ausbreitender kollektiver Egoismus in allen Lebensbereichen fordert Experimente, wie ich sie beschrieben habe, geradezu heraus. In unserer künstlichen Welt ist unseren Kindern und uns selbst die unmittelbare Erfahrung mit den Nöten, Ängsten und Freuden anderer weitgehend abhanden gekommen. Man konsumiert das Elend in der Welt über den Bildschirm und im bequemen Sessel.

Die Wohlstandskinder haben sich an fremde Aktivitäten gewöhnt. Sie lassen sich bedienen via Fernseher und Kassettendeck und aus einem inflationären Spielzeugangebot. Und sie werden in ihrer Passivität noch unterstützt von Omas, Opas, Eltern und Lehrern, die es versäumen, ihnen zur rechten Zeit Eigenverantwortung abzufordern. Zufriedenheit und Lebenssinn hängen nicht vom Ausmaß der Aktivitäten anderer ab, sondern von jedem Beitrag, den man selbst leistet. Mir kommt dabei ein Spruch in den Sinn, den ich oft von meiner Mutter hörte: *Willst du glücklich sein im Leben, trage bei zu andrer Glück, denn die Freude, die wir geben, kehrt ins eigne Herz zurück.*

Das christliche Liebesgebot gilt dem Nächsten *und* mir selbst. Nur wer sich selbst geliebt weiß und Liebe auch für sich selbst realisiert, besitzt die Kraft, die er braucht, um diese Liebe auch seinen Mitmenschen zuteil werden zu lassen. Es ist nicht einmal nötig, deshalb in die Ferne zu schweifen. In jeder Gemeinschaft gibt es Menschen und Situationen, welche die Aufmerksamkeit und die Unterstützung anderer brauchen. Sie zu erkennen heißt, die Signale, die sie aussenden, auf uns zu beziehen und damit auf der Suche nach Sinn im eigenen Leben einen Schritt voranzukommen.

Gregor ist ein Schüler der Klasse 6a. Die Botschaft, die er ausschickt, müsste eigentlich jeder verstehen. Er ist Spastiker und kann seine Hände nur unvollkommen gebrauchen. Gelingt es seinem Lehrer, nur einen einzigen Schüler dazu zu bringen, Gregor im Werkunterricht seine gesunden Hände zu leihen, ist viel gewonnen.

Und wer der an den Rollstuhl gefesselten Marianne aus der Parallelklasse die eigenen Beine zur Verfügung stellt, indem er ihr die Treppen des Schulgebäudes überwinden hilft, hat das zentrale Anliegen sinnzentrierter Pädagogik wirksam werden lassen. Wer anderen hilft, gewinnt Halt, wächst über sich selbst hinaus. Wie heißt es im Buch der Bücher? *»Was ihr getan habt einem von diesen meinen geringsten Brüdern, das habt ihr mir getan«*, und ich füge hinzu: Wir haben es auch für uns selbst getan.

Wenn Kinder bereits in ihren Familien geübt haben, sinnträchtige Situationen in ihrem Umfeld aufzuspüren und tatkräftig anzupacken, gehört das zum Wichtigsten, was Erziehung leisten kann, um Sinnleere zu überwinden und jungen Menschen Wege zu sich selbst und zu anderen aufzuzeigen.

Literatur:

Frankl, Viktor: Der unbewusste Gott. München, 1992
Frankl, Viktor: Ärztliche Seelsorge. Wien, 1982
Frankl, Viktor: Logotherapie – Seelenheilkunde auf neuen Wegen. Freiburg, 1984
Frankl, Viktor: Zeiten der Entscheidung, Freiburg, 1996
Lukas, Elisabeth: Auch dein Leben hat Sinn. Freiburg, 1980
Lukas, Elisabeth: Psychologische Seelsorge. Freiburg, 1985

Gottfried Schröter

Der Mensch und seine Masken

Es gibt ein Lied der Generation jüngerer Christen, dessen erste Strophe lautet so:

Wir tragen viele Masken und haben kein Gesicht.
Wir sprechen eine Sprache, verstehn einander nicht.
Wir leben in der Fülle und sind im Herzen leer.
Wir sehnen uns nach Stille, ertragen sie nicht mehr.

(Text: Gisela Spitzer; Melodie: Klaus Panthel; Rechte: Hänssler Verlag)

Mir geht es vor allem um die erste Zeile: »Wir tragen viele Masken und haben kein Gesicht.«

Was ist damit gemeint? Heißt das einfach: Nehmt die Masken ab! Und das wär's dann auch schon? Nein, so leicht geht es nicht.

1. Wahrheit ...

Ehe wir eine Antwort geben können, wollen wir ein wenig über den Unterschied zwischen »Wahrheit« und »Wahrhaftigkeit« nachdenken. Es gibt *Gemeinsamkeiten,* aber auch deutliche *Unterschiede.* Wahrheit meint zwar in der Bibel *auch* den Gegensatz zur Lüge. Doch die Bedeutung ist umfassender. Der neutestamentliche Begriff, auf Griechisch »aletheia«, bedeutet eigentlich »Nicht-Verborgenheit«. Es ist etwas überprüfbar, offen gelegt, klar und nicht geschönt oder geschwärzt.

Aber »Wahrheit« sagt noch viel mehr. Wenn Jesus zum Ausdruck bringt, er sei der Weg, *die Wahrheit* und das Leben, will er damit nicht nur andeuten, dass er ehrlich sei. Seine Wahrheit verkörpert das Wesen der Dinge. Wahrheit meint also die eigentliche *Wesenhaftigkeit*, die hinter der sichtbaren (fotografierbaren) Hülle verborgen ist.

Von Jesus wird ja berichtet, dass Gott durch ihn das All erschaffen habe. Paulus formuliert es in Römer 11,36 so: »*Denn von ihm und durch ihn und zu ihm hin sind alle Dinge*«. Und wenn Pilatus fragt »Was ist Wahrheit?«, dann hat seine Frage nicht nur die vordergründige Bedeutung: »Wer hat nun Recht, die Ankläger oder der Angeklagte?« Vielmehr meint er: Was ist denn Wahrheit *an sich?* Was ist der innere Kern des Seins?

2. ... und Wahrhaftigkeit

Wir wollen uns beim Nachdenken über den Menschen und seine Masken jedoch vor allem mit der Wahrhaftigkeit des *einen* Christen vor dem *anderen* befassen – oder vor seiner Umwelt, seien es nun Christen oder Nichtchristen. Die Antwort scheint leicht zu sein: Nehmt eure Masken ab, und seid, wie ihr nun einmal seid! Doch damit hätten wir es uns zu leicht gemacht.

In »Brockhaus Biblisches Wörterbuch« (3. Aufl., Wuppertal 1999) steht zum Stichwort »Wahrheit/Wahrhaftigkeit« viel Gutes. Gegen Ende des gründlichen Artikels schreibt der Autor Folgendes:

»*In unseren Gemeinden wird es mehr Frucht geben, wenn wir rückhaltlos offen und aufrichtig miteinander umgehen, nichts unbereinigt zwischen uns stehen lassen und darauf verzichten, hinter dem Rücken übereinander zu reden. Nur auf dieser Grundlage kann Gottes Wille erfüllt werden, dass alle Menschen ›... zur Erkenntnis der Wahrheit kommen‹* (1. Tim. 2,4).«

Das ist nicht nur ein hilfreiches, sondern auch ein hartes Wort.

Daraufhin möchte ich etwas zum *allgemeinen* Verständnis sagen, danach zur *Situation in den Gemeinden,* und zuletzt will ich einige Empfehlungen zum *Umgang miteinander vorstellen.*

3. Kommen wir überhaupt ohne Masken aus?

Gegen Masken haben wir eigentlich nur etwas, wenn sie sich auf das Gesicht (Vermummungsverbot) beziehen. Der übrige Körper darf Masken, also Verhüllungen tragen. Und er soll es auch. Nacktheit kann schamlos machen.

Die kritische Behauptung »Wir tragen alle Masken« meint also nicht, dass wir uns eigentlich pur wie wir sind, jedermann präsentieren sollten. Ja, in besonderen Fällen sprechen wir von *Exhibitionismus,* einer Entblößungssucht, die krankhaft und in aggressiven Fällen strafbar ist. Es gibt auch einen seelischen Exhibitionismus, der in manchen Talkrunden des Fernsehens zu finden ist. – Ich nenne als Beispiele die zur Zeit (unter vielen anderen) gesendeten Gesprächsrunden von Türck, Fliege, Schäfer, Vera Int-Veen und Arabella.

4. Jesus fordert gelegentlich sogar dazu auf, sein Gesicht »unter Kontrolle« zu haben und sich nicht gehen zu lassen

»Wenn ihr fastet, sollt ihr nicht sauer dreinsehen wie die Heuchler; denn sie verstellen ihr Gesicht, um sich vor den Leuten zu zeigen mit ihrem Fasten … Wenn du aber fastest, so salbe dein Haupt und wasche dein Gesicht, damit du dich nicht vor den Leuten zeigst mit deinem Fasten, sondern vor deinem Vater, der im Verborgenen ist; und dein Vater, der in das Verborgene sieht, wird dir's vergelten.« (Matthäus 6,16-18)

Soll man also statt einer negativen eine positive Maske aufsetzen? Nach dem Motto: Immer positiv denken! Dazu später mehr.

5. Sind »Rollen«, die wir im Alltag spielen, und »Masken«, die abzulehnen sind, identisch?

Wir leben tagsüber in vielen Rollen. In welcher gerade, das ist abhängig von der Situation. Ein Beispiel: Da steigt jemand morgens verschlafen aus dem Bett. Er hat zerwühlte Haare und macht ein etwas doofes Gesicht. Seine Sprache ist anders als nachher, wenn er als Verkäufer in einem Geschäft steht.

Deshalb sagt der noch etwas zerknautscht Wirkende *nicht:* »Ich bitte herzlich darum, die Zahnpasta-Tube von *unten* aufzurollen. Und der Verschluss sollte nach der Benutzung wieder aufgeschraubt werden. Und wenn jemandem überzählige Paste ins Becken fällt, den bitte ich sehr darum, diesen Rest zu entfernen; denn das sieht nicht schön aus.«

Stattdessen nuschelt er: »Wer hatt'n schon wieder das Zahnzeugs in der Mitte rausgequetscht und die Tube nich zugemacht und alles verschmiert?!« »Wer hatt'n ...?«, sagt er, obwohl nur zwei Leute das Bad benutzen! Ich möchte das rohe zweite Reden nicht verurteilen, denn der Zuhörpartner weiß ja, dass der andere ein Morgenmuffel ist und eben – wie manches Mal – seine Morgengefühle ungefiltert herausgelassen hat. Nach der »Stillen Stunde« und dem Morgenkaffee wird er sich schon wieder ganz anders verhalten. Aber auch die *erste Art* des »vornehmen« Redens kann ganz schön maskenhaft und unecht wirken.

Es gibt viele Rollen, die wir spielen. Als ich vor kurzem im Kieler Hertie-Parkhaus für meinen Wagen einen Stellplatz suchte, lebte ich bis zum 8. Stockwerk, wo ich ihn fand, ganz in der Rolle des *Autofahrers.* Mich störten die vielen Fußgänger, auf die ich Rücksicht nehmen musste und fand die meisten als zu unaufmerksam.

Dann der *Rollentausch:* Nachdem ich ausgestiegen war und selber den Verkaufsräumen zustrebte, war ich ganz *Fußgänger* geworden, der die meisten Autofahrer für rücksichtslos, zumindest aber für störend hielt.

Ich nenne noch einige Rollen: In einem Betrieb arbeitet jemand, der seinen Chefs gegenüber buckelt und gleichzeitig die Untergebenen tritt. Weil er nach oben buckelt und nach unten tritt, nennen ihn die anderen einen »Radfahrer«. Er spielt keine gute Rolle. Andere Rollen kurz in Stichworten: Kundenbetreuer, Kassiererin, ausgelaugter Heimkehrer, Elternteil usw. Rollen können zwar zu Masken verkommen, aber es muss nicht so sein.

Nach diesen allgemeinen Überlegungen komme ich:

6. Zur Situation in der christlichen Gemeinde

Dort wird unser Problem (»Maske ja oder nein?«) besonders deutlich empfunden. Es gibt da ein unterschiedliches Verhalten und die Einschätzung dieser Art des Sich-Gebens durch die Bibel.

In Apostelgeschichte 5,1-11 lesen wir von der Übereinkunft der Urgemeinde, durch Teilung des Besitzes der Armut zu begegnen:

»Ein Mann aber mit Namen Hananias samt seiner Frau Saphira verkaufte einen Acker, doch er hielt mit Wissen seiner Frau etwas von dem Geld zurück und brachte nur einen Teil und legte ihn den Aposteln zu Füßen. Petrus aber sprach: Hananias, warum hat der Satan dein Herz erfüllt, dass du den Heiligen Geist belogen und etwas vom Geld für den Acker zurückbehalten hast? Hättest du den Acker nicht behalten können, als du ihn hattest? Und konntest du nicht auch, als er verkauft war, noch tun, was du wolltest? Warum hast du dir dies in deinem Herzen vorgenommen? Du hast nicht Menschen, sondern Gott belogen. Als Hananias diese Worte hörte, fiel er zu Boden und gab den Geist auf.«

Seiner Frau geht es kurz darauf genauso.

Eine Maske, eine Heuchelei mit Todesfolge. Das ist das *einerseits.* Der Tod für eine Lüge! *Andererseits* lesen wir in Philipper 2,2-5 das nur einladende und nicht drohende Pauluswort:

»So macht meine Freude dadurch vollkommen, dass ihr eines Sinnes seid, gleiche Liebe habt, einmütig und einträchtig seid. Tut nichts aus Eigennutz oder um eitler Ehre willen, sondern in Demut achte einer den andern höher als sich selbst ... Seid so unter euch gesinnt, wie es auch der Gemeinschaft in Christus Jesus entspricht.«

Seit Hananias hat es sicher ähnliche Vertuschungen bei den finanziellen Usancen zwischen Gemeindemitglied und Finanzleiter in der christlichen Gemeinde gegeben. Mir ist kein Fall bekannt, dass Fehlinformationen zu einem Doppeltod von Gemeindemitgliedern führten. Wir leben in einer anderen Heilszeit. Für uns gilt in erster Linie das, was der Nationen-Apostel Paulus über das erstrebenswerte rücksichtsvolle, unegoistische Leben schreibt.

Unser Dilemma ist doch offensichtlich die Diskrepanz zwischen der Aufforderung – wie sie das Brockhaus-Bibel-Lexikon oben formulierte – *»rückhaltlos«* offen und aufrichtig miteinander umzugehen und andererseits jener dringend erforderlichen Unterordnung in der Gemeinde und deren Interessen. Muss man da nicht ebenfalls gesichtslos werden und maskenhaft handeln?

7. Einige Empfehlungen für den Umgang miteinander

Alles, was ich sage und tue, muss wahr sein. Aber nicht alles, was wahr ist, muss ich aussprechen.

Ein Beispiel: Uns besucht in der Gemeinde eine Dame, die wir nicht als sonderlich geschmackvoll gekleidet empfinden, entweder zu vernachlässigt oder geradezu aufgetakelt. Ehe wir etwas Übereiltes tun, sollten wir bedenken, dass der Geschmack zeitabhängig ist. Als meine Mutter um 1910 in die Bibelstunde ging, galt es als Regel, dass gläubige Mädchen schwarze Strümpfe zu tragen hatten. Und ich selber war einst – im Nachhinein gesehen – als »dummer Junge« stolz auf meine Hitlerjugend-Uniform und meine mir so wichtige Führerschnur. Ich empfand damals beides als wunderschön. Aber manches Äußere ändert sich, wenn sich das Wesen eines Menschen und seine Einsicht ändern. Die Bibel sagt öfters: »Werdet umgestaltet ...« Das kann ein langsamer Prozess sein.

Ein Beispiel zur Wahrhaftigkeit: Ein gläubiger Kieler Büroleiter sagte seinem Chef, er könne nicht lügen. Auch nicht am Telefon. Um seinen wünschenswert ehrlichen Mitarbeiter zu behalten, einigten sich beide auf folgendes Verfahren: Wenn ein Anruf kam, den der Chef nicht annehmen wollte, winkte ihm der Büroleiter mit der Hand zu, und der Chef verschwand aus dem Raum. Dann sagte er in den Hörer: »Mein Chef ist nicht im Büro!« Gewiss etwas schlitzohrig! Vielleicht hätte es auch die Antwort getan: »Mein Chef ist nicht zu sprechen«, die ja keine Lüge enthält. Aber ich finde diesen lustigen Einfall durchaus akzeptabel.

Es gilt, Wahrhaftigkeit vorzuleben, *aber nicht um die Ohren zu hauen.* Bonhoeffer hat einmal sinngemäß gesagt:

»Wahrhaftigkeit besteht nicht darin, dass ich alles sage, was ich weiß. Wahrheitsfanatiker können das Leben anderer zerstören. Wer bei Jesus in

die Schule gegangen ist, lernt Wahrhaftigkeit und Liebe miteinander zu verbinden. Er lernt erkennen, wann Zeit zum Reden und zum Schweigen ist. Er lebt mit dem lebendigen Gott und lässt sich von ihm beim Umgang mit den Menschen leiten. Er wird echt und macht weder sich noch anderen etwas vor.«

Einmal wollte ich in jüngeren Jahren mit Verwandten unbedingt allein sein. Doch es klingelte an der Haustür. Draußen stand unerwarteter und unerwünschter Tagesbesuch. Mein Gesicht muss zunächst nicht sehr freundlich gewirkt haben. Ich behauptete später meinem Seelsorger gegenüber: »Ich kann in solch einer Situation doch nicht ›Herzlich willkommen‹ sagen« – »Doch«, meinte der, »du musst *von einem Augenblick zum anderen* deine innere Einstellung ändern!« Ein guter Rat. Ein schwerer Rat!

In der Gemeinde habe das Gemeinsame und nicht das Trennende Vorrang!

Leicht hat es eine Gemeinde, die in fast allen Glaubensdetails übereinstimmt. Aber hier in Schleswig-Holstein, wo ich wohne, gibt es nicht so viele Christen wie anderswo. Und unsere Kreise sind oftmals ganz schön buntscheckig. Es gibt nun einmal unterschiedliche Deutungen und Auffassungen zu Fragen wie: Kinder- oder Erwachsenentaufe, Christ durch Bekehrung oder Hineinwachsen, Letzte Dinge (nicht zwei der vielen Kommentare zur Offenbarung des Johannes deuten gleich!), Abendmahlsverständnis, ist die Volkskirche biblische Gemeinde?, Charismatik – ja oder nein?

Ich bin selbst in einer dörflichen Bibelstunde, in der in den letzten 27 Jahren, in denen ich zu ihr gehöre, es manchmal geradezu ein Balanceakt war, bei der Erörterung dieser und ähnlicher Fragen das Verbindende bestimmend bleiben zu lassen und nicht das Unterscheidende. Aber der Friede Gottes, der nicht nur höher ist als alle Vernunft, sondern auch als unsere speziellen Erkenntnisse und Deutungen, blieb dominierend. Selbst Petrus sagt von Paulus, dass der manchmal Gedanken aufschreibe, die schwer zu verstehen sind.

Wir sollten grundsätzlich unbedingt das Gemeinsame betonen und nicht das Trennende. Streitfragen lassen sich manchmal respektvoller im *Vier-Augen-Gespräch* regeln. Und doch darf man nicht der

Gefahr erliegen, in den Zusammenkünften nur Milch zu bieten und nie feste Speise. Es ist nicht leicht, ich weiß!

Sogar Paulus widerstand ausnahmsweise auch einmal dem Petrus ins Angesicht. Und von Barnabas, mit dem Paulus zerstritten war, trennte er sich sogar.

Ein christliches »Gesicht« statt einer Maske zu tragen heißt auch: Mehr mit dem Kopf des anderen denken und empfinden!

Paulus sagt es in Römer 12, 15 so: »Freut euch mit den Fröhlichen und weint mit den Weinenden. Seid eines Sinnes untereinander!« Ganz praktisch: Erzählen-Wollende haben wir genug in der Gemeinde, aufmerksame *Zuhörer* zu wenig!

Nicht jeder *Redner* ist auch ein guter Zuhörer. Manchen von ihnen fehlt diese Gnadengabe. Auch deshalb führte die Urgemeinde die Diakonie ein. Zwar behielt die Wortverkündigung Vorrang, doch sah man ebenfalls die Wichtigkeit des »Sich-Wohlfühlens« in der Gemeinde. Hierher gehört auch das Wort des Paulus, er sei den Juden ein Jude, den Griechen aber ein Grieche geworden! Warum? Auf dass er etliche gewinne! Trug er da zwei Masken? Nein! Er behielt sein unverwechselbares, eindeutiges Gesicht.

Es gibt die Gefahr des Gesichtsverlustes bcim unweisen Umgang mit Feinden.

Es ist gar nicht leicht, dem zu folgen, was Gott will: »Vergeltet niemandem Böses mit Bösem ... Rächt euch nicht selbst, meine Lieben ... Lass dich nicht vom Bösen überwinden, sondern überwinde das Böse mit dem Guten!« So lesen wir in Römer 12, 17 + 19. Und Jesus sagt: »Liebt eure Feinde, tut wohl denen, die euch hassen; segnet, die euch verfluchen; bittet für die, die euch beleidigen!«(Lukas 6, 27 ff). Es ist nach meinem Empfinden leichter zu verwirklichen, wenn man es mit Feinden zu tun hat, die von außen kommen. Aber bei »Intimfeinden« innerhalb der Gemeinde oder Verwandtschaft? Die kann es geben. Die sind wirklich schwer zu ertragen..

Gewiss, man sollte »rückhaltlos offen« sein. Aber eben nicht rücksichtslos offen. Deshalb darf aus Liebe auch manches unausgesprochen bleiben. – Aussprachen brachten nichts? Dann wollen wir eben ohne Übereinstimmung (wenn möglich unbeschwert) neu anfangen und vergessen, was war.

8. Man sollte hinter seine eigene Maske schauen

Groll schadet auf Dauer letztlich nur dem Grollenden. Vielleicht sollte man fragen: Was mag der Anlass, die Ursache sein, dass er/sie sich mir gegenüber so abweisend verhält? Tat ich etwas Falsches? Bin ich unbewusst ein Angeber? Fühlt er/sie sich mir unbewusst unterlegen und verträgt dieses Gefühl nicht? Bin ich vielleicht selber zu sympathie- und antipathieorientiert?

Allerdings gibt es auch Situationen, die man einfach hinnehmen muss. *Liebe lässt sich nicht erzwingen!* Geht es aber vielleicht doch mehr um *Machtfragen*, als ich mir zunächst eingestehen will? Und kann *ich* es aushalten, mich jemandem unterlegen zu fühlen? Auch Frauen haben diese Probleme. Doch sind sie bei ihnen nach meinen Beobachtungen mehr »giftgewürzt«.

Der Dichter Friedrich Hebbel schrieb einmal:

Vom Unglück erst zieh ab die Schuld.
Was übrig ist, trag in Geduld.

Schreiben wir einmal in Gedanken die Namen aller jener Menschen auf, die wir nicht so recht mögen. Sind es jene, denen wir uns aus irgendeinem Grunde *unterlegen* fühlen? Oder können wir nur *die* leiden, bei denen gerade wir als Wissende und Ratgeber obenauf sind?

Und doch gibt es Grenzen des Verständnisses für schwierige Menschen! Vor allem, wenn Sünde im Spiel ist. Paulus übte gelegentlich scharfe Gemeindezucht, beispielsweise bei offensichtlichem Leben von Gemeindegliedern in Unzucht.

9. Eine gute Zusammenschau der Frage nach den Masken

brachte einmal Ulrich Eggers. Er schrieb in der Zeitschrift »Christsein heute« (14. Juli 1996) Beherzigenswertes:

»In unserer Schwachheit will Gott selbst stark sein. … Eben deswegen ist es auch möglich, die Maske des erfolgreichen, fehlerlosen Christen

abzulegen. Endlich zuzugeben, wie schwach, lückenhaft und unreif wir uns oft als Nachfolger Christi noch benehmen oder fühlen … Selbst in unserer Schwäche und Zerbrochenheit sind wir ein Brief Christi. Vielleicht sogar deshalb, weil wir zu den wenigen Menschen gehören, die es sich leisten können/könnten, wirklich ehrlich zu sein. Ihre Schwächen nicht zu verbergen. Unverbogen, unverkrampft und glücklich und dankbar dafür zu sein, einen Lebensraum gefunden zu haben, in dem man wirklich man selbst sein kann. So etwas wird nicht unbemerkt bleiben. Und solch ein Lebensraum wäre eine Sensation für Menschen, die unter den vielfältigen Anforderungen ihres Lebens in ihm (Jesus) bleiben, das ist das Geheimnis … Nicht wir sind dann glaubwürdig, sondern er selbst ist es durch uns.«

Wir ergänzen diese Worte mit dem Fazit: Wer maskenhaft lebt, lebt in sich selbst und aus sich selbst heraus. Aber in Jesus Christus zu bleiben, ermöglicht den Verzicht auf starre Masken. Haben wir das Gefühl: »Wir tragen viele Masken und haben kein Gesicht?« Dann heißt das Heilungsrezept: »Solange jemand *in Christus* ist, ist er eine neue Kreatur.« Ist er aber aus Christus herausgegangen, dann heißt die Heilungsanordnung: Zurück mit dir und wieder hinein in Jesus! Dann bist du geborgen vor Gottes Zorn, der nicht mehr dich und deine Sünde sieht, sondern seinen Sohn Jesus Christus …

Und unsere Mitmenschen in und außerhalb der christlichen Gemeinde erkennen auch hinter unseren Eigenheiten, dass Christus an und in uns wirkt, selbst wenn wir noch ein etwas undeutliches Bild abgeben.

Richard M. A. Suchenwirth

Schwermut – Schatten über der Lebensfreude

Das alte deutsche Wort Schwermut lässt sich wohl auf den großen Spracherneuerer Martin Luther zurückführen. Der Begriff umschreibt einen Seelenzustand, der vielen Menschen durchaus vertraut, wenn auch nicht immer bewusst ist.

Schwermut steht in enger Beziehung zu dem, was die Griechen als Melancholie, andere mit dem lateinischen Wort Depression bezeichnet haben und überschneidet sich teilweise mit den Bezeichnungen Trauer und Mutlosigkeit. Romano Guardini hat einmal in einem Vortrag über Depressionen gesagt, dass man dieses wichtige Thema keineswegs allein dem Psychiater überlassen dürfe. Sicherlich handelt es sich dabei aber um eine Grundbefindlichkeit des Menschen – mit der der Psychiater nun einmal durch die Aussagen vieler Kranker und seiner eigenen Beobachtungen am besten vertraut ist.

Das Erscheinungsbild der Schwermut

Viele Dichter und Schriftsteller, teilweise – wie Lenau, C. F. Meyer, Fontane und besonders Kierkegaard – selbst lange Zeit unter Schwermut leidend, haben das Erscheinungsbild oft genug dargestellt. Der Nervenarzt kann es immer wieder beobachten und sich während und nach derartigen Zuständen vom Betroffenen selbst schildern lassen.

Wen Schwermut befällt, fühlt seine Glieder oftmals, als wären sie aus Blei, als wären Mund, Augen und Ohren wie zugefroren. Die Welt um den Schwermütigen herum wirkt fahl und kühl, man sieht die Sonne kaum, spürt nicht ihre Wärme. Alles im Umfeld wirkt öde und leer, fast tot. Man hört nicht mehr den Gesang der Vögel, nimmt seine Mitmenschen unscharf wahr und ist außer Stande sich zu freuen. Alles, was vorher die Welt solcher Menschen farbig und anregend gemacht hat, liegt weit entfernt. Eine tiefe Trauer kann einen beherrschen, wenn nicht – besonders in schweren Fällen –, das Gefühl der Gefühllosigkeit vorherrscht. Die Empfindungen sind dann wie versteinert. Die Gedanken kreisen in engen Bahnen und oft unerträglich langsam. Man grübelt, sucht nach der Ursache oder gar der Schuld für diesen Zustand. Der Zeiger der Schuld zeigt dabei, wie es der Tübinger Psychiater Schulte ausdrückte, auf den Schwermütigen selbst. Die Zeit vergeht quälend, als ob die Uhren stehen geblieben wären. Unbestimmte Ängste können jemand beherrschen, manchmal auch unbegründete Befürchtungen aufbrechen, panikartige Zustände auftreten.

Man glaubt, dass vielleicht irgendein furchtbares Ereignis stattgefunden hat, das einem nur noch nicht mitgeteilt wurde. Man wähnt, dass ein nahe stehender Mensch gestorben sein könnte oder dass das weit entfernt liegende eigene Haus abgebrannt sei. In solchen Zuständen können also echte Wahnideen auftreten, allerdings immer tieftrauriger Art. Der Psychiater spricht dann von katathymen Wahnideen, also von solchen, die aus dem gestörten Gefühlsleben heraus verständlich sind und entwickelt werden. In Einzelfällen vermeinen solche Menschen förmlich Stimmen zu hören, die traurige oder beängstigende Dinge mitteilen, selten können sogar visionäre Zustände auftreten.

Der Antrieb, also das Bedürfnis irgendetwas zu tun und in Angriff zu nehmen, ist nicht mehr vorhanden, man hat keine Ziele, die Stimmung ist gedrückt und umdüstert. Auch rein körperliche Störungen können sich bemerkbar machen. Die Betroffenen sind meist völlig appetitlos, sie leiden vor allem fast immer unter hochgradiger Schlaflosigkeit. Alle vitalen Bedürfnisse liegen danieder. Rein äußerlich können solche Menschen schwer krank wirken, obwohl sie organisch gesund sind.

Diese Zustände können kurz sein, aber auch Tage, Wochen und sogar Monate dauern. Wenn die Stimmung sich wieder aufhellt, kehrt der Antrieb zurück und nach und nach klingen alle Erscheinungen der Depression ab. Hinterher empfindet man diese so, als wenn es sich um einen bösen Traum gehandelt hätte.

Kehrt freilich der Antrieb vor der Stimmungsaufhellung zurück, so drohen gefährliche impulsive Handlungen, vor allem auch Selbsttötungsversuche. Sie gelingen nicht selten. Sehr gefühlsvolle Menschen können – aus ihrer Weltuntergangsstimmung und Verzweiflung heraus – geliebte Menschen mit in den Tod nehmen, vor allem die eigenen Kinder oder auch den Ehepartner. Überleben diese Menschen derartige Zustände, sind sie hinterher fassungslos darüber, was sie zu tun beabsichtigten oder schon begonnen hatten.

Ursachen der Schwermut

Nicht immer ist die Schwermut so ausgeprägt, dass sie als krankhaft bezeichnet werden muss. In den leichteren Formen gehört sie zu den allgemeinen menschlichen Erfahrungen, oft im Zusammenhang mit dem Auf und Ab des Alltagslebens. Dies sieht man des Öfteren im Leben der Mitmenschen.

Es gibt Lebensphasen, in denen Menschen häufiger, wenn auch nur kurzfristig, schwermütig werden, andere in denen das seltener der Fall ist. In jedem Menschenleben gibt es also typische Krisenzeiten.

Bereits in der frühen Kindheit können seelische Schwankungen und verwirrende Gefühle einsetzen. In diese Zustände haben wir allerdings kaum Einblick. Häufiger treten depressive Zustände im Verlauf der Schulzeit und der Pubertät auf. Das frühe Erwachsenenalter, in denen der Mensch seinen Platz in der Gesellschaft und in der Welt noch nicht gefunden hat, ist diesbezüglich besonders gefährdet. Auch in der Lebensmitte können depressive Zustände auftreten, gehäuft wiederum während der Wechseljahre der Frau und am Ende des Berufslebens. Schließlich ist das Greisenalter eine gefährliche Zeit, in dem der Mensch mehr und mehr vereinsamt.

Zu Grunde liegen den depressiven Zuständen oft gewisse Charaktereigenschaften. Man kennt die geborenen Pessimisten und Schwarzseher. Im Übrigen sind es oft ungünstige oder schwer wiegende Eindrücke, die der Betroffene aus seiner Umwelt erfährt.

Man kann ebenso manche Schwermutszustände auf primäre Veränderungen im Stoffwechsel des Gehirns zurückführen. Es können aber auch schwer belastende Ereignisse indirekt den Stoffwechsel des Gehirns mit verändern.

Schwermutszustände als Reaktion auf Lebensereignisse

Kindheit und frühe Jugend

Wie bereits kurz angedeutet, ist es besonders schwer, Einblick in Schwermutszustände des Kleinkindesalters und der frühen Jugend zu gewinnen. Die Betroffenen selbst können sich nicht äußern. Man kann lediglich der Mimik und Gestik ansehen, dass eine Störung im Gefühlsleben eingetreten ist. Die erste Kindheitszeit ist zunächst überwiegend durch die Mutter-Kind-Beziehung geprägt, das Verhältnis zum Vater erhält erst später ein entsprechendes Gewicht.

In gewisser Weise kann sich im Verhalten des Kleinkindes die Beziehung zu Mutter und Vater widerspiegeln. Dabei darf man nicht einfach davon ausgehen, dass hier alles »normal« ist – wie Eltern das gerne sehen. Man sollte bedenken, dass viele Mütter in ihrem seelischen Zustand auf Schwangerschaft und Geburt eines Kindes nicht genügend oder gar nicht vorbereitet sind. Sie werden sich in vielen Fällen schwer tun, dem Kind in den ersten Entwicklungsphasen gerecht zu werden. Einerseits ist die Reifung dieser Menschen noch nicht genügend abgeschlossen, andererseits beschlagnahmt die Berufstätigkeit der Frau deren Gefühls- und Gedankenwelt. All dies ist für die Vorbereitung der Geburt und der frühen Kindheit des Kindes nicht unbedingt förderlich. Dennoch gibt es Mütter, die rein gefühlsmäßig dann doch meist das Richtige tun, neben anderen, die teilweise aus Angelesenem und Angelerntem den natürlichen Zugang zum Kind verstellt haben. Nicht weiter ausgeführt werden muss, dass Mütter manchmal auch eine kindesfeindliche, zumindest kindesablehnende Haltung haben können und sich dies im Alltagsleben immer wieder zeigt. Dann wird es für Kinder besonders schwer, von der Mutter die Anregung und Förderung zu erhalten, die sie in jedem Abschnitt des Heranwachsens benötigen.

Von Extremfällen sei hier abgesehen. Es ist zweifellos für jede Mutter schön, das Kind zu erleben, aber auch schwer, sich in ausreichender (aber nicht übertriebener) Form den Kindern zu widmen. Das gilt besonders für bestimmte Abschnitte der Kindheit sowie den Krankheitsphasen. Zusätzliche Kräfte und ein vermehrter Einsatz der Mutter werden notwendig, die sie oftmals nicht geben kann.

Die Beobachtung von Kleinkindern, wie sie etwa René Spitz gezeigt hat, lässt deutlich erkennen, in welchem Maße auch ein Kleinkind schon ein Sozialwesen ist. Auch sie bedürfen bereits in hohem Maße der gefühlsmäßigen Zuwendung durch eine mütterliche Person und ebenfalls des Vaters, um sich normal entwickeln zu können. Werden Kinder in dieser hoch empfindlichen Phase der Entwicklung nicht genügend gefördert, gar zurückgestoßen, können bereits sehr früh depressive Zustände eintreten. Auch können Entwicklungsrückstände dann vorhanden sein, die sich erst während des weiteren Lebens ungünstig bemerkbar machen.

Schulalter

Mit dem Eintritt in die Schule, oft schon in den Kindergarten, wächst die Zahl der Entwicklungsmöglichkeiten für Kinder in erheblichem Maße. Immer aber droht dann auch eine nachteilige Einflussnahme. Kommen Kinder zu früh in den Kindergarten (oder gar in die Schule), so können sie sich gefühlsmäßig ganz von der Außenwelt zurückziehen und abschließen. Der bekannte Autismus ist sicherlich teilweise daraus zu verstehen. Ferner droht unter Umständen der Rückfall in frühkindliche Phasen mit Einnässen und Einkoten. Gleiches gilt, wenn Kinder im Kindergarten, vor allem aber auch in der Schule, geistig überfordert werden. Solche Zustände werden in der Fachsprache als Regressionen bezeichnet. Treten diese auf, sind sie Signale und man sollte sich sehr genau überlegen, ob es ratsam ist, das Kind weiterhin diesen Kindergarten oder diesen Schulzweig besuchen zu lassen. Sprachstörungen (wie Stottern) können der

Ausdruck einer seelischen Überforderung sein, Gleiches gilt aber auch für die gesamte Entwicklung der Motorik und der Mimik. Die Kinder selbst können sich zwar diesbezüglich noch nicht verbal äußern, ihr Gesichtsausdruck, ihre Augen, ihre Gestik, die Art der Bewegungen sprechen jedoch für sich.

Es kommen gelegentlich im Rahmen solcher, nicht immer gut erkennbarer depressiver Zustände, sogar Selbstmordversuche vor. Bekannt sind auch Verhaltensstörungen wie eintönige, stets wiederkehrende Bewegungen, das Klopfen mit dem Kopf an eine Wand, wiegende Bewegungen des gesamten Körpers, Zähneknirschen, nächtliches Aufschrecken und Aufschreien und anderes mehr.

Vor allem können schulische Überforderungen dann eintreten, wenn die Ansprüche der Eltern oder auch der Lehrer zu groß sind und wenn zwischen Elternhaus und Schule nicht eine gewisse Harmonie herrscht. Absprachen zwischen Eltern und Lehrern (Lehrerinnen) sind zweifellos immer wieder notwendig, wenn Kinder sich ungewöhnlich verhalten.

Pubertät, spätere Schulzeit, Lehrzeit

Die spätere Schulzeit ist in noch höherem Maße davon geprägt, ob Elternhaus und Schule die echten Möglichkeiten des Kindes richtig einschätzen, um danach zu handeln. Am deutlichsten sind Überforderungen. Es muss nicht sein, dass jedes Kind und schon zu einem frühen Zeitpunkt von der Grundschule ins Gymnasium oder die Realschule wechselt. Die Wünsche der Eltern sollten sich den Möglichkeiten, die ein Kind seiner Veranlagung nach bietet, anpassen. Gewiss ist Anregung seitens der Eltern etwas Wünschenswertes, aber zu viel ist zweifellos für ein Kind ebenso schädlich, wie eine Überfütterung eines Kleinkindes. Auch Lehrer sind nur Menschen. Neben glänzenden Lehrern, die es verstehen, in Kindern Anlagen zu entdecken und zu fördern, gibt es zweifellos auch Lehrer, die mehr mechanisch ihren Stoff darlegen und wenig auf das Kind und sein Verständnisvermögen eingehen.

Unterforderung der Kinder kann sich ebenfalls negativ auswirken. Das braucht jedoch hier nicht weiter ausgeführt zu werden. Den goldenen Mittelweg zwischen zu hohen und zu niedrigen Anforderungen zu finden, ist oft nicht leicht.

Depressionen oder Schwermut in diesem Lebensabschnitt sind etwas recht Häufiges, auch wenn sie nicht immer seitens der Kinder mit Worten geäußert werden können. »Leiden eines Knaben« wurden mehrfach auch von Dichtern dargestellt, so von dem einfühlsamen Conrad Ferdinand Meyer und Hermann Hesse. In vielen Schilderungen des Lebens stellt man ebenfalls fest, welchen Qualen einige Kinder durch Druck oder Unverständnis der Eltern, unverständiger Lehrer oder auch kirchlicher Einrichtungen ausgesetzt waren. Viele können das nicht in Worten darstellen, leiden aber unter Umständen ein ganzes Leben unter derartigen Fehlprägungen.

In diesem Lebensabschnitt bahnt sich auch bereits die Einordnung in die Gesellschaft an. Dies betrifft Berufswünsche und Berufsziele. Leider versuchen Eltern oftmals ihre eigenen fehlgeschlagenen Wünsche in die Kinder hineinzutragen. Es wird dann nicht gefragt, welche Neigungen oder Talente ein Kind hat, sondern verbissen versucht man, Kinder in Bahnen zu zwängen, die ihnen unter Umständen nach Veranlagung und Eigenschaften gar nicht liegen. Hierzu gehört auch, dass manche Eltern die Übernahme des eigenen Betriebes durch ihre Kinder als ihr Lebensziel ansehen und dann auch erzwingen wollen. Die Fortführung des Betriebes in einer Familie, etwa über viele Generationen hinweg, kann für die darin Tätigen ein großer Segen sein. Es könnte aber auch ein Fluch für den sein, der mit Sonderbegabungen (etwa künstlerischer Art) in eine kaufmännische Tätigkeit hineingezwungen wird, aus der es kein Entrinnen gibt.

Entscheidungen dieser Art sind für jeden Menschen sehr schwierig, dies gilt besonders, wenn es sich um Menschen handelt, die vielleicht schon in der frühen Kindheit die eine oder andere schädliche Einwirkung erfahren haben.

Die Einordnung in die Gesellschaft und die Wahl einer beruflichen Laufbahn treffen nun zeitlich zusammen mit der biologischen Reifung und all den sich daraus ergebenden Problemen. Der Mensch ist ja nicht nur beruflich auf ein Ziel hin unterwegs, fast gleichzeitig treten seelische und körperliche Empfindungen auf, die letztlich zur Wahl eines Lebenspartners führen.

Die körperliche Reifung wird von manchen als furcht- und angsterregend empfunden. Es tritt etwas völlig Neues in das Leben herein, das in Erscheinungen und Auswirkungen lange nicht verstanden wird. Depressive Zustände in dieser Phase sind besonders häufig, auch wenn sie von den Betroffenen aus Schamhaftigkeit nicht geäußert werden. Es ist auch schwer in derartigen Krisen, von außen Hilfe zu geben. Verästelt sich das Gefühlsleben immer mehr, kann es zur schwärmerischen Anbetung eines anderen Menschen kommen. Auch dies mag mit zahlreichen Krisen und Enttäuschungen verbunden sein. Falsche Vorstellungen – verstärkt durch Zeitschriften und Fernsehen – lenken junge Menschen auf Irrwege. Eine Art von Depression mit Rückzug aus dem Leben ist zum Beispiel die gefürchtete Pubertätsmagersucht.

Enttäuschungen aller Art, der Verlust von innerlich festgeschriebenen Zielen, Ratlosigkeit in derartigen Lebenskrisen und schließlich sogar Verzweiflung sind eine Hauptursache schwerer depressiver Zustände, auch solcher, die zur Selbsttötung führen.

Bekanntlich hat Goethe einige Krisen dieser Art durchgemacht. In seinem Roman, die »Leiden des jungen Werther«, hat er eine Krise hervorragend dargestellt. Seine Darstellung war so gut und für viele junge Menschen derart nachvollziehbar, dass es im Anschluss an das Erscheinen dieses Buches viele Selbsttötungen gab. Zahlreiche junge Menschen der damaligen – und nicht nur dieser Zeit – fühlten sich dem jungen Werther so seelenverwandt, dass sie nicht mehr weiter leben konnten oder mochten.

Auch vieles, was in der Fachsprache als sexuelle Perversion bezeichnet wird, ist Ausdruck von Irrwegen, deren Ursachen im Einzelnen aufgedeckt werden müssten. Manches kann dann durchaus verständlich erscheinen. Will man auf die zum Teil erschreckenden Verhaltensweisen solcher Jugendlichen eingehen, bedarf es allerdings einer sehr weitgehenden Kenntnis ihrer Lebensgeschichte. In der Fachsprache bezeichnet man diese als »Empathie«.

»Wer's nicht erfühlt, kann's nicht erjagen«, schrieb Goethe einmal ganz allgemein, womit diese zwischenmenschliche Zuwendung deutlich ausgesprochen wird. »Man sieht nur mit dem Herzen gut, das Wesentliche bleibt dem Auge verborgen«, ließ einmal Antoine de Saint-Exupéry einen seiner Buchhelden sagen.

Nicht jedem ist eine derartige Empathie gegeben. Bei der Betreuung von Jugendlichen ist sie allerdings in höchstem Maße erforderlich, da in diesem Lebensabschnitt des Reifens und Werdens sich kritische Ereignisse ergeben können. Die Schwermut von Jugendlichen bedarf also einer besonders verständnisvollen Zuwendung. Aus eigener Erfahrung mit Straffälligen habe ich mich manchmal gefragt, ob ich bei ähnlichen Außeneinflüssen nicht auch einen derartigen Weg gegangen wäre!

Depressionen des mittleren Lebensalters

Während die Schwermutszustände im Jugendalter zumeist mit Problemen der Einordnung in die gesellschaftlichen Verhältnisse und insbesondere auch mit der Suche nach einem Lebenspartner in Verbindung gebracht werden können, hat sich die Lage rund 15 Jahre später deutlich verändert. Im Alter von etwa 40 – 45 Jahren kommt es aber ebenfalls öfter zu schwermütigen Zuständen. Sie lassen sich zumeist um vier Lebenskreise herum feststellen:

Häufig sind in diesem Lebensalter Ehekrisen. Die glücklichen ersten Jahre am Anfang einer Ehe sind vorbei. Man vergisst vielfach die Vorzüge des Lebenspartners und wird von zahlreichen kleineren und größeren Eigenheiten des anderen gestört. Streitigkeiten treten auf und können sich bei entsprechenden Charakterstrukturen weitgehend einschleifen. Oft werden jetzt ganze Lebensabschnitte neu durchdacht und neu gewertet.

Alte Erinnerungen brechen auf. Viele dieser Dinge sind selbstverständlich und müssen und können bei guter Willen und Einsicht auf beiden Seiten überwunden werden.

Schwerwiegender wird es, wenn der eine oder andere Partner aus den alltäglichen Reibungen ausscheren will und sich bei einem anderen Menschen bestätigt sehen möchte oder vielleicht Trost suchen muss. Ein »Seitensprung« kann eine erhebliche Verschlimmerung der ehelichen Spannungen bedeuten. Vor allem schwernehmende feinfühlige Naturen können derartiges dem Ehepartner nicht verzeihen und geraten im Laufe von Monaten oder Jahren mehr und mehr in eine depressive Stimmung. Dabei gilt das Wort Manfred Hausmanns: »Liebende leben von der Vergebung«. Alltäglich muss man verzeihen und Verzeihung annehmen können – das jedoch gelingt nur, wenn es von beiden Seiten eingebracht wird.

Fehlentwicklungen werden auch dadurch gefördert, dass der Mann – heutzutage natürlich ebenso die Frau – in eine höhere soziale Schicht aufsteigen und es dem Partner nicht möglich wird, hierin zu folgen. Partnerschaften werden dann oft wie alte Kleider abgelegt und neue begonnen – ohne Rücksicht auf den zurückbleibenden Teil. Es braucht nicht unbedingt so zu sein, dass der Ehemann – ebenso die Ehefrau – mit einem anderen Menschen zusammen gehen. Oft genügt es schon, wenn der entsprechende Partner über seinem Beruf und seiner Karriere zunehmend die ehelichen Pflichten und vor allem auch die gefühlsmäßige Beziehung zu seinem Ehegefährten vernachlässigt. Andererseits kann auch ein zu geringes Interesse am Berufsleben des anderen Partners Ursache zahlreicher Verstimmungen und spürbarer Depressionen sein. Man fühlt sich nicht genügend verstanden.

Gelegentlich können klärende Gespräche gut helfen, aber oft genug sind die Beziehungen über längere Zeit schon so zerrüttet, dass heftigere Diskussionen nicht mehr das reinigende Gewitter darstellen, wie man es sich erhoffen würde.

Lang hingezogene depressive Zustände des vernachlässigten Ehepartners sind recht häufig. Dieser muss einerseits lernen, auf vieles zu verzichten, darf andererseits eheliche Grundrechte in Familie, Haus und Besitz nicht aufgeben, um nicht noch tiefer in Abgründe der Einsamkeit zu sinken. Erschwerend kommt hinzu, dass in diesem Lebensabschnitt weitere ungelöste Aufgaben vorhanden sein können oder ein echtes berufliches Scheitern des einen oder anderen Lebenspartners vorliegt.

Viele berufliche Karrieren haben den Höhepunkt erreicht. Ein weiterer Aufstieg ist nicht mehr möglich. Viele Erwartungen wurden enttäuscht. Das gilt sowohl für staatliche Laufbahnen als auch für gute Posten in der freien Wirtschaft. Die körperliche Spannkraft lässt nach, die Zahl der Aufgaben kann aber noch zunehmen. Erfolge werden seltener und haben weniger Glanz. Junge Menschen (oder auch junge Betriebe) drängen nach und haben teilweise eine neuere und vielleicht gründlichere Ausbildung als man selbst. Für Männer und Frauen können im Berufsleben schmerzliche Rückschläge und Einengungen auftreten. In guten Ehen wird der Partner mittragen und helfen. Ist die Ehe aber nicht mehr harmonisch, fällt die Stützung durch den andern weg. Manchmal verheimlicht man sogar berufliche Nackenschläge – oft genug aus Angst, man könne an Ansehen in den Augen des andern verlieren.

In der heutigen Zeit mit schnell wechselnden Berufsbildern und oft unverschuldeten Zusammenbrüchen kann die ganze Lebensplanung zerstört werden. Hier kommt es dann zu weitgehender Ratlosigkeit, zu tiefgehenden Selbstwertkrisen und Schwermutszuständen. Viele Kranke sind mir in Erinnerung, die körperliche oder seelische Symptome boten, bei denen aber der Zusammenbruch der beruflichen Welt als Hintergrund und Ursache ausgemacht werden konnte. Diese Menschen haben ihr Leben neu zu bedenken und neu zu erarbeiten.

Ein dritter Bereich, der in dieser Altersstufe bedeutsam wird, ist die Beziehung der Eltern zu ihren Kindern. Die Kinder entwickeln sich in der Schule oder in der gesamten Umwelt nicht so, wie es Eltern gerne sehen würden. Man fragt sich, ob die Erziehung richtig war und zweifelt manchmal daran. So lange die Eltern rücksichtsvoll und durchdacht darüber miteinander sprechen, droht keine Gefahr. Niemand sollte ein Versagen oder Scheitern eines Kindes nur auf das Fehlverhalten oder die schlechten Eigenschaften des Partners zurückführen. Hier können heftige Konflikte entstehen, in denen sich Menschen gegenseitig wahrhaft zerfleischen. Sind die Kinder etwas älter, so werden sie Partei nehmen und auch von dem einen oder anderen Elternteil unüberlegt, unbedacht und unrechtmäßig als Bundesgenosse eingesetzt.

Ein Weiteres kommt hinzu: Die Frau tritt biologisch langsam in die Wechseljahre ein – ein wesentlicher Lebensabschnitt mit vielen Möglichkeiten geht damit zu Ende. In vielen Fällen erweist sich die

Zukunft dieser Frauen zeitweilig als richtungslos. Sie können dann neue Lebensziele nicht mehr hinreichend erkennen. Die Möglichkeit, nochmals eine volle Familie anzustreben, ist nicht gegeben. Auch hieraus entwickelt sich eine gewisse Ratlosigkeit – und verglichen mit den Träumen der Kindheit und Jugend erweisen sich viele vorhandene Erwartungen als gründlich enttäuscht.

Vergleiche mit anderen Menschen verunsichern zusätzlich, wenn diese es zu Häusern, Grundstücken, Autos, Reisen u. a. gebracht haben. Man selbst verarmt vielleicht. Diese Vergleiche können erhebliche Enttäuschungen bewirken. Es kann zu Vorwürfen in der Ehe kommen. Die äußeren Umstände sind geeignet, eine gewisse Willenlosigkeit und Verzweiflung und schließlich eine tiefe Schwermut hervorzurufen. In der psychiatrischen Fachsprache spricht man dann von reaktiven Depressionen. Liegen begünstigende Persönlichkeitseigenschaften vor, spricht man auch von neurotischen Depressionen. Dabei kommen zusätzlich noch aus der frühen Lebensgeschichte stammende Elemente zum Tragen. Alles ist miteinander vielfach verflochten, so dass weder einfache Einsichten noch einfache Lösungen möglich sind. Deshalb kann es für viele Menschen in diesem Lebensabschnitt zu schwer wiegenden, schon krankhaften Zuständen kommen. Das Erkennen von Schwermutszuständen und deren Gründe reichen aber meist nicht aus, um den Betroffenen davon zu befreien.

Alterswende

In den späten fünfziger, immer aber in den sechziger Jahren kommt ein neues Kapitel auf jeden zu, das er mit seinem Lebensschiff umschiffen muss. Die Arbeit im Beruf – gewiss oft lästig, beschwerlich und vielmals undankbar – geht zu Ende. Viele haben sich diese Zeit herbeigesehnt, andere, die erfolgreich waren und Lorbeeren ernten konnten, sehen diesen Zeitpunkt mit Schrecken nahen. Müssen sie ausscheiden, gehen ihnen die seelischen Korsettstangen verloren, die sie in den letzten Jahren aufrecht gehalten haben. Oft haben solche Menschen früher die Breite ihrer außerberuflichen Möglichkeiten immer mehr eingeengt, sich fast süchtig dem Beruf und nur noch diesem verschrieben. Der Pensionierungstod, von dem Hamburger Psychosomatiker Jores deutlich herausgearbeitet, ereignet sich bei vielen Menschen nahezu mit dem Zeitpunkt des Ausscheidens aus dem Berufsleben. Wenn man älter ist, hat man an mancher Beerdigung teilnehmen müssen, die zeitlich damit ziemlich genau übereinstimmte.

Glücklich die Menschen, die es verstanden haben, gewisse Liebhabereien zu pflegen, denen sie sich im Alter, wenn das Berufsleben aufhört, ganz zuwenden können. Leider sind viele Menschen keine Lebenskünstler. Je mehr ihre Kräfte nachlassen, desto stärker bemühen sie sich, durch besondere Leistungen im Berufsleben zu beweisen, dass sie noch nicht zum »alten Eisen« gehören. Manch plötzlich auftretender Todesfall in den fünfziger und sechziger Jahren kommt keineswegs so überraschend und unerwartet, wie dies auf vielen Todesanzeigen zu lesen ist. Vorausgegangen sind dem oft verzweifelte Bemühungen, die Leistungshöhe zu erhalten, was allerdings im Hinblick auf das Lebensalter und die körperlichen Möglichkeiten nicht mehr sinnvoll gewesen ist. Berufliche Niederlagen, auch private Demütigungen bildeten oft in hohem Maße das Vorfeld. Das alles kann zu einer ausgeprägten, wenn auch nicht nach außen sichtbaren (»larvierten«) Depression führen.

Ein anderer großer Bereich, der in diesem Lebensalter das Leben erschweren kann, bezieht sich auf das Familienleben. Die Kinder sind groß geworden, drängen aus dem Haus. Es hat den Anschein, als ob damit die familiären Strukturen, in denen man relativ sicher zu leben meinte, endgültig zerbrechen. Hier gibt es viele Enttäuschungen und wenig realistische Erwartungen. Bedrücktheit, Niedergeschlagenheit und schließlich eine ausgesprochene Schwermut können die Folge derartigen Erlebens sein. Dabei wird oft übersehen, dass nur das Freigeben der Kinder es ermöglicht, später mit der Freude an den Enkeln belohnt zu werden.

Ein weiterer Aspekt sollte bedacht werden: Die eigenen Eltern, auch nahe stehende Angehörige werden alt oder krank und bedürfen mitunter der besonderen Zuwendung und Pflege. Doch man hat – inzwischen selbst betagt – kaum mehr die Kraft dazu. Entzieht man sich, unterliegt man einem verständlichen Gewissensdruck. Entzieht man sich nicht, so gelangt man unter Umständen an die Grenze der Belastbarkeit. Einen sinnvollen und vertretbaren Weg zwischen Vernachlässigung und Pflichten zu finden, ist außerordentlich schwer. Das betrifft vor allem Frauen in dieser Altersstufe. Es kann dann zu ausgesprochenen Erschöpfungsdepressionen kommen. Sie werden sicher milder ausfallen, so lange man in einer guten Partnerschaft in der Ehe lebt. Viele Depressionen des so genannten Rückbildungsalters lassen sich auch hier nicht auf eine einzelne Störung (Überlastung) zurückführen, denn meist handelt es sich wie in andern Fällen um miteinander verwobene Dinge, die den einen oder anderen Menschen bis zur Verzweiflung treiben können.

Schwermut im Greisenalter

Unversehens früher oder später hat man das Greisenalter erreicht. Nur den wenigsten Menschen glückt es in dieser Altersstufe noch, eine nach außen hin erkennbare, angesehene und sinnvolle Tätigkeit auszuüben. Man denkt dabei an das Leben mancher berühmter Maler und Komponisten oder auch Schriftsteller, die bis ins hohe Alter hinein äußerlich anerkannt tätig sein konnten. Bei den meisten Menschen handelt es sich um einen ständig deutlicher in Erscheinung tretenden Rückzug.

»Immer enger, leise, leise ziehen sich unsere Lebenskreise« (Theodor Fontane). Gerade dieser Dichter erlebte in höherem Alter eine lang hingezogene, sehr schwere Depression. Allerdings war es ihm beschieden, sich aus dieser Depression herauszuheben und noch wesentliche dichterische Werke zu schaffen.

Leider ist dies den meisten Menschen nicht möglich. Glücklich sind die, die gewisse Steckenpferde bis ins hohe Alter reiten können. Glücklich auch jene, die in sozialen Pflichten aufgehen können, vielfach in einem selbst gewebten zwischenmenschlichen Beziehungsnetz und von dort her später auch getragen werden.

Albrecht Dürer hat in seinem berühmten Kupferstich »St. Hieronymus im Gehäuse« wohl die Situation alter Menschen beispielhaft dargestellt. Dieser alte Mann, der an seinem Schreibtisch sitzt und sich mit Schriften beschäftigt, ist noch Herr der Dinge. Hinter ihm sind neben Büchern zahlreiche alte Gegenstände zu erkennen, die seinen Lebensablauf belegen. Vor dem Schreibtisch liegt ein schlafender Löwe, wohl Symbol der Tiernatur im Menschen.

Auf den Greis bezogen, mag das bedeuten, dass er günstigstenfalls noch eine Tätigkeit hat, die sinnvoll ist und ihn ausfüllt und er auf ein langes Leben zurückblicken kann, das zwar Enttäuschungen, aber auch viele Freuden gebracht haben mag. Sicherlich kann ein Mensch, der im Leben etwas geleistet hat, einen erfreulicheren Rückblick registrieren als andere, die das Leben überwiegend als Möglichkeit zur Lustgewinnung sahen.

Schwermut im Greisenalter ist mit die schwerste psychiatrische Erkrankung, mit der sich ein Nervenarzt auseinander setzen muss. Bei zunehmender Gebrechlichkeit vereinsamt man stärker, besonders wenn man den Lebenspartner verloren hat. Die Unmöglichkeit, noch neue Zukunftsperspektiven einzubringen und auch für sich selbst zu entwickeln, erschwert das Leben dieser Menschen in hohem Maße. Es kann nicht übersehen werden, dass viele auf dieser Altersebene als einzigen Ausweg das Ende des Lebens erwarten, ja ersehnen. Dies ist im Übrigen literarisch überzeugend von Hermann Hesse dargestellt worden, der in seinem »Glasperlenspiel« in der Begegnung zweier alter Menschen – beide auf der Flucht vor einem sinnlos erscheinenden Leben – einen Übergang des Weiterlebens verdeutlicht. Sie vermögen miteinander den reichen Schatz ihrer Kenntnisse und Erinnerungen sozial wirksam werden zu lassen.

In vielen Fällen werden alte Menschen von Verwandten, vor allem von Kindern und Enkeln, wesentlich gestützt. Teilweise genügt es, wenn Großeltern auf das Leben ihrer persönlichen Nachkommen mit Zufriedenheit blicken können. Andere Menschen aber vereinsamen vollständig im hohen Alter. Sie werden dabei immer kritischer. Denkbare persönliche Beziehungen brechen nach und nach ab. Manche Menschen können sich ganz nach innen zurückziehen. Wenn sie dafür aufgeschlossen sind, kann ihnen die christliche Religion zur Stütze werden. Dann bekommt ihr Leben nochmals Sinn. Das berühmte Buch »Nachfolge Christi« etwa von Thomas von Kempen ist diesbezüglich vielen eine große Hilfe gewesen.

Je mehr man allerdings sein Leben auf äußere Werte – strotzende Gesundheit, Reichtum, Schönheit, gesellschaftliche Stellung u. a. abgestellt hatte, desto weniger Hilfe kann man im Alter von geistigen Einsichten her erwarten. Tiefe Bedrücktheit, Niedergeschlagenheit, Ratlosigkeit und eine ausgeprägte Schwermut können bei derartigen Menschen nicht überraschen. Selbsttötungen solcher Vereinsamten sind häufig und oft besonders gewaltsam.

Endogene Depressionen

Der Autor bemühte sich im Vorangegangenen aufzuzeigen, welch großen Belastungen der Mensch in den verschiedensten Lebensstufen ausgesetzt sein kann. Diese Belastungen sind nur im Ausnahmefall auf eine bestimmte Enttäuschung hin zu entziffern. In vielen Fällen verbinden sich größere und kleinere Teilursachen, um den Menschen mehr und mehr in Ratlosigkeit, Niedergeschlagenheit, Willenlosigkeit und ausgeprägte Schwermut sinken zu lassen.

Es gibt aber nicht wenige Menschen – vermutlich sind rund 1 Prozent der Bevölkerung davon betroffen – die von Zeit zu Zeit und ohne äußerlich erkennbare Ursache in Schwermut versinken. Man spricht in solchen Fällen von einer endogenen Depression. Erbfaktoren spielen dabei eine große Rolle. Natürlich mögen in Einzelfällen auch Außenumstände wirksam sein, die sich aus dem jeweiligen Lebensalter leicht ableiten lassen. Dies ist aber keineswegs die entscheidende Ursache. Man erfährt bald, dass ähnlich belastende Außenumstände Jahre zuvor keine wesentliche Wirkung auf den Gemütszustand des Betroffenen hatten.

Recht oft zeigen in dieser Hinsicht Betroffene ausgeprägte Phasen von Schwermut, die sich dann von selbst wieder auflösen, auch wenn die Außenumstände unverändert bleiben. In der Folgezeit können sich Zustände von erhöhtem Glücksgefühl einstellen. Solche Menschen werden dann sehr umtriebig, stecken voller Pläne und entwickeln eine außerordentliche Betriebsamkeit. Man spricht dann von einer hypomanischen oder manischen Phase, die nicht selten einer depressiven Phase folgt.

Besieht man sich diese Menschen genauer, so wird man bestätigt finden, dass es keineswegs die Außenumstände oder Entwicklungskrisen sind, die den einen oder anderen problematischen Zustand herbeiführten. Hier liegen – nach und nach immer deutlicher erkennbar – tiefgehende Störungen des Hirnstoffwechsels vor, die zu dieser Erkrankung führten. Man hat hier vor allem den Serotoninstoffwechsel des Gehirns verantwortlich gemacht: eine Verarmung an dieser Substanz bei Depressionen und einen zu hohen Gehalt an Serotonin bei Manien nachgewiesen. Solche Depressionen werden grundsätzlich als endogen bezeichnet, folgt eine manische Phase, so spricht der Psychiater von einer Zyklothymie.

Biologische Ursachen

Stoffwechselvorgänge im Gehirn können sich auf die Gemütslage deutlich auswirken. Man weiß dies vielfach aus eigener Beobachtung und erinnert sich, dass Alkohol, wenn nicht im Übermaß genossen, vorübergehend Zustände von Sorglosigkeit und auch Freude hervorrufen kann. Auf die große Gefahr, falls man sich immer mehr auf solche Mittel einlässt, sei hier am Rande hingewiesen.

In den letzten Jahrzehnten konnte man mehr und mehr Medikamente entwickeln, die einen eindeutig günstigen Einfluss auf depressive Zustände haben. Man hat einerseits versucht, den erniedrigten Serotoninspiegel bei solchen Kranken zu erhöhen, andererseits Stoffe zu geben, die in ähnlicher Weise wie Serotonin wirken können.

Dies kann man bei so genannten reaktiven Depressionen versuchen. Man muss aber davon ausgehen, dass sich schwere Enttäuschungen und die sich daraus ergebende Niedergeschlagenheit und Mutlosigkeit nur begrenzt durch Einwirkung auf die Stoffwechselvorgänge im Gehirn beeinflussen lassen.

Die Behandlung schwerster Depressionen aus innerer Ursache ist seit vier Jahrzehnten eine dankbare Aufgabe für den Nervenarzt geworden. Es ist oft erstaunlich, wie innerhalb von wenigen Wochen ein sich lang hinziehender Zustand größter Bedrücktheit, Willenlosigkeit und Mutlosigkeit durch solche Medikamente beseitigt werden kann.

In gewissem Maße sind auch die gestörten Stoffwechselvorgänge im Gehirn bei chronischer Überforderung und Überlastung, Schmerzzuständen, Trauer und Ähnlichem zu beeinflussen. Hier kann man allerdings nur Zeit gewinnen und dem Kranken solche Zustände erträglicher gestalten. Der damit Behandelte nimmt dann die Umstände seines Lebens nicht mehr so wichtig. Es muss aber betont werden, dass nur er selbst seine persönliche Lebensaufgabe auf Dauer lösen kann. Die Einsicht bezüglich eines etwaigen Fehlverhaltens oder vermeidbarer Dinge, ist nicht medikamentös zu erzielen. In vielen Fällen handelt es sich ja um echte Reifungsvorgänge, an denen man sich nicht vorbeimogeln kann. Unglücksfälle, tief greifende Enttäuschungen und Ähnliches lassen sich durch chemische Stoffe nicht wegwischen.

»Vom Unglück erst zieh ab die Schuld, den Rest ertrage mit Geduld« bleibt in jedem Fall bestehen.

Schicksalsschläge

Bei vielen Menschen kommt es im Lebensablauf immer wieder zu kleineren oder größeren schmerzhaften Erfahrungen, die man zu Recht mit der Bezeichnung Schicksalsschläge benennt. Eine eigene schwere Erkrankung, die vielleicht zum Tode führen kann, schwere Erkrankungen oder Tod von nahen Angehörigen, – vor allem des Ehepartners, der Kinder, auch der Eltern – schwere wirtschaftliche oder finanziell unverschuldete Einbußen, Verkehrsunfälle und anderes mehr, bedeuten Einschnitte in ein Leben, die vorübergehend kaum überwindbar erscheinen. Hier kann man mit Psychopharmaka, vor allem stimmungsaufhellenden Stoffen ein wenig weiterhelfen – jedoch sind die Grenzen bei Schwermutszuständen dieser Art außerordentlich eng gesteckt.

Die davon Betroffenen, vor allem, wenn sie keinerlei Schuld daran tragen, stehen oft vor Sinnfragen. Es gibt viele Menschen, die diese Sinnfragen nicht bewältigen können. Leichter, wenngleich immer noch sehr schwer, ist es für den, der versucht, über das derzeitige Schicksal hinauszublicken. Man erkennt dann, dass das Leben stärker als man meint, voller Gefahren steckt. Das wird in vielen Ländern des Südens noch deutlicher und krasser, wo Hochwasserfluten, riesige Waldbrände, Erdbeben und andere Katastrophen den Menschen an seine Begrenztheit erinnern. Das heutige Leben ist trotz aller technischer und sonst noch ausgeklügelter Hilfsmittel ein Leben voller Bedrohungen.

Leichter kann man mit derartigen Schicksalsschlägen zurechtkommen, wenn man sie als große Prüfung erkennt, die einem auferlegt wurde. Unzweifelhaft ist die Entwicklung der menschlichen Religion und insbesondere die Kraft des Christentums eine Auffangmöglichkeit und das notwendige Rüstzeug, solche Schicksalsschläge zu überwinden oder doch zu ertragen.

Schlussbemerkungen

Wenn man bedenkt, wie sehr Schwermut mit der gesamten menschlichen Existenz verzahnt ist, können einen die warnenden Worte Romano Guardinis, die eingangs erwähnt wurden, nicht überraschen. Schwermut gehört zum menschlichen Leben, zeigt hier immer wieder unüberschreitbare Grenzen auf.

Gewiss kennen wir Schwermutszustände, die tief biologisch verankert sind und zudem noch eine erbliche Komponente haben. Man kann sie als echte Krankheit bezeichnen, die auf körperlicher Grundlage beruhend durch Medikamente behandelt werden kann.

Zeigen sich Schwermutssymptome, die aufgrund von Enttäuschungen aller Art entstehen können, beruhen diese vielfach auf falschen Erwartungen und sind manchmal nicht ganz unverschuldet. Hier geht der Weg der Gesundung über innere Einsicht und gedankliche – manchmal auch äußerliche – Umstellungen.

Die vielen und teilweise großen Herausforderungen des Lebens, vor allem in den typischen Entwicklungsstadien, führen zu komplexen und verflochtenen Zwischenphasen. Man fühlt sich der Vielzahl und Kompliziertheit der Anforderungen nicht gewachsen, ist auf sie kaum vorbereitet. Der Mensch ringt dann mit Schwierigkeiten, an denen er reifen oder schwermütig werden kann. Verständnisvolle Ärzte können helfen, den Blick für das zu Bewältigende zu schärfen und das nicht Überwindbare zu erleichtern.

Schließlich können in jedem Menschenleben Schicksalsschläge eintreten, die an die Grenze des Verstehbaren stoßen. Solch eine auferlegte Prüfung, manchmal an der Grenze zum Grausamen, verdunkelt Gott und lässt ihn aus dem Blickwinkel des Betroffenen nicht mehr als gütig-liebevollen Vater erscheinen. Hier dennoch nicht den Glauben zu verlieren erfordert unendlich viel Kraft und Einsicht. Ärztlicher und zwischenmenschlicher Beistand hören an dieser Stelle weitgehend auf. Hilfe kann nur noch als Gnade aus einer anderen Welt kommen. Nimmt man diese Zeichen aus göttlicher Hand an, so kann alles schließlich doch zum großen Segen werden.

Ein Beispiel ist das Schicksal und der Lebensweg der Familie Bodelschwingh. Die bittere Erfahrung, in kürzester Zeit vier Kinder durch eine tödliche Krankheit zu verlieren, dieses Handeln Gottes aber innerlich anzunehmen, hat das Ehepaar Bodelschwingh zu jener Aufgabe und Lebensleistung geführt, die wir in der segensreichen Gemeinschaft Bethel in der Vergangenheit und in mancher Hinsicht bis heute bewundern können.

Die Einsicht in das Wesen der Schwermut kann also nicht nur die Aufgabe des Psychiaters sein. Deutliche Grenzen werden damit im Leben gesetzt. Niemand bleibt von Unwagbarkeiten ganz verschont. Manch ein Dasein verläuft schmerzlich, neue Wege müssen gefunden werden. Findet man aber den neuen Anfang in innerer Zufriedenheit, wird man reichlich dafür belohnt.

Hans Böttcher

Die Ruhe Gottes und des Menschen Erholung

In den vergangenen 150 Jahren hat die wöchentliche Arbeitszeit in den Industrieländern in ungeahnter Weise abgenommen, während die frei zur Verfügung stehende Zeit ebenso zugenommen hat. Die Menschen in den Industrienationen hatten also 150 Jahre Zeit, den Umgang mit der erweiterten Freizeit zu lernen. Ist es in dieser Situation dann noch notwendig, d. h. eine Not wendend, diese Menschen über die »Zeit der Erholung« besonders zu informieren?

Dass dem Menschen gesagt werden muss, er brauche neben seinem tätigen Leben auch Ruhe und Erholung, davon war das Volk Israel aufs Tiefste überzeugt. Die Begründung fand es in der Schöpfungsgeschichte:

»Und so vollendete Gott am siebenten Tage seine Werke, die er machte, und ruhte am siebenten Tage von allen seinen Werken, die er gemacht hatte! Und Gott segnete den siebenten Tag und heiligte ihn, weil er in ihm ruhte von allen seinen Werken, die Gott geschaffen und gemacht hatte.« (1. Mose 2, 2.3)

In den Zehn Geboten wird dieser Ruhetag dann zum Sabbat- und Bekenntnistag erklärt, der unbedingt geheiligt werden muss. (vgl. 2. Mose 20, 8-11)

Der Theologe Gerhard von Rad (1901 – 1971) hat darauf aufmerksam gemacht, dass Gott sein Werk am siebenten und nicht am sechsten Tag vollendete. Erst in der Ruhe Gottes kommt die Schöpfung an ihr Ziel. Nicht der Mensch ist die »Krone der Schöpfung«, sondern die Gottesruhe. Und »diese Ruhe ist in jeder Hinsicht etwas Neues neben dem Schöpfungsvorgang und nicht einfach das negative Zeichen seines Endes« (v. Rad, S. 49). Gott segnet den Ruhetag, d. h. »er füllt diesen Tag mit Kraft und Wirkung« (H. Frey, S. 19). Heiligung des siebenten Tages bedeutet, dass er für Gott ausgesondert, zum Eigentum Gottes erklärt wird. Das ist ein Anruf an den tätigen Menschen: Wer diesen geheiligten Zeitbereich betritt, hat Teil an Gottes Ruhe und Kraftschöpfung.

G. v. Rad weist auch auf die Merkwürdigkeit hin, dass zum siebten Tag die abschließende Formel, »so wurde es Abend und wieder Morgen«, fehlt. Der Schöpfungssabbat ist also nicht begrenzt. Er soll über die Zeiten hinweg erstrahlen bis zu jener endgültigen Ruhe im neuen Äon, von der in Hebräer 4 die Rede ist. »So hat Gott das, was dem Menschen im Zeitlichen wohltun, sogar nötig sein wird, ja das, was ihn einmal eschatologisch im Ewigen aufnehmen wird ... schon bei der Schöpfung zubereitet.« (G. v. Rad, S. 49)

Ruhe-Zeit als Zeit der Erholung und zur Erholung (in ihren vielfältigen Aspekten) ist also ein lebenswichtiges An-Gebot unseres Schöpfergottes, dessen Nichtannahme den Menschen in selbstzerstörerische Ersatzbefriedigungen treibt. »Wir sterben nicht an unserer Arbeit, wir sterben an der Pseudoerholung«, sagte schon 1961 der Hygienik-Professor Dr. med. Franz Klose (Universität Kiel). Inzwischen hat sich eine riesige Freizeit- und Tourismusindustrie dieser Pseudoerholung bemächtigt und sorgt für ihre Ausbreitung in allen Altersgruppen und Bevölkerungsschichten. Dreißig Jahre nach der Feststellung von Prof. Dr. Klose bestätigt Prof. Dr. W. Blechmann (Universität Mülheim a. d. Ruhr): »Mehr Freizeit erzeugt nicht einfach ein erhöhtes Wohlbefinden.«

In diesem Beitrag zum Thema »Der Mensch hat seine Zeit« wird deshalb versucht, das Ruhe- und Erholungsangebot Gottes für den Menschen der Gegenwart zu verdeutlichen.

Zunächst soll auf die genaue Wortbedeutung der Begriffe »Erholung«, »sich erholen« hingewiesen werden. Die Vorsilbe »er-« ist die sprachlich abgeschwächte Form von »ur-«. Dieses »ur-« weist u. a. auf den Anfangszustand eines Geschehens oder einer Sache hin, wie z. B. bei den Begriffen »Urbild«, »Urmensch«, »Ursprung«(Quelle). »Erholung« bedeutet also eigentlich »Urholung« und meint, etwas aus seinem Ursprung holen. »Sich erholen« heißt dann, sich wieder in den Anfangszustand seiner leiblichen, seelischen und geistigen Kräfte versetzen, sich an den Ursprung dieser Lebenskräfte begeben.

In einer alten Biblischen Handkonkordanz aus dem Jahre 1740 von M. Gottfried Büchner entdeckte ich einen ausführlichen Text zum Stichwort »Sabbath«, der diese Deutung von Erholung als Urholung vorwegnimmt.

Einige Sätze seien zitiert:

»Bei dem Sabbath ist nicht bloß die negative Seite, Ruhe von der Arbeit, sondern vornehmlich die positive Seite des Zurückkehrens in seinen vorigen Zustand des Wiederhergestelltseins aufzufassen ... Die Ruhe (Gottes) ist der sinnliche Reflex des unbeweglichen Seins. Soll also eine Zeit als Gotteszeit gelten, so muss es Zeit der Ruhe sein ... Das Ruhen bezweckt somit, den Menschen zum wahren Sein und Leben, zu Jehova ... zurückzubringen und ihn ... wiederherzustellen.« (Büchner S. 838)

Der Psalmbeter bestätigt diese Auslegung mit dem Lobpreis Gottes: »Bei dir ist die Quelle des Lebens.« (Ps. 36,10). So verweist also Erholung als Urholung letztlich auf unseren Schöpfergott. In der Rede vom »Urlaubs-Paradies« klingt die Sehnsucht nach der Quelle des Lebens noch durch.

Erholungserlebnisse

Die psychologische Erholungsforschung[1] hat nun zeigen können, dass es für das Finden dieser Quelle eine Reihe von vorbereitenden und hinführenden Erholungserlebnisse gibt. Deren Kenntnis kann dem erholungsbedürftigen und Erholung suchenden Menschen unserer Tage bei der »Quellensuche« helfen, damit er Anschluss an die »Urholung« findet.

Der »Mensch unserer Tage« ist in seinem Lebensalltag bekanntlich ganz anderen Bedingungen ausgesetzt als die Menschen in den vorindustriellen Geschichtsepochen. Diese Bedingungen »bedingen« daher auch die heute notwendigen Entlastungs- und Erholungserleb-

[1] Ich greife auf ältere, aber noch immer gültige Befunde zurück. Die Wissenschaft hat auch die Aufgabe zu verhindern, dass längst erkannte Wahrheiten vergessen werden. – Die neuere Freizeitforschung geht außerdem von einer anderen Interessenlage aus und hat andere Ziele.

nisse. Einige besonders wesentliche werden im Folgenden kurz beschrieben. Eine scharfe Trennung solcher Erlebnisse ist – wie bei allem Lebendigen – nicht möglich. Überschneidungen verweisen auf den Ergänzungscharakter der einzelnen Erlebnisse.

1. Das Autonomie-Erlebnis

Eine das heutige Arbeits- und Berufsleben kennzeichnende Bedingung ist die Fremdbestimmung (Heteronomie) des Menschen. Und oft lässt er sich durch die Freizeitindustrie und die Massenmedien auch noch in seiner freien Zeit »fremd« bestimmen. Deshalb ist das Autonomieerlebnis in der Zeit der Erholung besonders wichtig. Der fremdbestimmte Mensch findet im selbstbestimmten Umgang mit seiner Freizeit die Überzeugung, dass er fähig ist, in seinem Denken, Verhalten und Handeln selbstgesetzte und für ihn bedeutsame Motive zu verwirklichen. Dieses Freizeitbewusstsein kann ihm, wenn seine Motive »im Angesichts Gottes« geklärt wurden, einen Vorgeschmack von der »herrlichen Freiheit der Kinder Gottes« (Röm. 8,21) vermitteln.

2. Einsamkeit und Intimität

Ein Merkmal des heutigen Lebens in der Großstadt und in vielen Großbetrieben ist die »Anonymität in der Menge«, d. h. der einzelne Mensch geht namenlos, ohne Namen in der Menge unter. Er fühlt sich nicht als unverwechselbare Person wahrgenommen, sondern als austauschbares »Rädchen im Getriebe«. Das Erlebnis der Einsamkeit und der Intimität hat daher für den namenlosen Menschen in der Menge großes Gewicht. Die zunehmende Tendenz, sich auch unter Erwachsenen zu duzen, ist wahrscheinlich Ausdruck des Unbehagens an dieser Anonymität. Intimität ist dabei aber oft nur vorgetäuscht.

Der erholungsbedürftige Mensch braucht also das »namhafte« Einsamkeitserlebnis – im Unterschied zur trostlosen Vereinsamung, die es leider in der heutigen Massengesellschaft viel zu häufig gibt. Goethe bezeichnete die positive Einsamkeitserfahrung einmal als »Windstille der Seele«. (Wolf, S. 29). Eugen Wolf weist darauf hin, dass Goethe diese Stille »als demütiges Sichbeugen unter einen höheren Willen« verstand; denn der Dichter kannte sehr wohl das Jesajawort: »Wenn ihr umkehret und stille bliebet, so würde euch geholfen, durch Stillesein und Hoffen würdet ihr stark sein.« (Jes. 30, 15)

In solcher Stille der Einsamkeit kann es dann auch geschehen, dass der namenlose Mensch die Stimme des Hirten vernimmt, der »seine Schafe mit Namen« ruft (Joh. 10, 3) und das andere Jesajawort: »Ich habe dich bei deinem Namen gerufen; du bist mein!«, frohgemut auf sich zu beziehen wagt. (Jes. 43, 1)

Die vertrauensvolle Ich-Du-Beziehung, die Trost und Hoffnung spendende Einsamkeit zu zweit, ist eine weitere ausgezeichnete Situation der Urholung. Im Schutze der Einsamkeit kann man sich psychisch und physisch näher kommen. Diese Nähe ermutigt dazu, sich wechselseitig Innerstes (lat. intimus) zu offenbaren, und die so gewachsene Intimität wirkt dann als ein starker Schutzschild gegen die oft deprimierende und lähmende Anonymität in der Menge.

3 Das Geselligkeits- und Gemeinschaftsleben

Die schützende Einsamkeit zu zweit, die auch Geborgenheit, Gelöstheit und Heiterkeit schenkt, braucht eine Entgrenzung und Ergänzung, soll sie nicht in eine selbst gewählte Isolation führen. Im Geselligkeits- und Gemeinschaftserleben findet der Mensch einen Ausgleich zum bloß zweckgebundenen Nebeneinander im Arbeitsleben und Entlastung von den Zumutungen und Zwängen im öffentlichen Verkehrs- und Verwaltungssystem. In diesen überpersönlichen Systemen gilt, was »man« tut oder nicht tut. Diesem »Man« ist die Einzelperson mit ihren individuellen Bedürfnissen gleichgültig. Die Gruppengemeinschaft wird als Bollwerk gegen Bedrängnisse und Ängste wahrgenommen, die die anonyme und pluralistische Massengesellschaft stets neu provoziert, sie hebt deren Gleichgültigkeit auf und gibt Freiheit von »Systemzwängen«.

Diese Freiheit findet ihren Ausdruck z. B. im fröhlichen und zweckfreien Spiel und in vielen anderen kreativen Gruppenaktivitäten. Die Gruppe spendet Sicherheit und Geborgenheit durch wechselseitige Hilfsbereitschaft, durch das zwanglose Gespräch mit vertrauten Personen, durch Erfahrung der Verlässlichkeit der Gruppenmitglieder. Im Wir der überschaubaren Gruppe erlebt sich der Mensch als echter Teil, ohne den die Gemeinschaft lückenhaft wäre.

Dass eine Gruppengemeinschaft in ihrer Erholungsfunktion »entarten« kann, sei wenigstens am Rande erwähnt. Einen absoluten Schutz gegen autoritäre und neurotische Gruppenmitglieder gibt es nicht. In solchen Fällen wird sich die Freizeitgruppe ggf. unter der Leitung eines Seelsorgers oder Psychotherapeuten zeitweilig in eine therapeutische Gruppe umwandeln müssen. Erholung als Urholung bedeutet dann auch Heilung gestörten Verhaltens, um das Gemeinschaftsleben wieder in Ordnung zu bringen.

4. Das Heim- und Wohnerlebnis

Oft vergessen wird in der Literatur über Freizeit und Erholung die Bedeutung des Heim- und Wohnerlebnisses. Das Heim der Familie ist das Gegenteil zum bloßen Asyl. Das Heim ist der Kernbereich der Heimat. Der vom Arbeitsalltag heimkehrende Mensch kommt in der Erwartung: »Hier ist der Platz für mich! Hier bin ich willkommen!« Ähnlich wie der aus der Fremde in die Heimat Zurückkehrende findet der heimkehrende Arbeits- und Berufsmensch im Heim wieder seinen ursprünglichen Ort und seine ursprüngliche Rolle als Vater, als Mutter, die heimkehrenden Schüler oder Lehrlinge als Sohn oder Tochter. Eine Kette von »Ursprünglichkeiten« begegnet uns also im Familienheim. Erholung als Urholung wird in vielen Dimensionen des Menschseins erlebbar.

Aus der anonymen und unpersönlichen Welt »da draußen« kehrt der Mensch in den Schutz seines Hauses oder seiner Wohnung zurück und findet dort zusammen mit seinen Angehörigen Ruhe und Frieden. Sogar das Bürgerliche Gesetzbuch schützt diesen

Frieden gegen Hausfriedensbruch (§ 554a) wegen seiner Bedeutung im menschlichen Dasein.

Eugen Wolf bringt diese Besonderheit des Wohnens im Heim treffend zum Ausdruck:

»Wohngefühl haben heißt, sich geborgen fühlen vor dem Zudrang der Welt wie auch vor dem des eigenen Ichs. Es heißt mit sich selbst in Ordnung sein, es heißt die menschliche Unbehaustheit überwunden haben. Das Wohnen in diesem Sinne ist Ausdruck und Gleichnis des »Wohnens« in sich selbst.« (Wolf, S. 26)

Hier bahnt sich die Möglichkeit an, den Erholung suchenden Menschen mit dem Bild vom Wohnen des Geistes Gottes und des Christus in uns zu konfrontieren (Röm. 8,11; Eph. 3,17 u.s.w.), um ihm die tiefste und zugleich höchste Gestalt der Urholung anzubieten.

Diese knappe Beschreibung der Erholungsfunktion des Heim- und Wohnerlebnisses macht auch deutlich, welchen Gefährdungen der Mensch ausgesetzt ist, der in ein »zerrüttetes Heim« oder in eine »chaotische« Wohnung zurückkehrt, in der er nicht mit sich selbst und mit Gott in Ordnung kommen kann.

5. Das Naturerlebnis

Die Intimgemeinschaft und die vertraute Welt des Heims oder der Wohnung wirken erholsam, indem sie den Menschen umschließen und dadurch von den Forderungen und Bedrängnissen der Welt »da draußen« abschließen. Ihr polares Gegenstück finden diese abschirmenden Erholungserlebnisse im Naturerlebnis. Unsere ahnende Sprache hat der Natur die Bezeichnung »das Freie« beigelegt und deutet damit bereits den Entlastungs- und Erholungscharakter an.

Sehr einfühlsam hat Dore Jacobs das echte vom unechten Naturerleben unterschieden. Letzteres widerfährt dem Menschen, wenn er die Natur lediglich als Mittel zum Zweck der Befriedigung egoistischer Bedürfnisse missbraucht.

»Echtes Naturerleben ist ein umfassender Vorgang, alle Leibes- und Seelenkräfte sind daran beteiligt. Erleben heißt Eindrücke mit ...

den inneren Lebenskräften aufnehmen und verarbeiten, mit allen Organen statt nur mit Gefühl und Verstand, mit dem ganzen Leib statt nur mit dem Auge ... Aus dieser elementaren Naturverbundenheit ... wächst auch das Mitleben mit den rhythmischen Abläufen der Natur, von denen der moderne Mensch sich so weit entfernt hat ... Aber niemand bleibt seelisch heil, der diese Verbindung dauernd entbehrt ... Bloße Gefühle sind hier nichts, das Sicheinfügen ist alles.« (Jacobs, S. 124)

In der Natur begegnet der Mensch dem Nicht-Machbaren. Die Grenzen der Machbarkeit werden ihm bewusst, er kann sich frei machen von den Zwängen des technisch-industriellen Denkens und Handelns, die oft die Machbarkeit aller Dinge vortäuschen.

Aber auch dem Ungeheuren und Fremden setzt sich der Mensch in der Natur aus. Das kann »den Sinn für das in uns selbst Verborgene und Fremde stärken, uns rüsten für die Erkenntnis des Ungeheuren, das in unserem eigenen Innern am Werke ist und das zu deuten und zu bewältigen eine unserer Lebensaufgaben ist.« (Portmann, S. 77)

Eindrucksvoll kommentiert Eugen Wolf ein Naturerlebnis Goethes; er saß allein auf einem hohen nackten Granitfelsen, auf Urgestein also: »Die Berührung mit den Urtatsachen des Seins ... kommt aus tiefster äußerer Einsamkeit und führt in tiefste innere Einsamkeit und damit zu Unaussprechbarem, zu dem, worüber man ›nur mit Gott reden kann‹ (Goethe wörtlich)«. (Wolf, S. 32)

Alle diese Aspekte des Naturerlebens machen deutlich, wie sehr sie geeignet sind, den Weg zur »Quelle des Lebens« anzubahnen.

6. Regression als Erholung

Bevor das »religiöse Erleben« als Urholung beschrieben wird, soll noch auf ein tiefenpsychologisches Phänomen hingewiesen werden, das eine wichtige Bedeutung für die »Zeit der Erholung« hat. Gemeint ist die ichgesteuerte Regression (vom lat. regredi = zurückgehen, zurückkehren, sich zurückziehen).

Sie ist wohl zu unterscheiden von der »pathologischen Regression« bei neurotischen Störungen. Der Neurotiker fällt in bestimmten Belastungssituationen zwanghaft und unbewusst auf kindlich-unreife Verhaltensweisen zurück.

Mit gesunder und erholsamer Regression haben wir es z. B. zu tun, wenn Erwachsene bei einem Spaziergang oder beim Schneeballwerfen fröhlich herumalbern oder beim Eintauchen in die Meeresbrandung jauchzen und springen, also im Grunde »kindisch« werden. »In all diesen Verhaltensweisen erfolgt ein Zurückgleiten in bereits durchlaufene kindhafte Seinsstufen. Solche Rückfälle sind erfrischend und notwendig zugleich. Sie sind positiv zu werten; die Regression ist in solcher Form eine Regeneration«. (Neumann, S. 286)

Diese Erholung durch Regression erfahren wir auch durch spielerische Beschäftigungen, in denen der kontrollierende und kritische Verstand zurückgenommen wird und die »harte Realität« ihre Vormachtstellung zeitweilig aufgibt. Phantasie und Traumwelt nehmen den Platz des Verstandes und der Realität ein. Das geschieht z. B. durch Vertiefung in gültige Werke der bildenden Kunst, der Literatur, der Musik, des Theaters, des Films, aber auch durch eigene kreative Aktivitäten, deren Ziel nicht eine »Höchstform« ist, sondern die in der selbstvergessenen Hingabe an eine musische Tätigkeit ihren eigenen Erholungswert haben. Die Vorherrschaft tieferer Seelenschichten bei der urholenden Regression bedeutet Ausblendung des Realitätsbewusstseins und damit Entlastung vom Druck der Alltagswirklichkeit. Kräfte, die sonst gegen widerständige Mächte der Außenwelt einzusetzen sind, werden geschont, können regenerieren, sich erholen. Deshalb kann der Psychologe Walter Toman kurz und bündig sagen: »Erholung ist für jedermann primär Regression«. (Toman, S. 323)

7. Das religiöse Erleben und der Christus-Sabbat

Das religiöse Erleben ist jedoch das Urerlebnis der Urholung schlechthin. Die Begriffe »Religion« bzw. »religiös« sollen hier im christlichen Sinne verstanden werden als das »Verhältnis des Menschen zu Gott« betreffend. (Fachwörterbuch S. 147) Weil nun Gott in Jesus Christus Mensch geworden ist (Joh. 1, 14; Röm. 5, 15; 1. Tim. 2, 5 u. a.), können und dürfen wir zunächst von diesem auf Gott bezogenen Erleben auch menschlich, d. h. philosophisch und psychologisch reden.

Religiöses Erleben zielt auf den ganzen Menschen und will helfen, dass dieser Mensch sich sinnvoll in das Ganze der Schöpfung einfügen kann, um seinen tiefsten Frieden zu finden. Daher das Bekenntnis von Augustin: »Cor meum irrequietum est, donec requiescat, Domine in Te.« (Mein Herz ist unruhig, bis dass es ruhet, Herr, in dir). Mit dem bildhaften Ausdruck »Herz« ist die personale Gefühlsmitte gemeint, die sowohl die »Tiefe« des Gemüts als auch die »Höhe« des Gewissens (als Hort verinnerlichter Werte) umfasst. Daher geht der Urholungswert des religiösen Erlebens weit über die Erholung durch Regression in die Tiefenperson hinaus. Es ergreift auch die »Höhenperson«. Der Kulturphilosoph und Psychologe Eduard Spranger (1882 – 1963) sagt deshalb im Anschluss an das Augustinus-Bekenntnis: »Wer über den höchsten Wert in seinem Erleben noch schwankt, ist heimatlos, zerrissen, voll Verzweiflung. Wer das Höchste in sich gefunden hat und darin ruht, fühlt Erlösung, Seligkeit.« (Spranger, S. 206)

Dieses Geschehen im geistigen Zentrum der Person bedeutet Urholung des Menschen aus den Kräften des Glaubens, der nach E. Spranger zu begreifen ist als »ein von der ganzen Werthaltung der Person getragenes Vertrauen in die Gültigkeit der Werte, die als die höchsten erfahren werden.« (Spranger, S. 212). So wächst aus diesem Glauben ein Urvertrauen in das Dasein, das zu einem nie versiegenden Quell für die Erneuerung der Lebenskräfte wird.

Für den Christenmensch ist der Glaube an das Evangelium von Jesus Christus dieser Urquell. Die »Heilandsruf« genannten Verse in Matth. 11, 25-30 enthalten die Einladung Jesu: »Kommet her zu mir alle, die ihr mühselig und beladen seid, ich will euch erquicken« (V. 28).

In dem alten deutschen Wort »erquicken« bedeutet »quick« soviel wie »frisch, munter, lebendig«. Erquicken heißt dann, »wieder frisch und lebendig machen«. Es ist die Übersetzung des griechischen Begriffs »anapauo«, der auch »aufhören«, »zur Ruhe bringen«, »aufatmen lassen« bedeutet. Die Vorsilbe »ana-« meint »hinauf«; anapauo bedeutet also wörtlich »hinauf pausieren«, durch eine Pause wieder in einen höheren besseren Zustand unseres Menschseins kommen.

Bemerkenswert ist nun, dass das hebräische Wort »sabbat« ebenfalls von »aufhören«, »zur Ruhe kommen« abgeleitet ist. (Kutsch, Sp. 1258 ff; Rückle, S. 303). Daher kann man den Vers 28 im Heilandsruf auch als Einladung zum Christus-Sabbat verstehen. Wer dieser Einladung folgt, findet in dieser Weltzeit Urholung in einem endgültigen Sinne; er hat unmittelbaren Anschluss an die »Quelle des Lebens« (Ps. 36, 10). In der »Zeit der Erholung« taucht der glaubende Mensch ein in die Zeitlosigkeit der Ewigkeit.

Der Apokalyptiker Johannes offenbart uns für diesen neuen Äon Erfüllung aller Urholungsbedürfnisse. Da lesen wir die Weissagung vom »Strom des lebendigen Wassers« und vom »Baum des Lebens, der trägt zwölfmal Früchte und bringt seine Früchte alle Monate«. (Offb. 22, 1 u. 2)

Das Verbot, von diesem Baume zu essen, ist aufgehoben (1. Mose 3, 22).

Die Gemeinde Gottes soll die Fülle des Lebens haben.

Auch auf ein ganz neues Wohn- und Gemeinschaftserleben dürfen wir hoffen: »Siehe da, die Hütte Gottes bei den Menschen! Und er wird bei ihnen wohnen, und sie werden sein Volk sein, und er selbst, Gott mit ihnen, wird ihr Gott sein.« (Offb. 21, 3) Johannes Behn kommentiert diese Visionen des Apokalyptikers mit den Worten: »Die alttestamentlichen Bilder vom Leben spendenden Strom und vom Lebensbaum wecken die Erinnerung an das Paradies: die Endzeit weist zurück auf die Urzeit, im himmlischen Jerusalem wird das verlorene Paradies wiedergefunden ...« (Behn, S. 110).

Literatur

Behn, Johannes: Das Neue Testament Deutsch, Bd. 11, Die Offenbarung des Johannes. Göttingen 1953

Blechmann, W.: Freizeit als Lebenssinn? Neue Zürcher Zeitung, Nr. 82/1990

Böttcher, Hans: Erholung in der industriellen Gesellschaft als sozialerzieherisches Problem; Wuppertal 1969

Büchner, M. Gottfried: Biblische Real- u. Verbal-Handkonkordanz, Neuausgabe Basel 1889

Fachwörterbuch Theologie, Hg. **Johannes Hanselmann u. a.,** Wuppertal 1987

Frey, Hellmuth: Das Buch der Anfänge, Stuttgart 1950

Jacobs, Dore: Die menschliche Bewegung, Ratingen 1962

Klose, Franz: Arbeitsmüdigkeit und Erholung des tätigen Menschen als Gegenwartsproblem, Schriftenreihe d. Philipps-Universität Marburg 1961;

Kutsch, E.: Stichwort Sabbat, Die Religion in Geschichte und Gegenwart, Bd. 5, Tübingen 1961

Neumann, Otto: Die leibseelische Entwicklung im Jugendalter, München 1964

Portmann, Adolf: Biologie und Geist, Freiburg, Basel, Wien 1963

Rad, Gerhard von: Das Alte Testament Deutsch. Das erste Buch Mose, Berlin 1955

Rückle, Reinhold: Stichwort Sabbat, Biblisches Wörterbuch, Wuppertal 1982

Spranger, Eduard: Lebensformen, München/Hamburg 1965

Toman, Walter: Dynamik der Motive, Frankfurt a. M. und Wien 1954

Wolf, Eugen: Über die Selbstbewahrung. Zur Frage der Distanz in Goethes Leben, Stuttgart 1957

Gerhard Naujokat

Christliche Fröhlichkeit und göttlicher Humor

Das Leben ist ernst, nicht selten schwer und manchmal tragisch. Aber auch das Menschliche, der Humor und die Fröhlichkeit besitzen eine Dimension, die aus biblischer Sicht nicht verdrängt, sondern bedacht werden möchten. Christen sollten zwar beherrscht sein, aber auch heiter und humorvoll.

Martin Luther, dessen Tischreden und Briefe oft vor Heiterkeit sprühten, sagte einmal: »Der böse Geist ist ein Geist der Traurigkeit und kann nicht bleiben, wo ein Herz in Gott und seinem Worte fröhlich ist.« Und: »Wenn Gott keinen Spaß verstünde, so möchte ich nicht im Himmel sein.« Hat sich unser christliches Leben nicht von dieser fröhlichen Heiterkeit, dieser sancta serenitas, weit entfernt? Ist echte Fröhlichkeit nicht allzu selten geworden? Im Sprichwort ist etwas davon erhalten: »Mit Humor geht alles besser« oder wie es in einem Vers heißt: »Mit Humor, mit Humor kommt dir alles leichter vor.« Diese Art Heiterkeit ist allerdings meist abgeflacht, ist wurzellos geworden und muss künstlich gekitzelt werden – durch Witzseiten in den Zeitungen, Kabarettveranstaltungen und allerlei Joke, Ulk, Comedy und Spaßparaden in den öffentlichen Fernsehshows. Jedoch ist ein Bedürfnis und die tiefe Ahnung, dass Lachen, Humor, Heiterkeit sozusagen zu den geistigen Grundnahrungsmitteln gehören und sie aus einem tiefen Ursprung stammen müssen, geblieben.

1. Die Freude Gottes

Dieser tiefere Ursprung ist Gott selbst. Gott hat Humor. Das hat eine ernste Seite, die der wohl bedachtsamste Reformator, Johannes Calvin, auf die Formel brachte: »Status mundi in laetitia Dei fundatus est: Die Beschaffenheit der Welt ist in der Freude Gottes gegründet.« Ihm und seiner Schaffenslust dankt die Welt ihr Leben, von ihm beziehen wir unsere Lebensfreude und auch, dass wir etwas zu lachen haben. Nicht nur, dass ihm lustig anmutende Gebilde gelungen sind – die Giraffe, das Warzenschwein und der Nasenbär –, auch der Mensch muss ihn mitunter zum Lachen reizen. In Psalm 2, Vers 4 heißt es: »Aber der im Himmel wohnt, lacht ihrer ...« Er lacht über unsere unangemessenen, verbissenen Verrichtungen. Er spottet über uns, die wir uns hochnäsig und eingebildet für die Größten halten. Jedoch in Hinsicht auf unsere Sünden, auf Gebrechen und Unzulänglichkeiten antwortet er in unendlicher Güte, barmherzigem Großmut und liebevoller Vergebungsbereitschaft. Martin Luther: »Gott hat keinen Gefallen an der Traurigkeit des Geistes, sondern will, dass wir in ihm sollen fröhlich sein. Darum hat er auch seinen Sohn nicht gesandt, dass er uns betrübe, sondern fröhlich mache.« Und so singen wir auch: »Jesus ist kommen, Grund ewiger Freude!«

Humor darf also auch von Christen in das Leben einbezogen werden und ist keineswegs mit läppischer Lustigkeit zu verwechseln. Humor hat eine Tiefendimension, die gar nicht weit von den Abgründen des Lebens entfernt wohnt. »Humor ist, wenn man trotzdem lacht«, dieser Satz von Otto Julius Bierbaum deutet das an. Humor ist Aufstand gegen Lebenstragik und -tristesse. Wer Humor hat, vermag es, über alles Bittere zu lächeln; auch über das eigene Ich, das die meisten so wichtig nehmen. Sigmund Freud sieht im Humor die höchste Abwehrleistung gegen eine Neurose, weil er – im Gegensatz zur Verdrängung – den Realitäten ins Auge sieht und den Versuch wagt, die Unlust des Lebens in etwas Positives zu verwandeln. Dazu gehört aber ein Abstand zu sich selbst.

Allerdings gibt es eine Vorbedingung für den Humor, dass man nämlich bei allem Bösen, Schmerzhaften und Tragischen, die Wirklichkeit, wie sie ist und den Menschen, wie er leibt und lebt, zu lieben vermag. Obwohl Distanz, ja sogar Schadenfreude – wie im Humor Wilhelm Buschs – manchmal hineinspielen, letzten Endes versöhnt die Liebe mit den Dingen. Und so empfinden wir jemanden, der Humor hat: Er nimmt das Ernste nicht gleich tragisch, er kann Fehler belächeln. Statt sich zu ärgern, schmunzelt er. Er ist versöhnlich, wo er Grund zum Nachtragen hätte. Er bleibt voll liebevoller Hinwendung, wo der Humorlose einschnappt und sich wegdreht. Der Humor befähigt, hinzuschauen und die Wirklichkeit zu ertragen, eben weil sie so tragisch nicht bedrücken muss. Alles wird auf einem tieferen Hintergrund gesehen, der das Vordergründige relativiert. Der Humor beantwortet die Frage, dass wir Menschen im Grunde alle irgendwo ähnlich sind.

2. Das Lachen der Narren

Allerdings hat Frohsinn auch eine gleichsam blecherne, hohle Seite. Es gibt ein albernes, windiges, eitles und oberflächliches Lachen, dem die Tiefe des göttlichen Humors fehlt. Wer sich vor den Abgründen und Tiefen des Lebens verbergen will und leichtfüßig über sie hinwegtänzeln möchte, ist für einen Scherz immer ansprechbar, lacht und kugelt sich über die lächerlichsten Kleinigkeiten. Dem gegenüber gewinnt Trauern geradezu einen tiefen Rang. So meint der Prediger im 7. Kapitel, Vers 4-7: »Es ist Trauern besser denn Lachen, denn durch Trauern wird das Herz gebessert. Das Herz der Weisen ist im Klaghause und das Herz der Narren im Hause der Freuden. Es ist besser das Schelten des Weisen zu hören, denn den Gesang der Narren. Denn das Lachen der Narren ist wie das Krachen der Dornen unter den Töpfen und das ist eitel.« Der Prediger erkennt, dass viel Gedröhne und Getöse in dieser Welt ein »Haschen nach Wind« ist.

Es gibt auch ein neckisches Lachen und lustige Bemerkungen, für die wir ein positives Verständnis haben. Diesem Bedürfnis gibt eine ganze Kulturindustrie Nahrung, die Kultur der Mickey Mouse, des Donald Duck, der Mainzelmännchen und der Muppets, in denen – wenn man genauer hinschaut – sich allerdings auch eine Art von Weisheit ausdrückt. Wir wollen auch nicht verständnislos sein gegenüber dem Gickern und Prusten jüngerer Menschen, die über jeden winzigen Anlass gackern und kichern können und damit Eltern und Lehrer oft an den Rand der Verzweiflung bringen. Wir wollen auch nicht über die unbeschwert-lockeren Späße der Komödienstadel murren – wie humorlos wären wir dann selbst. Wir wissen auch, dass ein Schuss Narrentum, ein lockeres Blödeln herrlich entspannend sein und ein wohliges Gefühl erzeugen kann.

Auch eine witzige Bemerkung, die alles in ein ungeahnt humoriges und sonniges Licht rückt, eignet sich als Auslöser von Fröhlichkeit. Und die entfaltet dann von selbst eine erstaunliche Wirkung. Wenn unser Gesicht »glanzstrahlend aus dem Leime geht«, wie der große Humorist Wilhelm Busch das einmal genannt hat, so hat dass einen ansteckenden Charakter. Wer will sich ein Lachen schon entgehen lassen, will sich ihm entziehen und womöglich als einziger sauertöpfisch dastehen? Nein, Lachen hat sozusagen eine Sprengwirkung. Es zündet weiter und wirkt verbindend. Man schaut sich freudig bejahend und entspannt in die Augen. Wer könnte da noch böse sein oder außen verbleiben. Dies gilt jedenfalls für das befreiende Schmunzeln und das freudige Lächeln. Wir kennen allerdings auch ein spöttisches, ein schadenfrohes oder gar ein zynisches Lachen. Wenn jemand auf unsere Kosten lacht, so finden wir das gar nicht gut.

Positiv gesehen: Was uns lockert, ist die Öffnung des Herzens, der plötzliche Anlass zur Freude, nach der sich unbewusst doch jeder sehnt. Hier ist ein Tor geöffnet, vielleicht sogar eine Schleuse aufgebrochen, durch die nun die zurückgehaltenen Gefühle hervorbrechen und sich mit denen anderer verbinden. So etwas kann wie ein Bad sein: reinigend, erwärmend, lockernd. Dass es dabei lauter zugeht und vielleicht auch ein paar Spritzer herumfliegen, die der andere abbekommt, ist nicht störend. Dem herzhaft Lachenden kann man nichts übel nehmen, und der Lachende selbst tut es auch nicht. Gerade wenn man im Lachen seine Gefühle ungeschützt zeigt, schließt das den anderen auf und gewinnt ihn. Menschen, die echt und von innen heraus Humor entwickeln, die gern fröhlich sind, sind auch beliebt und man erinnert sich gern an sie, soweit sie nicht oberflächlich und albern dahinplätschern. Aber selbst der Klassenclown oder der heitere Gesellschaftslöwe sind meistens noch akzeptiert, so sehr fehlt den Menschen offenbar ein Grund zum Freuen in dieser sonst so ernsten und tristen Welt. Und darum sollten wir jeden

Anlass wahrnehmen und uns von seiner belebenden Wirkung mitreißen lassen.

Der Volksmund hat recht: Lachen ist gesund. Es spült Ärger und Kummer hinaus und verhindert, dass Verstimmung und Verbitterung sich einnisten und Magengeschwüre oder Schlimmeres erzeugen. Deshalb kann man durchaus sagen: Lachen hält gesund und Optimisten leben länger. Vielleicht ahnen die Menschen dies instinktiv und freuen sich, auch wenn sie sonst nicht viel zu lachen haben. Und sie tun gut daran. Der Mensch hat diese Befähigung übrigens als einziges Wesen der Schöpfung. Kein Tier kann lachen, wie die Tierpsychologie und die vergleichende Verhaltensforschung zweifelsfrei erwiesen haben. So sind wir mit einem fröhlichen Herzen besser dran als das Tier, das ernst und unbeirrt seinen von Instinkt und Trieb vorgezeichneten Weg geht. Unsere Fröhlichkeit ist ein Zeichen der Freiheit und für den Christen ist es die Freiheit der Erlösten.

3. Das Lachen der Erlösten

Die Bibel scheut nicht davor zurück, die Erlösung mit dem Lachen zu verbinden. So heißt es in Psalm 126, Vers 2: »Wenn der Herr die Gefangenen Zions erlösen wird, so werden wir sein wie die Träumenden. Dann wird unser Mund voll Lachens und unsere Zunge voll Rühmens sein.« – Das ist eine prophetische und nachdenkenswerte Ausdrucksweise der Heiligen Schrift. Die christliche Botschaft hat beides: Den Karfreitagsernst des »Mein Gott, mein Gott, warum hast du mich verlassen?« Und damit das Geworfensein in die ausschließlich rissige, tragische und darum unerträgliche Welt. Aber auch die Osterbefreiung, die schon mit einer erstaunlichen und verblüffenden Überraschung beginnt: Das Grab ist leer. Der Auferstandene begegnet am Ostermorgen den Frauen in der »Verkleidung« als Gärtner mit der Frage: »Was sucht ihr den Lebendigen bei den Toten?« Eine Frage, die vom Ernst des Todes fortführt. Lebensfreude und Daseinsbewältigung sind möglich, ja dringend angezeigt. Humor hat dabei etwas Befreiendes und Versöhnendes.

In der alten Kirche gab es den Brauch des »Ostergelächters«. Gerd Heinz-Mohr schreibt darüber in seinem »Sermon, ob der Christ etwas zu lachen habe«: Nach Askese, Trauer und Entbehrungen musste man sozusagen das Lachen wieder lernen und erhielt dazu die Anleitung – in der Kirche! Am ersten oder zweiten Osterfeiertag pflegte der Priester eine Predigt zu halten, die so mit humorvollen und herzhaften Anmerkungen gespickt war, dass die ganze andächtige Gemeinde, auf diesen Augenblick schon gespannt, in ein schallendes, jubelndes Gelächter ausbrach: Das Ostergelächter. – Damit wurde die Trauer der Passionszeit vertrieben, der Sieg über die Hölle gefeiert, der Teufel ausgelacht. Dies geschah durch passende Anmerkungen in der Predigt oder durch einen überraschenden Vorgang in der Kirche. So richtete der Fastenprediger der Klosterkirche Marchtal (Donau) am Ostersonntag des Jahres 1506 an die in der Kirche versammelten Männer die Bitte: Wer von ihnen Herr im Hause sei, solle nun den Ostergesang »Christ ist erstanden« anstimmen. Die Kirche blieb still. Daraufhin rief er den Frauen die gleiche Bitte zu. Und prompt erscholl der Hymnus aus den Kehlen fast aller anwesenden Frauen! Allerdings wird in dem darauffolgenden Lachen auch die Schadenfreude nicht gefehlt haben …

Der katholische Dichter Paul Claudel sagt einmal: »Dort, wo die meiste Freude ist, ist auch die meiste Wahrheit«. Und im frühen Mittelalter rechnete man die tristitia, die Traurigkeit, neben der acedia, der Ängstlichkeit, mit zu den Sünden. Nicht ohne Grund wird in keinem Buch der Weltliteratur das Wort »Freude« so oft wiederholt wie im Neuen Testament. Fast beschämt müssen wir uns daran erinnern lassen, dass das Leben des Christen von Freude getragen sein darf, ja auch Humor, Heiteres und sogar Lustigkeit darin Platz haben. »Wenn ich an meinen lieben Gott denke, werde ich so lustig, dass ich mich nimmer zu lassen weiß«, entgegnete der Komponist Joseph Haydn auf den Vorwurf, seine Messen seien zu heiter! Um so reagieren zu können, muss man Gelassenheit üben und das Kunststück fertig bringen, den Ärger des Tages mit einem Schmunzeln einzuhüllen.

Wer Humor hat, gehört meist zu den Stillen im Lande, eben zu denen, die lächeln und nicht lauthals loslachen. Oft haben sie einen

Trend zur Melancholie. Wilhelm Busch, der »vergnügliche Meister von Vers und Stift«, Mark Twain, Werner Finck, Kurt Tucholsky – sie sind alle aus dem gleichen Holz geschnitzt mit kräftig ausgefurchten Zügen, die deutlich machen, dass ihr Humor aus einem meist bitterschweren Leben erwachsen ist und gewiss nicht aus flatterhafter Oberflächlichkeit.

4. Die innere Geborgenheit

Humor gelingt besser, wenn wir Abstand halten zu Ereignissen und Personen und auch zu uns selbst. Der Humorvolle, so lässt sich sagen, bekennt Farbe, er gaukelt nichts vor und bleibt bei seiner inneren Wahrheit. Greift er daneben, dann verbirgt er es nicht, sondern akzeptiert das.

Humor entlastet von psychischem Druck. Wer einmal Parlamentsdebatten erlebt hat mit dem stundenlangen Gegeneinander der Parteien, der bemerkte sicher auch, wie die ganze graue Last der sich auftürmenden Worte und Sätze wie im Nu verflogen war, wenn gelegentlich, und sei es nur in einer einzigen Passage, Humor aufblitzte.

Sollten wir von diesem befreienden Effekt nicht auch in unseren Veranstaltungen und Seminaren profitieren? Humor verbindet und macht fröhlich. Wer kann sich da noch tierisch ernst nehmen oder anders gesagt: »Wer sich nicht selbst zum Besten haben kann, der ist gewiss nicht von den Besten« (Goethe). Die Welt, das Leben und sich selbst so zu sehen, befreit von tausend kleinen Verdrießlichkeiten, macht nachsichtig gegenüber den Schwächen des anderen wie auch den eigenen, erzeugt Verträglichkeit und Toleranz im Umgang und die Bereitschaft zu neuem Verzeihen. Man kann dabei auch stürzen. Der böse Witz vergleicht dieses Stürzen mit dem Fall jenes Mannes aus dem zwanzigsten Stockwerk, der – beim zweiten angekommen – erleichtert ausruft »Bis jetzt ging ja alles ganz gut«. Dahinter wird ein Zynismus hörbar, der mit Humor unvereinbar ist.

Fröhlichkeit hat außer der theologischen auch eine sehr menschliche Seite, da es Lebensphasen gibt, in denen Frohsinn und gute Laune von tiefem und unüberbrückbarem Ernst abgelöst werden, zumal bei heftiger Erkrankung und nahendem Tod. Hier gibt es kein Verschönern, kein Überspielen und kein Umjubeln. Da bietet der Humor keine Brücke mehr an. Es ist das Ende des Weges, die undurchdringliche Wand, nichts geht mehr. Aber es gibt ein Tor in der Mauer. Gott zieht uns da hindurch in eine andere Dimension. »Denn dies Verwesliche muss die Unverweslichkeit anziehen und das Sterbliche die Unsterblichkeit« (1. Kor 15,53).

Die feinsinnige Dichtung Rilkes formuliert: »Wir alle fallen, diese Hand da fällt ... und doch ist einer, welcher dieses Fallen unendlich sanft in seinen Händen hält.« Diese Art von Geborgenheit in letzter Stunde kommt in Psalm 139,5 zum Ausdruck: »Von allen Seiten umgibst du mich und hältst deine Hand über mir.«

Hier gibt man ab, lässt los, glaubt und vertraut, denn ein Höherer führt Regie. Innere Geborgenheit hat eine tiefe Begründung. Wenn in Jesaja 61,10 die Seele fröhlich ist in Gott – selbst bei schmerzendem Leib – dann liegt der Ansatzpunkt darin: »denn er hat mir angezogen die Kleider des Heils und mich mit dem Mantel der Gerechtigkeit gekleidet«. Gott ist das Heil und bringt das Heil. Er umkleidet uns mit Gerechtigkeit, mit Vergebung und Versöhnung. Psalm 126,3 greift das auf: »Der Herr hat Großes an uns getan, des sind wir fröhlich«. Hier wird das ganze Evangelium umfasst und der Heilsplan Gottes deutlich. Das Leben, der Tod und die Auferstehung Jesu Christi sind Grundlage von Seligkeit und Ewigkeit. Nur das gilt im Ernstfall, nur darauf ist Verlass, nur darauf können wir uns stützen, nur das bringt seelische Geborgenheit und innere Zufriedenheit. Dann kommt aus tiefer Seele :« Mein Herz ist fröhlich in dem Herrn!« (1. Sam 2,1).

Fröhlichkeit ist eine der wichtigsten menschlichen Gaben, aber sie ist eine Qualität, die der tiefen Begründung bedarf, die nicht von selber vorhanden ist. In der Form eines rosigen Optimismus ist sie zu schwach fundiert, zu flüchtig und zu leichtgewichtig. Wo sie nicht in Gott und seinem Heil wurzelt, wäre sie nicht tief genug verankert. Das symbolische Bild »Kleider des Heils« lenkt den Blick auf das Wesentliche, auf die Quelle, den Wurzelgrund, auf die Heilstat Jesu Christi. Selbst ein tragisches Geschick vermag nun den Frieden Gottes nicht mehr wegzuwischen. Das hilft uns in Anfechtung und Leid.

Wir wissen, dass Leid viel tiefere Spuren hinterlässt als Freude. Das ist ein Lernprozess, den der Mensch durchzustehen hat. Er wird daran wachsen und reifen. Leid prägt den Menschen und formt das Innere.

Wer nach außen hin nicht so zu strahlen vermag, wer oftmals Traurigkeit empfindet und mit Depressionen kämpft, wer Schmerzen durchsteht und Leid erduldet, darf sich dennoch einer inneren Fröhlichkeit erfreuen, weil Gott bei ihm ist. Das sagt Psalm 92,5: »Herr, du lässest mich fröhlich singen von deinen Werken«. Darum weiß der Christ: »Wenn ich auch gleich nichts fühle von deiner Macht, du führst mich doch zum Ziele, auch durch die Nacht«.

Richard M. A. Suchenwirth

Zeitliches Ende – neu gesetzter Anfang

Allem im Leben wird eine letzte Begrenzung abverlangt. Auch der Mensch unterliegt diesem unausweichlichen Naturgesetz. Sind wir programmiert zum Untergang?

Zur Vergeistigung des Enderlebnisses wird die Philosophie hier und da einiges verdeutlichen können. Auch viele Religionen versuchen, ihre Gläubigen auf den Tod vorzubereiten und ihnen Trost zuzusprechen. Immer jedoch bleibt der Tod die als Bollwerk empfundene Grenze des Übersteigbaren. Vage bleiben die Aussagen, die angesichts des Todes anklingen – dunkel, schauerlich, unheimlich regiert er sein Reich, Erschrecken verbreitet seine Pforte. Gilt denn, was Dante über dem Tor zur Hölle zu lesen glaubte: »Lasst alle Hoffnung fahren, die ihr da eintretet«, unerbittlich für jeden, der das Tor des Todes durchschreitet, jenen letzten Fluss zwischen Leben und Tod durchquert? Selbst die griechische Literatur weiß, aus dunkelahnenden Emotionen gedrängt, nur einen pessimistischen Ton zu finden, wenn sie vom Tode als dem Lande spricht, aus dem noch keiner zurückgekehrt ist.

Als Christen haben wir keinen Grund, uns mit dieser Wolke der Resignation abzufinden. Vielmehr zerreißt die Christusbotschaft des Ostermorgens alle dunstig-nebulösen Schreckensmasken des Todes und lässt zum triumphalen Bekenntnis kommen: »Er ist auferstanden. Er ist wahrhaftig auferstanden!«, das in der orthodoxen Christenheit nach lang durchwachter Nacht begeistert in den neuen lichten Tag gerufen wird.

Welche Autorität lässt uns zu solch kühnen Hoffnungen kommen? Welche gültige Wahrheit ist es, die dem Menschen zuspricht, an Christi Auferstehung teilzuhaben? Wo sind die lebenstragenden

Pfeiler, die selbst in der Erschütterung des Sterbens nicht zusammenbrechen? Wo ist mein Hoffen sicher und wird nicht im Verfall meiner Leiblichkeit als schmählicher Selbstbetrug entlarvt? Viele Fragen, die weit in die Verborgenheit geistiger Sphären greifen. Und doch vermögen wir nicht auf Antworten zu verzichten, betreffen sie doch unmittelbar die Ganzheitlichkeit menschlicher Existenz. Gott, der nicht lügen kann, offenbart dem Menschen in der Heiligen Schrift Lebensdimensionen jenseits der Todeslinie und ermutigt zur Verbindung mit Christus, der dem Schrecken des Todes die Macht entrissen hat.

Im Bewusstsein, Ziel der göttlichen, nie versiegenden Liebe zu sein, trägt uns Christus durch Lebensschmerz und Sterbenselend in seine ewige Welt hinein. So dürfen wir uns getrost der göttlichen Liebe anvertrauen, wenn wir an der Pforte stehen, die den Tod umschreibt. Alle menschliche Furcht wird von der Liebe Jesu Christi verzehrt werden. Wohl dem, der sich ganz dieser Gewissheit hingeben kann. Für den grübelnden Menschen bleiben freilich viele bedrückende Zweifel: Wie wird die Auferstehung von den Toten möglich sein? Welche Konturen wird ein Weiterleben nach dem Tode haben? Welches Verhältnis wird die Geschlechter zueinander bestimmen? – Und doch, Gottes Wort lässt auch zu diesen bedrängenden Fragen Antworten anklingen, die zu neuen Ufern befreiender Gewissheit führen. Gott wird neue unvergängliche Leiber schaffen, die die Polarität der Geschlechtlichkeit nicht mehr kennen werden. Mit Christus wird den Tod überwindende Hoffnung konkret. Er sichert uns Menschen zu:

»Ich bin die Auferstehung und das Leben. Wer an mich glaubt, der wird leben, auch wenn er stirbt … Wer mein Wort hört und glaubt dem, der mich gesandt hat, der hat das ewige Leben und kommt nicht in das Gericht« (Joh. 11, 25 u. 5, 24).

Diese geradezu ungeheuerlichen Aussagen weiß keine andere Religion auszusprechen. Christus schenkt Gewissheit, die als bleibende Freude gerade auch das Schwere durchdringt, das mit dem Sterben verbunden ist.

Immer wieder drängt der menschliche Geist, Dinge konkreter zu sehen und zu benennen. Vielen Menschen will es nur schwer gelingen, sich in Einfalt des Herzens ganz auf Liebe und Glauben zu verlassen. Auch den Jüngern Christi wurde das nicht leicht. Ja, zunächst schien es ihnen unmöglich, so dass Paulus mehrmals in seinen Briefen den Ostersieg Jesu über Hölle, Tod und Teufel überzeugend zeichnen musste. Um von jedem zernagenden Zweifel endgültig zu befreien, nennt er die zwölf Jünger, dazu Jakobus und weitere fünfhundert Männer, nicht zuletzt sich selbst als vertrauenswürdige Augenzeugen, denen der Auferstandene erschienen ist.

Mit der ganzen Grauenhaftigkeit des Todes, die uns in vielfältigen Ängsten knechten will, ist es, so erklärt Paulus weiter, wie mit einem Weizenkorn, das in den Erdboden gelegt wird. Indem es stirbt, setzt es neues, blühendes Leben frei.

Hier offenbart sich das Mysterium des Todes. Der Tod gehört ganz in die Machtsphäre Gottes und kann durch ihn allein zum Eingangstor neuen Lebens werden. Aber uns wird auch demütig bewusst, dass unser Denken samt allem Wissen niemals ausreicht, um uns mit dem letzten und erkennbaren Geheimnis des Lebens, seinem Ende angemessen auseinander zu setzen. Beugen wir uns unter dem göttlichen »Dein Wille geschehe«, wenn der Tod unsere Liebsten getroffen hat. Er ist wohl die Zwischenstation auf dem Wege zum Morgenrot der großen Verwandlung in eine uns letztlich noch unfassbare Gestalt.

Der Tod wird uns wohl immer letzter Feind bleiben, doch entrechteter, entmachteter Feind. So kann ein Leben dennoch in seinem Abschluss tiefsten Sinn erfahren, ein Lebenswerk im Sterben seinen Schlussstein erhalten. Gewiss wird der Abschiedsschmerz aufbegehren, das Leid sich über Versäumtes regen, über vertane Stunden, verfehlte Gelegenheiten. Gewiss werden wir uns an die Fragmente des Lebens klammern, Briefe lesen, gemeinsame Erlebnisse in der Phantasie nachspielen, gemeinsam durchgestandene Sorgen und Freuden bedenken. Aber schon wird es schwerer, die Erscheinung des Verstorbenen deutlich im Gedächtnis zu bewahren. Bilder tauchen nebeneinander auf: die des kleinen Kindes, des Heranwachsenden, des reifen Menschen, des vom Leiden und schließlich vom Tode gezeichneten Menschen. Alles scheint sich zu einem geistigen Wesen zu verdichten, das über Raum und Zeit steht. Wie recht hat doch Angelus Silesius mit seinem Wort:

»Denn wenn die Welt vergeht,
der Zufall, der fällt ab,
das Wesen, das besteht.«

Im sicheren eigenen Tod werden wir zu Gott und unseren Verstorbenen zurückfinden, wenn der Herr ruft. Nützen wir das Geschenk der Zeit, uns auf jenen Tag vorzubereiten, indem wir heute im Glauben die Nähe Christi suchen. Dann werden wir der Wirklichkeit des kühnsten Paulus-Wortes teilhaftig werden, der sagt: »Der Tod ist verschlungen vom Sieg. Tod, wo ist dein Sieg? Tod, wo ist dein Stachel? ... Gott aber sei Dank, der uns den Sieg gibt durch unseren Herrn Jesus Christus!« (1. Kor. 15, 55 u. 57).

Die Autoren

Hans Böttcher, Prof. i.K. Dr. phil, Studium der Erziehungswissenschaften, Sozialpädagogik, Psychologie, Publizistik und Diakoniewissenschaften. Verschiedene Lehrämter an kirchlichen Fachhochschulen. 1982 – 1996 Leiter der Ev. Briefseelsorge München.

Helmut Frank, Studium der Pädagogik, ab 1960 Lehrer an verschiedenen Schularten und in der Erwachsenenbildung, Zweitstudium Kunst und Anglistik, von 1969 bis 1998 Fachseminarleiter am Staatlichen Studienseminar für das Lehramt an Schulen in Kaiserslautern. Zahlreiche Veröffentlichungen zu lern- und entwicklungspsychologischen Themen und zur Erziehung.

Max König, Studium der Pädagogik, Philosophie, Psychologie, Geographie in Tübingen, Promotion zum Dr. phil., Berufstätigkeit als Lehrer und Hochschuldozent, seit 1965 Professor an einer Pädagogischen Hochschule, 1969 Leiter der Abteilung Lehrerbildung am Ministerium für Kultus und Sport, Baden-Württemberg, 1992 Beendigung des aktiven Dienstes. Veröffentlichungen zu Erziehungsfragen.

Christa Meves, Studium der Germanistik, Geographie und Philosophie an den Universitäten Breslau und Kiel, Staatsexamen in Hamburg, dort zusätzliches Studium der Psychologie, Fachausbildung in den Psychotherapeutischen Instituten in Hannover und Göttingen. Freipraktizierende Kinder- und Jugendpsychotherapeutin in Uelzen. Mehr als 100 Buchpublikationen. Übersetzungen in 13 Sprachen. Seit 1978 Mitherausgeberin der Wochenzeitung Rheinischer Merkur. Zwölf zum Teil auch ausländische Auszeichnungen.

Gerhard Naujokat, Pfarrer und Publizist, Kassel, Studium psychologischer, pädagogischer und sexualethischer Fragen, von 1969 – 1999 Generalsekretär des Weißen Kreuzes in Deutschland, langjähriger Jugend-, Ehe- und Familienberater, ausgedehnte Vortragstätigkeit und Seminararbeit, Autor zahlreicher Sachbücher. 1999 Verleihung des Bundesverdienstordens der Bundesrepublik Deutschland durch den Bundespräsidenten.

Gottfried Schröter, Professor, Dr. phil., 12 Jahre Schuldienst und 2 Jahre Arbeit als Assistent für Schulpädagogik in Hessen, seit 1960 in Kiel. Direktor a. D. des Instituts für Pädagogik der Universität Kiel.

Richard M. A. Suchenwirth, Neurologe und Psychiater, seit 1972 außerplanmäßiger Professor der Universität Erlangen-Nürnberg. Zahlreiche Arbeiten auf dem Gebiet der Grundlagenforschung und der klinischen Medizin, seit 1980 auch der ärztlichen Seelsorge.

Weitere Titel aus dieser Reihe:

Gerhard Naujokat
Das Leben – ein »Spiel ohne Grenzen«?
Pb., 240 S., Nr. 393.712
ISBN 3-7751-3712-2

Gerhard Naujokat schöpft aus seiner reichhaltigen Erfahrung als Lebensberater und Seelsorger. Er greift in das pralle Leben hinein und analysiert präzise die Beziehung des Menschen zu sich selbst, zu seiner Zeit und zu Gott und lässt dabei kein wichtiges Thema aus. Sowohl für Alleinstehende als auch für Verheiratete spricht er aktuelle Probleme an und gibt klare Orientierung. Ein Buch, das in der verwirrenden Orientierungslosigkeit unserer Zeit sachliche und seelsorgerliche Wegweisung gibt, damit das Wagnis des Lebens gelingt!

Bitte fragen Sie in Ihrer Buchhandlung nach diesem Buch!
Oder schreiben Sie an den Hänssler Verlag, D-71887 Holzgerlingen.

hänssler

Gerhard Naujokat

Heiraten – warum eigentlich?

Gute Gründe für die Ehe

Pb., 88 S., Nr. 393.639
ISBN 3-7751-3639-8

Vor allem junge Menschen scheuen heute davor zurück, sich auf eine lebenslange Bindung einzulassen. Welche Gründe gibt es für eine Ehe? Warum, so fragen junge Christen, sollen wir nicht erst so ausprobieren, wie's im Zusammenleben klappt? Gerhard Naujokat, bekannter Lebensberater und Seelsorger, gibt Antworten.
Aus dem Vorwort: »Die Ehe ist keine Erfindung des Menschen, sondern ein Geschenk der Schöpfung. Gott wollte die Ehe ... Der Wille Gottes begründet die Ehe als dauerhafte Einrichtung und nicht als vorübergehende Selbstverwirklichung oder bloße Liebeserfüllung.«
Ein wertvolles Buch zur Orientierung und Meinungsbildung!

Bitte fragen Sie in Ihrer Buchhandlung nach diesem Buch!
Oder schreiben Sie an den Hänssler Verlag, D-71087 Holzgerlingen.